2019 年度河南省重点研发与推广专项（软科学研究）项目"河南雀
查分析及发展路径研究"，编号：192400410100；

2020 年河南省哲学社会科学规划年度项目"河南省先进制造业和现代服务业深度融合的影响
因素及发展路径研究"，编号：2020BJJ077；

2020 年度河南省重点研发与推广专项（软科学研究）项目"河南制造业智能化改造影响因素
分析及绩效评价体系研究"，编号：202400410158。

现代制造业
服务化创新路径研究

◎ 白 珂 著

中国原子能出版社
China Atomic Energy Press

图书在版编目（CIP）数据

现代制造业服务化创新路径研究 / 白珂著 . —— 北京：
中国原子能出版社 , 2021.5
　ISBN 978-7-5221-1371-5

　Ⅰ . ①现… Ⅱ . ①白… Ⅲ . ①制造工业－服务经济－
研究－中国 Ⅳ . ① F426.4

中国版本图书馆 CIP 数据核字 (2021) 第 090405 号

内容简介

随着全球化经济和信息化技术的发展，顾客消费已从基于产品的功能性消费向基于服务的体验性消费转变，制造业服务化成为制造企业获取核心竞争力、产业结构优化升级以及提升中国综合实力的必然手段。本书属于制造业方面的专著，由制造业服务化的基本理论、制造业服务化的成因、制造业服务化的演进、制造业服务化的一般路径与常见模式、制造业服务化的创新路径、制造业服务化案例分析等几部分组成，对制造业相关方面的研究者与从业人员具有一定的学习和参考价值。

现代制造业服务化创新路径研究

出版发行	中国原子能出版社（北京市海淀区阜成路 43 号　100048）
策划编辑	高树超
责任编辑	高树超
装帧设计	河北优盛文化传播有限公司
责任校对	宋　巍
责任印制	赵　明
印　　刷	三河市华晨印务有限公司
开　　本	710 mm×1000 mm　1/16
印　　张	14.25
字　　数	258 千字
版　　次	2021 年 5 月第 1 版　　2021 年 5 月第 1 次印刷
书　　号	ISBN 978-7-5221-1371-5
定　　价	69 元

前 言

　　近年来，中国经济增速放缓，经济下行压力不断增大，传统的粗放型经济增长方式已不能支撑经济可持续发展，制造业转型升级成为社会各界关注的重大现实问题。从国内、国际和政策导向的时代背景来看，服务化是中国制造业转型升级的必由路径之一。目前，中国制造业长期依赖的自然资源优势和劳动力优势逐渐呈减弱趋势，而印度、越南、泰国等发展中国家劳动力成本优势逐渐显现，成了发达国家进行产业转移和跨国公司生产外包所青睐的低劳动成本市场，这使中国制造业不仅面临发达国家高端技术垄断和分销体系控制带来的压力，还面临新兴发展中国家同质化产品的威胁。为了摆脱中国制造业对外出口低附加值的窘境，通过服务化向价值链高端攀升成了制造业企业提高国际贸易与分工地位的较优路径选择。

　　本书由制造业服务化的基本认识、制造业服务化的相关理论、制造业服务化的成因分析、制造业服务化的演进、制造业服务化的一般路径与常见模式、制造业服务化的创新路径以及制造业服务化经典案例几部分组成。全书以制造业为核心，从制造业服务化的理论、现状，制造业服务化的成因与演进，制造业服务化的模式以及创新路径等方面做了具体论述，并列举了相关案例，对制造业相关方面的研究者与从业人员具有一定的学习和参考价值。

目 录

上篇　理论基础篇

下篇　经典案例篇

上篇　理论基础篇

第一章　制造业服务化的基本认识

第一节　制造业服务化的研究背景

一、服务化现象的产生

当前的国际分工主要表现为跨国公司主导下的全球价值链分工，关键增值环节从生产过程向服务活动转移。在全球产业价值链分工时代，产业升级路径比传统的产业间分工时代更加复杂，因为即使高端产业也有低附加值环节，而低端产业也有高附加值环节。产业升级的关键是掌握高附加值环节的领导权，进而主导并协调产业内部和产业之间各个价值链条上不同环节间的分工。

如果我们进一步考察那些高附加值环节的要素构成就会发现，知识要素所占比例相对较高，有形生产要素所占比例相对较低，且这种趋势正朝着日益扩大的方向发展。这是因为在新一轮科技创新成为经济增长的关键驱动力的时代，知识对产业发展的主导作用日益显现，而知识可以分为显性知识和隐性知识。隐性知识具有难以表达、获取难度大、不易被模仿的特性，因而成为知识经济时代获取核心竞争力的关键要素。制造活动与知识密集的服务活动相结合，人们可以在"干中学"，能够较好地联结从发明到批量生产再到销售的全过程，是获取隐性知识的有效手段。遗憾的是，在传统分工模式下，隐性知识在产业转型中的重要作用容易被忽略，以致产业转型升级面临知易行难的局面。片面地重视实物资本投资以及设计、专利、图纸等显性知识的投入，只能进入高端产业的低端增值环节，而无法实现从低端增值环节向高端增值环节的有序攀升。

当前，欧美国家推出了"再工业化"战略、"工业5.0"战略，意在凭借其强大的研发设计优势及早布局全球产业价值链。这预示着国际分工格局将发生巨大变革，随着分工的深化和技术的进步，有形产品的质量相对稳定，增值空间有限，而无形服务环节将成为产业竞争的焦点和附加值的主要来源。

中国产业发展显然面临诸多问题，例如，受环境资源约束和外需萎缩的制约，传统增长模式难以为继；制造业总体利润微薄，新兴产业发展受到掣肘；现代服务业尚不发达，短期内难以独立承担经济转型的重任；等等。中国制造业发展面临严峻的内外部挑战，迫切需要通过转型升级提升国际竞争力。本书认为，制造业服务化是解决中国产业发展困难，应对西方国家制造业挑战，实现转型升级的可行路径。这是因为中国具有工业体系相对健全、低端知识要素相对充裕、国内市场容量巨大的优势，具备实施服务化的条件，依靠服务化实现制造业升级的转型成本相对较低，基础较好，能够较快地提升制造业国际竞争力。

因此，从理论意义看，鉴于服务化现象与科技革命、产业升级、国际分工格局具有密切的联系，该问题的学科领域和理论深度亟待拓展。本书试图将此项研究的边界拓展到世界经济学与产业经济学领域，从而提高服务化理论的解释力。

从实践意义看，中国经济对世界经济的依赖度仍然较高，面临经济转型的时代重任。同时，世界新一轮产业革命正处于萌芽阶段，国际分工体系正在重新布局。本书将有助于我们把握世界生产格局演变方向，为中国制造业转型升级的实践提供指导。

二、制造业服务化研究待解决的问题

目前，国内外学者从各个角度对制造业服务化、服务型制造业等基本概念进行了细致的总结梳理，揭示了制造业发展的未来趋势，但由于制造业服务化对经济的影响是在 20 世纪 90 年代后逐渐显现出来的，因此人们对这一现象的认识还有待深化。

从制造业服务化的研究视角看，现有文献主要从产品价值链、企业管理、成本与收益等单一角度进行研究，缺乏综合性的理论体系。从学科分类上看，研究者主要从管理学、工业工程学等学科角度来研究。更重要的是，国外学者的研究主要围绕发达国家的产业结构和产业特征展开，其研究目的主要是帮助发达国家制造业提升竞争力，应对来自新兴经济体低成本制造业的压力，实现本国的产业转型升级。在当前中国经济转型的关键时期，我们更关心的是如何利用良好的制造实力，循序渐进地实现经济转型，并在此基础上探究制造业服务化对新兴经济体融入世界分工体系的借鉴意义。也就是说，在产业转型升级的目标已成为国内各界人士共识的情况下，我们要清楚地了解产业转型升级的演进规律及动力机制，找到一条切实可行的升级路径，而要做到这点，就必须拓展研究的学科领域，并将制造业服务化的研究深入宏观经济层面。

从研究方法上看，现有研究以定性分析加案例分析为主，尚未形成系统的理论框架。尽管案例研究有助于我们直观地认识服务化的作用与效果，但描述性的研究无法透彻地阐明制造业服务化发展的规律，也就无法指导中国制造业的转型升级。我们的研究需要系统的理论框架、分析工具进行支撑。

从研究的领域上看，现有研究主要集中在产出服务化方面，对投入服务化的研究较少。本书认为，从产业转型和经济发展的角度看，投入服务化的研究显得更为重要，因为它将直接影响产业的经营战略和产业结构的形成。

三、制造业服务化的发展趋势

（一）产品上附加服务成为制造业服务化的基本模式

目前，制造业服务化转型主要通过"产品＋服务"实现，也就是核心技术服务化。比如，世界上最大的航空发动机制造企业罗尔斯·罗伊斯公司尝试了一种新的业务模式，即通过"租用服务时间"向客户出售发动机，以发动机为核心拓展了发动机租赁、保养、维修、数据分析与管理等多项服务。只要客户购买的发动机发生故障，罗尔斯·罗伊斯公司就会立即派人维修。目前，在罗尔斯·罗伊斯公司出售的喷气发动机中，超过50%的发动机签署了服务协议，罗尔斯·罗伊斯公司也因此获得了一笔可观的服务收入。

在粗放式工业发展思潮的影响下，我国制造企业并没有掌握核心技术，而且过于注重生产规模、生产速度及产品，推崇大规模批量化生产，忽视了产品质量、生产效益及服务，很少推崇个性化定制生产模式，导致企业很难为产品提供附加服务。同时，制造企业推行服务业务需要大量人员和资金，短期投入大，面临的风险比较多，为了实现稳定发展，很多制造企业都不愿意冒险尝试服务化，导致制造业服务化发展的动力不足。

（二）研发设计和整体解决方案是制造业服务化的重要内容

为应对激烈的市场竞争，制造企业不得不加紧研发新产品、新技术，紧随市场变化，持续创新，提升自己的核心竞争力。同时，制造企业对产品设计之于产品研发的作用有了全新的认知，意识到产品研发不仅要改进技术，还要将产品设计融入其中，同时让产品功能与外观设计相协调。

除此之外，制造企业还尝试为用户提供整体解决方案，在产品销售之外增加了很多服务，如售后安装、使用培训、维修保养、金融保险等，极大地提升了用户的满意度和忠诚度。

制造业服务化发展的目的是最大限度地实现价值增值，研发设计、整体解决方案正好满足了制造业的这一需求。相关数据表明：在制造企业提供的所有服务中，研发设计、整体解决方案占比接近40%。过去，制造业的发展以产品为导向，当前，这种导向正在逐渐向研发设计、整体解决方案转变。

改革开放以来，我国制造业迅猛发展，形成了一个种类齐全、相对独立的产品体系。但大部分制造企业过度追求眼前利益，希望在较短的时间内尽可能地增加市场份额，忽略了核心技术研发与服务拓展的重要性，导致研发设计水平偏低，无法为用户提供多元化、差异化、个性化的集成服务，产品与服务严重同质化，区域、行业发展失衡，没有能力为用户提供更优质的整体解决方案，导致服务化转型频频受挫，转型程度和效果均不佳。

（三）服务成为制造业价值增值的主要环节

过去，制造业的价值链以制造为中心，服务化之后，其价值链将转向以服务为中心，而且制造环节在产品附加值构成中的占比将越来越低，服务增值占比将越来越高。相关资料显示：跨国公司产品生产环节创造的价值在产品总价值中的占比只有1/3，剩下2/3的价值是由服务环节创造的。制造业服务化要求制造业变革发展模式与产业形态，拓展其生存、发展空间。以汽车产业为例，在成熟阶段，单纯的汽车制造所产生的投资回报率不足5%，而围绕汽车进行服务投资却能获得近100%的投资回报率。相较于产品来说，服务几乎不可模仿，所以制造企业完全可以通过服务开展差异化经营，打造自己的差异化竞争优势，提升自己的盈利能力和用户的忠诚度。经过几年时间的发展，我国制造业的服务化取得了一定的成就，但从整体来看，在全球制造业的价值链中，我国制造企业仍聚集在劳动密集型制造环节，产品附加值非常低。出口导向型企业在这方面表现得尤为突出，因为在其所有业务中，加工出口贸易占比较大，而且在全球价值链分工中所处层次较低，企业通过服务化提升自己附加值水平的动力不足。从总体来看，在我国的制造业中，占比最大的是一般加工制造业，但这些企业大多刚刚开始服务化。对于这些制造企业来说，只有不断融入服务，拓展服务，才能不断向价值链两端延伸，才能切实提升产品的核心竞争力，增加产品的附加值。

第二节 现代制造业和服务业的概念与特征

一、现代制造业的界定

现代制造业是我国经济结构调整过程中提出的新的产业概念，就是用现代科学技术武装起来的制造业，是现代科学技术与制造业相结合的产物。现代制造业的实质是制造业结构的升级优化，是指采用高新技术和先进适用技术对原材料进行加工和再加工的工业企业的总称。现代制造业的主要特征表现在以下几个方面：第一，高科技、高附加值，更加强调以知识和技术为投入要素，企业的工艺、装备、材料高技术化，产品的科技含量和附加值较高；第二，发展势头良好，产业关联度高，对国民经济带动作用大，能迅速成为产业发展的重要支撑；第三，符合现代社会可持续发展理念，具有资源节约、利于环保的绿色产业。

按照国民经济行业分类和内部关联性，国家统计局将现代制造业分为电子信息产业、机电产业、交通运输设备产业、医药产业以及其他产业，包含15个行业大类、45个行业中类、95个行业小类。与传统制造业相比，现代制造业更加强调以知识和技术为投入元素，即应用现代技术、现代生产组织系统和现代管理理念构建以现代集成制造为特征、知识密集为特色、高效制造为特点的技术含量高、附加值大、产业链长的产业组织体系。

二、生产性服务业的界定

（一）服务业的概念

服务在不同场合有不同的界定。从词源的角度看，服务有三个层次的含义：第一，服务是一种行为；第二，服务是一种经济活动；第三，服务是在经济活动中产生的一类趋同活动的部门。近年来又出现了多种延伸意义上的服务概念。这些概念出自对服务业本质上是生产者满足消费者需求的基本理解，认为一切经济活动本质上都属于对消费者需求的满足，因此本质上都属于服务业。总体而言，延伸的服务的概念具有一个基本的新观点，即服务无处不在，它既不是一个新的经济形态，也不是一个崭新的概念，服务活动贯穿于人类经济发展的始终，存在于各个具体的经济活动中，既不能被彻底地从概念上分离，也不能在经济运行中独立存在。

从学术界的角度看，所有的服务业可以分为面向个人的消费服务业、面向生产的生产性服务业和由政府及其他社会组织提供的社会和政府服务业，但目前并没有明确统一的划分。各个国家对服务业的统计都有一些规定。国家统计局在《关于建立第三产业统计的报告》中将第三产业分为四个层次：第一个层次是流通部门，包括交通运输业、邮电通信业、商业饮食业、物资供销和仓储业；第二个层次是为生产和生活服务的部门，包括金融业、保险业、公用事业、居民服务业、旅游业、咨询信息服务业和各类技术服务业等；第三个层次是为提高科学文化水平和居民素质服务的部门，包括教育、文化、广播电视事业，科研事业，生活福利事业等；第四个层次是为社会公共需要服务的部门，包括国家机关、社会团体、军队和警察等。

随着信息技术和知识经济的发展，当前需要用现代化的新技术、新业态和新服务方式改造传统服务业，创造需求，引导消费，向社会提供高附加值、高层次、知识型的生产服务和生活服务。近年来，一个新的术语"现代服务业"被频频提及。根据2012年科学技术部发布的《关于印发现代服务业科技发展十二五专项规划的通知》，现代服务业是指以现代科学技术特别是信息网络技术为主要支撑，建立在新的商业模式、服务方式和管理方法基础上的服务产业。它既包括随着技术发展而产生的新兴服务业态，也包括运用现代技术对传统服务业的改造和提升。它有别于商贸、住宿、餐饮、仓储、交通运输等传统服务业，以金融保险业、信息传输和计算机软件业、租赁和商务服务业、科研技术服务和地质勘察业、文化体育和娱乐业、房地产及居民社区服务业等为代表。现代服务业的发展本质上来自社会进步、经济发展、社会分工的专业化等需求，具有智力要素密集度高、产出附加值高、资源消耗少、环境污染少等特点。现代服务业既包括新兴服务业，也包括对传统服务业的技术改造和升级，其本质是实现服务业的现代化。

（二）生产性服务业的概念

由于理论和政策研究需要，我们可以将生产性服务业划分为"纯粹意义上"的生产性服务业和现实中的生产性服务业。针对生产性服务业的不同界定所采取的研究手段也是不同的。

1. "纯粹意义上"的生产性服务业

在现有统计中，第三产业的某一类行业提供的服务产品一般既包含服务形式的生产资料，也包含服务形式的消费资料，只不过生产服务和消费服务比例不同。例如，银行既为个人提供消费服务，又为企业提供生产服务。

在理论研究中，生产性服务业可以分为"纯粹意义上"的生产性服务业和现实中的生产性服务业。"纯粹意义上"的生产性服务业是指第三产业各行业中剔除和剥离面向消费者的服务形式的消费资料部分，只提供中间投入的服务产品的集合。一些学者运用投入产出表尝试进行过数据剥离，他们通过投入产出表计算出了第三产业及各行业的中间需求率，然后用中间需求率乘相应行业的增加值，就得到了生产性服务业及其内部各行业的增加值。据此，他们计算了意大利国民经济中生产性服务业的直接投入和间接投入，得出了生产性服务业在意大利第三产业中比重较大并保持增长的结论。使用这种方法可以客观地反映"纯粹意义上"的生产性服务业增加值水平。本书的研究对象就是"纯粹意义上"的生产性服务业。

2. 现实中的生产性服务业

现实中的生产性服务业是指向外部组织提供作为中间投入的、用于生产的服务的行业。包括企业内部的服务职能部门与独立的服务性企业，在功能上具有一致性，在组织结构上具有内在的联系性，发展和演化路径受同一种动力机制的支配。所以，有学者提出应当把包含在制造业企业内部具有生产服务功能的部门的总和同样视为生产性服务业的一部分。但是，实证研究的数据一般只是对独立的服务企业或者行业的统计。

（三）生产性服务业的特征

1. 生产性服务业的投入和产出中含有大量的知识和人力资本

生产性服务业作为其他部门的中间投入品的集合，是经济有效运行的关键因素。它在提高产品和服务质量与竞争力、促进专业化知识与技术的传递以及企业内部的不同活动等方面起着重要作用。生产性服务业为企业提供高级生产要素。生产性服务业以知识资本和人力资本作为主要投入品，其产出的是含有大量的知识资本和人力资本的服务。发达的生产性服务业是国民经济的黏合剂和润滑剂，是企业获取竞争优势的基础，它可以为企业提供持续投资和创新的环境。信息和通信技术的一体化提高了生产性服务业的信息和知识密集度，增强了生产性服务业对经济增长的推动作用。

2. 中间投入性强

服务业的需求包括最终需求和中间需求两种，其中最终需求主要以消费者为对象，中间需求主要以企业为对象。以满足中间需求、提供中间投入为主是区分生产性服务业和消费性服务业的最本质的特征。生产性服务业是用来催生其他实物生产或服务生产的媒介，是被企业用作生产商品或提供新的其他服务的生产过程的投入和为了创造更大价值的中间性消费，贯穿于企业生产过程的上游、中游和下游诸环节中。需要说明的是，生产性服务业的服务对象主要是作为生产者的企业，而不是作为消费者的个人。但是据国民经济统计，第三产业的某一类行业实际同时提供生产性服务和消费性服务，只不过生产服务性和消费服务性提供的比例不同。生产性服务业部门的服务对象最主要的是企业和政府机构消费者，此外，也包括部分个体消费者。有学者指出，生产性服务与消费性服务的区别不仅在于其服务自身的特性，还在于其经济目的。例如，餐饮服务被正在进行商务活动的客人使用时，可以被看作生产性服务，而不是消费性服务。

3. 生产性服务业具有可贸易性

生产性服务是一种基本的经济活动。许多生产服务机构都具有实际向区域外部输出的服务，从而创造了新的收入和就业机会，也就是说生产性服务业具有可贸易性。《服务贸易协定》中的"服务部门参考清单"包括12类服务贸易，即商业性服务、销售服务、金融服务、娱乐服务、通信服务、教育服务、卫生服务、运输服务、建筑服务、环境服务、旅游服务和其他服务。这种分类主要以行业作为划分国际贸易类型的核心，其本质涉及输出业务的范畴和供需双方业务开展的程度。其中，大部分行业属于生产性服务业的范畴。此外，国际贸易的内容还有一种是以生产为核心的划分法。按此分类，服务贸易可分为三类：生产前服务，如研究与开发、设计、市场和可行性研究等；生产服务，指生产过程中的服务，如生产过程中的质量管理、软件和人力资源管理等；生产后服务，如广告、营销包装、运输等。

4. 生产性服务业具有很强的关联性

生产性服务业中间投入性的特点决定了其具有较强的产业关联性。产业关联性是指产业间以各种投入品和产出品为联结纽带的技术经济联系。在生产过程中，一个产业部门不是被动地接受其他相关部门的产品或者服务，而是依据本产业部门的生产技术特点和产品结构特性，对相关产业部门提出各种工艺、技术标准和质量等特定要求，以保证本产业部门的产品质量和技术性能，这一要求使产业之间的生产工艺、操作技术等产生了必然的联系。

一般认为，生产性服务业是随着社会分工的进一步细化而从生产企业内部职能中分离出来的产业。随着市场竞争的加剧和企业规模的扩大，企业会不断将内部服务外包，以分散风险，提高核心竞争力。生产性服务业以各种专业服务使生产过程的迂回程度不断增加，生产规模得以扩大，生产过程得以专业化，最终促进了生产效率的提高。在工业时代，生产性服务业与制造业的联系尤为密切，有很多生产性服务业企业是从制造业企业分离出来的，它们同服务业的其他部分有较强的正向关联性。随着工业化的推进和服务经济在国民经济中地位的提高，生产性服务业与其他服务业之间的关联性更加明显。

三、制造业服务化的概念

制造业服务化是指制造业企业突破自身的产业边界向服务业延伸和扩展，具体是指往企业价值链上下游的服务环节扩展，包括在上游增加服务要素的投入替代传统制造要素的投入，在下游增加服务业务的产出而减少制造业务的产出。制造业服务化会使制造业企业朝着两个方向发展：一是制造业保留其行业属性，如维尚家具提供定制化家具服务；二是制造业企业逐渐转变为服务业企业，如IBM由传统硬件制造商转型为服务提供商。关于制造业服务化的含义，国内外学者给出了各自的见解和看法。

范德美和瑞达首次提出了制造业服务化的概念，认为制造业企业由原来提供物品或物品附加的服务向现在的提供物品—服务"包"转变，即为服务化。其中，完整的"包"包括物品、服务、支持、自我服务和知识，并且服务在整个"包"中居于主导地位，是增加值的主要来源。

怀特指出，服务化具体表现为制造业企业提供的物品形式发生实质性变化，由以往提供实体物品转变为提供无形服务。这种服务的出现模糊了制造与传统服务活动的界限。

莱茵斯基等把服务化定义为企业从以生产物品为中心向以提供服务为中心转变。该定义的内涵是把制造业企业界定为服务提供商，而不是产品制造商，因此可以说该定义对企业性质进行了重新界定。

菲什拜因等和马科尔认为，服务化是"卖服务而不是卖物品本身"。托费尔认为，服务化是一种与传统销售模式相对应的业务模式，该模式具有出售产品功能、保留生产产品的所有权、顾客依据物品使用情况向制造商付费、制造业维修不收费等特点。

绍洛韦茨对服务化的定义更加具体，他认为制造业服务化包括两层含义：一是内部服务的效率对提升制造业企业竞争力日益重要，这些内部服务主要包括产品和过程开发、设计、物流、后勤、扩展训练、岗前培训、价值链管理、人力资源管理以及会计、法律、金融服务；二是与物品相关的售后服务对企业发展的重要性日益提高，包括维护和管理、系统集成、运输和安装等。

刘继国和李江帆把制造业服务化划分为投入服务化和产出服务化，投入服务化和产出服务化是指服务要素和服务产出分别在制造业企业的全部要素投入和全部产品产出中所占的比重大小。

方涌和贺国隆认为，随着制造业服务化内涵的不断延伸和发展，其呈现出以下特征：服务要素是投入的主体、服务产品是产出的主体；交易过程具有连续性。

曼齐尼和威左利、贝恩斯等认为，PSS（产品服务系统）与制造业服务化密切相关，是指经济发展模式从仅关心产品的生产和销售，转变为关注满足顾客需求的产品服务组合，通过产品服务集成的形式为顾客提供产品的使用价值。

中国工程院院士汪应洛教授认为，制造业服务化是指在经济全球化、客户需求个性化和现代科学技术与信息化快速发展的条件下，出现的一种全新的商业模式和生产组织方式，是制造与服务相融合的新的产业形式。这种产业形式使企业实现了从单纯产品或者服务供应商向综合性解决方案供应商的转变。

本书认为，制造业服务化是一个动态过程，包括制造业投入服务化和制造业产出服务化两大类。其中，制造业投入服务化的初期阶段只与生产制造的投入要素有关，后期阶段可能与企业最终产品有关。制造业产出服务化与制造业企业的前期投入要素没有必然联系，直接体现在制造业企业的主营业务构成中。制造业投入服务化和制造业产出服务化均是制造业企业在面对"内忧外患"的发展环境时，或者为迎合经济发展需求和谋求自身发展时，主动或被动地选择投入服务要素或者开展服务业务。

四、制造业服务化的特征

（一）从产出的角度看

从产出的角度看，服务化的过程就是最终产品中有形产品部分的比重逐渐减少，无形服务部分的比重逐渐增加，直至为顾客提供整体解决方案的转化过程。这个过程如图 1-1 所示。

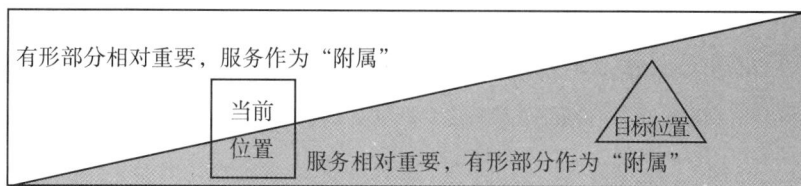

有形部分相对重要，服务作为"附属"

当前
位置

目标位置

服务相对重要，有形部分作为"附属"

图1-1 服务化的转变过程

在图1-1中，空白区域表示最终产品中有形部分的比重，阴影表示服务部分的比重。由图可看出，传统的制造业以提供产品为主，服务处于附属地位。随着制造企业对服务的重视程度的提高，现在的制造企业纷纷增加了服务的供给，所以现在的制造业处于图中长方形所示的位置。服务化的最终结果是使企业以提供产品的功能或效用为主，有形产品处于附属地位，因此理想化的制造业处于图1-1中三角形的位置。

（二）从产品和服务提供方式看

从产品和服务提供方式看，服务化的过程是制造企业向客户主动提供相关服务的过程。它要求制造企业要深入研究客户的需求，发现现有产品在满足客户需求中的不足，通过主动提供个性化的服务，甚至签订长期的服务合同，为客户带来更大的效用，减少有形产品的消耗。这不仅帮助客户节约了成本，还能带来更多的环保效益。

（三）从投入的角度看

与劳动密集型传统服务业的服务不同，制造业生产所需的服务要素往往具有知识密集、技术密集的特征。在投入上，从以资本、劳动为核心转向以知识为中心，通过知识要素来组织资本、劳动、原材料等其他生产要素。在产业链上下游关系上和制造业服务化模式下，企业之间倾向于采用网络化的对等结构，各自提供服务要素，以实现整个产业链的协作共存和资源的优化配置。这与传统制造业通过横向或纵向一体化实现规模经济的模式是不同的，具体表现如下。

第一，从生产要素看，传统制造模式以资本、劳动、土地三大生产要素为主。制造业服务化强调知识要素的投入，要以知识为主导，有机地将三大传统要素组织起来，提高了传统要素的使用效率，因此表现为范围经济，而且知识、技术、管理等服务要素在最终产品中的密集度高于传统制造业。

第二，从产业链上下游关系看，传统制造企业往往通过横向或纵向一体化方式形成一个行业系统。在制造业服务化模式下，各个企业掌握的专业知识具有较大的差异，上下游企业间相互协作、相互依赖的程度大于相互竞争或管理控制的程度，因此更多地表现为平行的网络型关系。

我们可以通过表1-1对上述制造业服务化模式和传统制造模式在投入和产出上表现出的不同特征加以总结。

表1-1 传统制造模式与制造业服务化模式的特征对比

	传统制造模式	服务化模式
最终产品	有形产品比重较大	服务比重较大
产品提供方式	主动提供产品，服务处于附属地位	主动提供服务，通过服务满足客户需求
服务的要素密集程度	劳动密集	知识、技术密集
产业链上下游关系	横向或纵向一体化	网络对等关系
投入产出关系	规模经济	范围经济

第三节 制造业服务化的意义

一、制造业服务化是转变经济发展方式的重要着力点

推动制造业由大变强是建立现代产业体系的重要目的，是调整产业结构、推进经济发展的战略任务。分析全球制造业近几十年来的发展趋势可以看出，国际制造业巨头都是服务型制造企业，制造业服务化也是制造业强国的重要标志，因此推进制造业服务化是实现制造业由大变强的基本途径，也是转变经济发展方式的重要内容和着力点。

一方面，制造业服务化促进了经济增长向依靠一、二、三产业协同带动转变。当前，中国正处于工业化加速发展的重要阶段，第二产业在国民经济中的地位越来越重要，占GDP的比重已接近50%。从全球发达国家工业化的历史进程看，很少有一个国家的第二产业比重如此之高，且这种情况能维持这么长时间。从短期发展趋势看，中国第二产业比重仍有进一步提高的趋势，所以促进经济增长向依靠一、二、三产业协同带动转变的任务仍十分艰巨。制造业服务化的本质是产业分工细化，是企业形态发展的新阶段。从国外的实践看，在推

行服务化的过程中，制造业需要培育和发展一批研发设计、电子商务、物流配送、金融租赁、咨询规划、维护支持等生产性服务业，全球许多服务业跨国巨头都脱胎于制造业。从企业、区域或国家产业结构演进的规律看，制造业服务化所引发的产业结构调整和优化是现代产业体系发展的重要方向和内容。

另一方面，制造业服务化促进了经济增长向依靠技术、人才和管理要素的转变。制造业服务化不仅是产出的服务化，还是投入的服务化。生产性服务业为其他商品和服务的生产者提供用作中间投入的服务，把知识资本等引入商品和服务生产过程中，是现代产业发展中竞争力的基本源泉。投入服务化意味着服务在制造业的全部投入中占据着越来越重要的地位，企业间基于业务流程合作的生产性服务和服务性生产活动贯穿于生产前、生产中和生产后各环节，通过联合设计、制造和服务，可以丰富产品内涵，保证创造出的产品具有水平异质性、垂直异质性和技术异质性，提供研发设计、人力资源、战略咨询、会计、法律、金融等服务。这些服务要素事实上集成了现代管理理念，优化了企业管理流程，提高了技术应用的深度和广度，激发了人才的内在潜力，是制造企业竞争力的重要来源。在发达国家制造业的全部投入中，服务产品所占的比重越来越高，对自然资源依赖程度较高的能源、原材料等要素的需求相对减少。

二、制造业服务化是构建现代产业体系的重要内容

制造业服务化是构建先进制造体系的重要内容，没有制造业服务化，就不可能形成具有较强竞争力的先进制造体系。近年来，在工业产品附加值构成中，纯粹制造环节所占的比例越来越低，研发设计、物流配送、产品营销、电子商务、金融服务、会计审计、律师服务、咨询等专业化生产服务和中介服务所占的比例越来越高，已经成为提高企业竞争力和经济效益的主导因素。制造业竞争力越来越多地依赖服务，服务也逐渐成为提高产品附加值的重要手段。

制造业服务化是实现制造业产品高端化的基本途径。围绕产品服务系统进行竞争是产业竞争的高级阶段，是先进制造业体系形成的重要标志。长期以来，我国工业处于加工组装环节，产品的附加值比较低。在制造业的国际分工中，中国企业只是处在生产链的中低端，充当的仅仅是"加工车间"，出口的大都是附加值低的劳动密集型产品，靠低价格在国际市场上取得竞争优势。在产业价值链不断向两端延伸的背景下，中国制造业竞争力的提高越来

越依靠发达的以金融保险、计算机网络和信息、电子商务、现代物流、管理咨询、会计律师以及其他商务服务为主要内容的知识密集型服务业。

制造业服务化促使产业向价值链高端扩展。在大型制造装备行业，提供系统集成和设备成套服务的利润率相当于出售产品的三倍。制造业服务化提高了制造业产品的个性化设计水平，丰富了产品的内涵，增强了产品的创新特性，推动了具有创新理念的新产品、新服务的发展，提升了产品的附加值。机械、电子设备制造企业事实上不再是简单地销售产品，而是在销售产品的同时，提供与产品配套的包括电子控制、信息系统、软件包、操作程序以及维护服务在内的一个完整的服务系统，许多制造企业也是服务企业。与此同时，信息技术改变了许多服务难以实现储存、生产和消费同时进行以及生产者与消费者需要实体接触的特征，使大量的服务不断产品化，从形态上已很难区分它们应属于产品还是服务。制造业服务化推动了生产方式的现代化。从个性化的作坊式生产向机械化、自动化和标准化的福特制生产演进是从农业社会迈向工业社会的重要标志，从福特制生产向柔性化、敏捷化、网络化生产演进是现代生产方式变革的重要标志。先进制造业是传统制造业和现代服务业融合的产物。制造业服务化是一种新的制造模式和生产组织方式，其通过不断强化面向客户的个性化研发设计、咨询规划、金融支持、供应链管理、在线监测维护等业务，通过构建柔性化生产方式，强化自身的竞争优势。同时，从实践看，只有通过商业模式的创新，制造环节与服务环节的高度集成与深度融合才能实现。制造业服务化的过程也是商业模式不断创新的过程，是一个现代生产组织体系重构的过程。因此，制造业服务化将改变我国制造业的粗放型发展模式，优化产业结构，降低生产和经营成本，优化产业的战略配置，使其在更广阔的范围内获取战略性资源。推进制造业服务化能够把其财力和精力集中于知识密集型产业、高技术密集型产业，提高产品的附加值，增加利润，促进制造业的结构升级。

制造业服务化促进生产性服务业发展。生产性服务业发展是现代产业体系不断完善的重要标志。当前，我国生产性服务业占服务业的比重较低，与发达国家相比仍存在一定差距，而且生产性服务业的规模、水平难以满足制造业及整个国民经济转型升级的需要。从国外生产性服务业发展演变的历史进程看，制造业服务化转型既是促进生产性服务业发展壮大的重要动力，也是生产性服务业创新发展的重要动力。金融、物流、咨询、设计等领域的许多跨国公司都脱胎于传统的制造业，是制造业转型的重要成果。同时，先进制造业发展对现代生产性服务业提出了更高的要求。全球化制造离不开国际化的信息服务、金融服务、物流服务、会展服务、咨询服务、会计服务、律师服务等，敏捷制造需要的高素质创新人才离不开高水平的教育、培训等。因此，制造业服务化将会促进金融租赁、现代物流、科技服务等领域生产性服务业的快速发展。

三、制造业服务化是增强绿色发展能力的重要举措

从总体上看，我国工业发展方式比较粗放，但近年来资源环境约束逐渐趋紧。以"高能耗、高污染"为特征的制造业超高速发展带来了 GDP 高增长，然而在工业产品供给极度丰富与繁荣的背后，江河湖水大面积污染、生态环境恶化以及自然资源枯竭等问题纷纷出现。我国万元国内生产总值能耗是发达国家的 3～4 倍，化学需氧量、二氧化硫、二氧化碳排量位居世界前列，节能减排任务十分艰巨。目前，原油、铁矿石、铝土矿、铜矿等进口依存度都超过 50%。我国石油、天然气人均占有量为世界平均水平的 7.7% 和 7.1%，人均淡水资源占有量目前是世界平均水平的 1/4。因此，推动制造业服务化是增强绿色发展能力的重要举措。

制造业服务化是实现精益生产的重要保障。精益生产的核心是消除一切生产资源的浪费，通过不断地降低成本、提高质量，增强生产灵活性，实现无废品和零库存，它是推动生产资源利用率最大化、实现绿色生产的重要途径。随着信息技术的发展，制造企业生产模式正在发生深刻的变革：一方面，制造企业通过投入的服务化，将非核心业务外包，提高各种资源的利用效率，提高产品开发、设计、制造、装配、包装、运输、销售、售后服务的效率，最大限度地优化利用资源，减少环境污染；另一方面，制造企业通过拓展业务空间、强化电子商务和精益供应链管理，可以消除产业上下游供应链中一切不必要的活动，简化供应链流程，降低产品全生命周期的成本，提高各种资源的使用效率。无论是基于投入的服务化，还是业务领域的拓展，都有利于提高生产资源利用效率，这是绿色生产的本质特征和要求。

制造业服务化是推动绿色生产的重要途径。推广新技术、提高管理水平和推动结构优化是节能降耗、减排的基本途径，制造业服务化成为技术、管理等各个领域实现节能降耗的重要手段。制造业服务化过程也是商业模式不断创新的过程。在机电设备、工程机械、电信设备、交通运输等领域，越来越多的制造企业通过对其大型装备和设备的远程监控、远程诊断和及时响应，

提高了设备的利用效率，降低了资源消耗。同时，越来越多的能源设备生产企业加快从卖产品向卖服务转变，通过向客户提供能源审计诊断评估、改善方案规划、改善工程设计，为能源用户提供节能绩效保证，这成了推进绿色生产和绿色消费的基本途径。

第四节　发达国家和地区的制造业服务化浪潮

制造业服务化已经成为全球制造业发展的重要趋势。发达国家将制造业服务化转型作为其提高制造业全球竞争力的重要措施。发达国家的产业结构普遍存在"两个 70%"现象，即服务业增加值占 GDP 的比重为 70%，生产性服务业占整体服务业的比重达到 70%，这标志着发达国家从"工业经济时代"进入"服务经济时代"，服务业成了经济发展的主导力量。大致估算，服务环节创造的价值占整体价值的 2/3，生产创造的价值仅占 1/3。有研究者认为，目前在国际分工比较发达的制造业中，产品在生产过程中停留的时间不到全部循环过程的 5%，而处在流通领域的时间达到 95% 以上。

当前，服务环节是企业利润的重要来源，也是制造业转型升级和提高竞争力的重要环节。发达国家积极推进产业结构的调整优化，利用服务业优势，促进制造业服务化发展，有利于增强制造业的国际竞争力。发达国家将制造环节向两端延伸，加快生产性服务业发展，必将大大提升制造业的"含金量"。

一、日本

日本产业结构变迁遵循配第—克拉克定理，即按照第一产业产值和劳动力下降、第三产业产值和劳动力上升、第二产业产值和劳动力先上升后下降的规律，产业结构向高级化和合理化方向发展。制造业内部结构变迁过程如下：从最初以纺织业和食品加工业为主到以一般机械制造业、电子产品制造业和运输设备制造业为主，再到制造业增加"微笑曲线"两端的高附加值服务业务，减少中间的低附加值的加工和组装业务。日本提出"社会 5.0"，在人工智能、精密零部件、新材料等领域具有技术和产业优势，这也是制造业服务化转型的重要力量来源。

日本制造业服务化在很多行业具有代表性。例如，日本丰田零库存的供应链管理模式被传为佳话。自 1970 年开始，丰田逐步在生产领域推行准时生产，通过精准的生产控制实现对整个生产链的精准物料管理，从而实现运营成本最小化和生产效率最大化。再如，日本托达赛车制造有限公司采用 IBM（国际商业机器公司）的产品生命周期管理系统，在很大程度上缩短了生产配件和产品的开发、利用周期，优化了产品全生命周期的各个阶段。又如，富士通的业务范围涵盖了与 ICT（信息通信技术）相关的产品和服务，富士通根据客户的需求和 ICT 的不断改进，为客户提供了更加多样化的服务，包括外包服务和云计算服务等。日立建机株式会社基于 M2M（数据算法模型）和云计算的信息服务，帮助供应商根据其自身业务情况采用合适的信息服务，帮助制造商加快了服务化进程。

日本从多方面着手努力，推动制造业服务化发展。在人才培养与研究方面，日本在高校构建了多层次和多元化的人才培养体系，在企业构建了科学的人力资源开发培养体系，为制造业服务化输送了大量专业化的人才。在市场秩序和环境建设方面，日本积极建设完善的基础设施，维护市场稳定，制定相关的行业技术标准，为制造业服务化提供稳定的后勤保障。在技术创新和研发方面，日本十分重视利用技术、企业内外流程改造，通过改造日本企业在本土的制造活动，优化服务要素，增加服务产出。

二、美国

美国的产业结构演进遵循着配第—克拉克定理，即随着经济的发展和人均国民收入水平的提高，国民收入和劳动力依次在第一产业、第二产业、第三产业之间进行转化。美国产业结构演进的具体表现如下：在殖民地时代前期，农业占据主导地位，在殖民地时代中后期，轻工业有了快速发展，南北战争后，第二次工业革命拉开序幕，20 世纪 50 年代初期，第三产业增加值占 GDP 的比重、第三产业劳动力占总就业人口的比重都超过了 50%。2016 年，美国的第三产业就业人员占比为 80%，第三产业增加值占 GDP 比重的 80.2%，第三产业已经成为美国产业结构体系中的支柱产业。

随着工业化进程不断发展，美国制造业发生了翻天覆地的变化。在信息技术革命和经济全球化的共同影响下，社会分工和国际分工逐渐从产业间分工演化到产业内分工，再到产品内分工模式，这对美国制造业发展提出了新的要求，迫使制造业企业关心自身的核心环节，也为制造业转型升级发展提供了契机。在产业竞争能力的提高上，美国制造业向产业链战略环节转移的表现特别明显。美国制造业不再局限于保持最终产品上的优势，而是更多地将分工深入产品的相关附加服务，将企业竞争力的核心和利润的关注点集中到企业价值链的上游和下游环节。

美国上市公司制造业服务化的比例超过 50%。相关研究表明，美国制造业每 1 美元的最终需求中，仅有 0.55 美元用在制造业上，剩余 0.45 美元用在服务业上。美国各大型制造业企业选择向价值链两端的高附加值环节攀升。例如，从 20 世纪 90 年代开始，戴尔在企业内部推行定制化生产，一方面减少资源的浪费和生产的无目的性，另一方面提高客户的满意度。戴尔还采用新的供应链管理模式，目前，戴尔与全球 170 多个国家 5 万多家供应商和零部件的生产厂商建立了密切的合作关系。因此，戴尔能确保及时有效地为每个生产环节做好服务工作。再如，美国"计算机辅助后勤支援"（CALS）计划发起的产品全生命周期管理为全寿命管理和全寿命信息提供了支持。

美国为推动制造业服务化的进程做了许多工作。具体包括以下几方面：一是加强制造业服务化发展的标准和规范建设。美国建立了营运模式共创与知识交流的平台，用以向企业推广制造业服务化模式。二是加大创新投入，建立美国制造创新网络，为制造业服务化提供了技术支撑。美国在金融危机之后，以高新技术为依托，大力发展以工业机器人、3D 打印技术、新能源新材料等为基础的先进制造业，促使制造业企业向研发设计、个性化、定制化等方向快速发展。三是大力发展服务业，为制造业服务化提供了必要条件。充分成熟发展的服务业是制造业服务化转型的重要基础。美国建立了良好的服务业发展制度，积极引导服务业有序发展。

三、欧洲

20 世纪 70 年代，欧洲国家普遍提出"去工业化"，逐步调整其产业结构，不断缩减传统制造业的发展空间，重点发展金融、商务等高端生产性服务业。在这一时期，欧洲国家的服务业得到快速发展，为后期的制造业服务化转型提供了重要的支撑。2008 年，在世界金融危机的冲击下，发达国家陷入严重的经济萧条中，同时欧洲国家还遭受欧债危机的困扰。因此，为重振制造业，使制造业重新回归经济主体，欧洲国家提出"再工业化"战略。欧洲国家的"再工业化"借助先进现代服务业与制造业的融合，重点发展企业价值链的研发设计、仓储物流、品牌知识等高附加值环节，强化制造业新的增值点。

欧洲的制造业服务化进程快，由早期的服务附加在产品上迅速转变到独立的服务形态。欧洲国家为提高制造业服务化程度，采用了学术界和实业界强强联合的模式，通过构建产学研联盟、打造政产学协同的机制，为制造业企业服务化转型提供了智力支持和资金政策扶持。欧洲主要工业化国家把发展"高附加值的欧洲制造"和"以知识为基础的工厂"放在制造业创新的突出位置，认为只有发展知识密集型技术，制造业才能恢复生机。欧洲国家采取了一系列措施，如实施联合技术倡议，发展卫星监测环境与地球安全、微电子工艺燃料电池、药物创新等技术与工艺，以推进"再工业化"进程。

早在 20 世纪 90 年代，欧洲国家制造业企业就有意识地利用信息技术开始了从"产品"到"产品＋服务"的转变，但真正大范围开展服务化业务是在金融危机之后。经过努力，欧洲各国制造业服务化效果显现，促使制造业企业重获市场竞争力。例如，欧盟"第五框架计划"将虚拟网络制造企业列入研究主题，其根本目的是为联盟内各个国家的企业提供资源服务和共享的统一基础平台。在此基础上，其进一步提出的"第六框架计划"是研究利用互联网技术改善联盟内各个分散实体间的集成和协作机制。

欧洲主要工业化国家为提高制造业服务化程度，采取了以下措施。首先，政府的强力支持为制造业服务化提供了政策引导。各国连续出台了制造业发展战略和倾向性的产业政策。其次，延长制造业的价值链，发展高附加值制造。欧洲改变了传统的车间生产和机械操作生产模式，制造业企业更多的是从事价值链两端的高附加值服务业务。最后，加快推进科技创新和研发成果的转化，以先进技术和现代化服务业支撑制造业服务化转型。各国建立了多元化、多层次和多渠道的科技投入体系，大力推进科技创新与研发，并积极鼓励制造业企业利用先进的技术提供高质量的服务业务。

第二章　制造业服务化的相关理论

第一节　分工及产业相关理论

一、分工理论

分工理论是由亚当·斯密创立的。该理论认为，每个产业分工的专业性都很强，这也是人类社会的高级规律以及人类进步的必要条件。这是一种自发而又突然的进化过程，对提高劳动生产率和增加国民财富起着巨大作用。冯·贝尔、麦恩·爱德华的研究发现劳动分工的规律不但适用于社会，而且更适用于有机体，也就是说，，其机能分化就越细。他们还认为，自从地球有了生命，分工就已经开始了。分工不是一个特殊现象，而是生物学意义上的一种普遍现象。产业结构也可视为一个有机体，如果产业有机体越来越高级，那么产业分工就会越来越细，越来越具有专业性。马克思与迪尔凯姆（1893）将分工与秩序问题结合起来，指出现代社会是"有机团结"的社会，即近代的分工制社会。虽然成员间的差异日益增加，但成员通过分工合作可以相互联系在一起。社会分工指向一种现代文明秩序的建构。劳动分工并不是纯粹的经济现象，也是一种社会现象。

技术进步的加快和市场范围的扩大促使社会生产分工不断深化，许多产品或服务的增值过程被分解为更长、更细的链条。单个企业只能占据整个产品或服务价值链中的某一环节，为求得整个价值活动的最大增值，位于不同价值链环节上的企业必须进行协同合作。

根据斯密—杨格定理，市场规模扩大会促进分工的深化，进而提高劳动生产率，增加经济运行绩效，并且能够推动规模报酬递增。分工的不断深化促使制造业内部与产品制造相关的其他部门从制造业中分离出来，其中以产品服务为中心的商贸服务业规模不断扩大，制造业服务外包使制造业与商贸服务业共享专业化收益。

学术界普遍认可"社会分工是服务业与制造业互动共生的基础，主要通过服务外包（购买服务）体现出来"的观点。

二、产业融合理论

（一）产业融合的概念

目前，关于产业融合的定义尚未达成广泛的共识。美国学者罗森堡（1963）从技术视角出发，在针对美国机器工具产业演化的研究中发现了同一技术向不同产业扩散的现象，并把这种现象定义为"技术融合"。此后，Gaines（1998）、藤泽尔曼（2001）、林德（2004）对产业融合的研究均沿用了罗森堡的技术融合的思路。大卫·约菲（1997）从产品视角出发，将产业融合定义为"采用数字技术后原来各自独立产品的整合"。也有学者从产业视角展开研究，认为产业融合是通过技术创新和放宽限制来降低行业间的壁垒，加强不同行业企业间的合作关系。

国内学者通常基于产业边界和产业属性对产业融合进行定义。周振华认为，产业融合意味着传统产业边界的模糊化，产业融合就是以数字融合为基础，为适应产业增长而发生的产业边界的收缩或消失。厉无畏、陈柳钦等将产业融合理解为产业属性的创新，认为产业融合就是不同产业或同一产业内的不同行业通过相互交叉、相互渗透，逐渐融为一体，形成新产业属性或新型产业形态的动态发展过程。余东华认为，产业融合的本质是在技术创新的推动下对传统产业组织形态的突破和创新，是产业组织结构变迁的一种动态过程。马健将以上观点综合起来，将产业融合的定义概括为由于技术进步和放松管制，发生在产业边界和交叉处的技术融合，在经过不同产业或行业之间的组织、业务、市场和管理资源整合后，改变了原有产业产品以及市场需求的特征，导致产业内企业之间的竞争、合作关系发生改变，从而导致产业界限模糊化，甚至重新划分产业界限。

（二）产业融合的动因

多数学者认为，产业融合的动因是技术进步与政府管制的放松。Lei（2000）认为，产业融合发生的前提条件是产业之间具有共同的技术基础。只有先发生技术融合，才能发生产业融合。植草益（2001）认为，产业融合源于技术进步和管制的放松。欧洲委员会绿皮书也强调技术和放松管制是产业融合发生的基本原因。也有一些学者提出产业融合产生的根本动因不在于技术，而在于其他方面。张磊强调了产业融合过程中管理创新的重要性。他指出，电信、广播、电视诸产业边界处的融合成为现实并非依靠技术进步和20世纪80年代以来的电信业的放松管制，而是由于实业界清醒地认识到电话和电视纵向一体化融合这一"死尸融合"的现象多以失败告终，进而创新传统经营观念，将管理创造性与技术进步和放松管制结合起来，如果没有管理创新，就不会发生电信、广播、电视诸产业的融合。还有部分学者认为，多因素共同驱动是产业融合出现的原因。于刃刚等认为，产业融合的主要原因是技术创新、放松经济性规制、企业跨产业并购、组建战略联盟以及四者之间的相互作用。陈柳钦将产业融合的动因概括为以下四个方面：技术创新、竞争合作的压力、跨国公司的发展以及放松管制。

通过对现有文献的回顾，可以看出产业融合的产生是多种因素相互作用、相互影响的结果，这些原因基本上可以概括为内在因素与外在因素两个方面。外在因素主要有全球化与自由化、产业管制政策的放松、消费需求变化等，内在因素包括技术创新、管理创新或战略联盟、观念创新等。

三、产业链整合理论

产业链整合理论研究了产业链纵向关系及其治理问题。产业链是指在一种最终产品的生产加工过程中，从最初的原材料到最终产品的生产销售，直至到达消费者手中所包含的各个环节构成的整个纵向链条。在这个纵向链条中，每个环节都可能是一个相对独立的产业，某一个产业的产品构成另一个产业生产的投入品。产业链描述的是厂商内部和厂商之间为生产最终交易的产品或服务所经历的增加价值的活动过程，它涵盖商品或服务在创造过程中所经历的从原材料到最终消费品的所有阶段。只要产业链上的企业能够直接或间接地控制其他企业的决策，使其产生期望的协作行为，就视为产生了某种程度的整合。产业链整合理论即研究产业链纵向关系（具体表现为产业链上下游企业之间的关系）发生的原因、组织形式和变化原理。产业链纵向安排包括两种类型：一是纵向一体化（包括兼并）或纵向分拆；二是纵向约束，主要包括独占交易、独占区域、转售价格控制、纵向价格歧视、共同代理、拒绝供应特许经营、全线强销、数量折扣、搭售等策略性安排。该理论把影响产业链上下游企业纵向安排（整合方式）的原理概括为以下三类。

第一，产业组织理论的市场势力说。在一个行业中，当某个企业处于垄断地位时，其可以以高于平均成本的价格出售产品，获取垄断利润，也即意味着该企业拥有了影响产品价格的市场势力。企业进行产业链整合的目的就是获得这种市场势力。由于企业垄断地位的获得通常与较大的规模（包括生产规模和销售规模）相联系，因此企业可以通过产业链整合达到扩大规模的目的，进而获取市场势力。具体而言，企业可以通过水平合并，提高市场集中度，进而获得市场控制力，也可以通过纵向合并或通过对产业链上的企业施加纵向约束获得市场势力。

第二，交易费用理论的专用性资产说。交易费用理论将企业看作节约交易成本的组织创新的产物。威廉姆森认为，交易费用产生于环境不确定性下人的有限理性和机会主义倾向。在这种情况下，如果企业投资的资产具有较高的专用性，那么交易就很有可能在企业内部进行，从而防止投资完成后交易伙伴可能的机会主义掠夺性利用行为。基于以上逻辑，威廉姆森认为企业间实施纵向一体化的主要目的就是节约交易成本，成本节约的程度与资产专用性程度、交易的频率和环境的不确定性程度直接相关。马斯滕等将资产专用性由物质资本扩展到非物质资本，他们的研究发现，对于高度特定的人力资本投资而言，纵向一体化是更为正确的选择。本杰明·克莱因等人进一步指出，资产专用性导致可占用的专用性准租的产生，这种准租金可以促使机会主义行为变为现实。因此，当市场缔约费用大于一体化费用时，资产所有者就会进行一体化。

第三，企业能力理论的竞争优势说。企业能力理论把企业视为知识的集合、能力的集合，企业能力的积累和存储显著影响企业的边界与范围，特别是横向多角化经营的广度和深度。因此，产业链整合是配置企业能力以获取竞争优势的重要手段，整合的方式与企业能力分布有关。

产业链整合理论总结归纳了产业链上下游企业之间纵向安排的原因与决定因素。在服务业与制造业的关系中，对于某种具体产品的产业链结构而言，制造商位于产业链上游，服务商位于产业链下游，从而构成了一类特殊的产业链结构。研究现代服务业与制造业的互动融合，必然要涉及具体产品链条上服务商和制造商的纵向关联形式，因而产业链整合理论为本书研究提供了可借鉴的重要理论依据。

第二节 共生及产业相关理论

一、共生理论

（一）共生系统要素构成

共生系统是指由共生单元按某种共生模式构成的共生关系的集合。共生系统的状态是由共生组织模式和共生行为模式的组合决定的，会向着一体化和对称互惠的方向进行优化。共生系统主要由共生单元、共生模式、共生环境三要素构成。

共生单元是指构成共生体的基本能量生产和交换单位，是基本物质条件。在产业共生体中，每一个企业都是共生单元。

共生模式是指共生单元相互作用的方式或结合的形式，不仅能反映出共生单元之间作用的方式，还能反映出共生单元之间作用的强度，又能反映出共生单元之间的物质信息交流、能量互换关系。共生模式从行为方式角度可以分为寄生、偏利共生和互惠共生三类，从组织程度角度可以分为点共生、间歇共生、连续共生和一体化共生四类。

共生环境是指共生模式存在的外部条件（共生单元以外的所有因素的总和构成的共生环境）。对产业共生体而言，共生环境是指外部的市场环境和社会环境。

（二）共生系统的相关规律

1.内生联系

共生单元之间存在兼容性的内在联系是共生关系形成的必然前提条件。联系的方式决定共生模式。如果共生单元之间的紧密联系方式是随机性兼容，就会出现点共生模式；如果其是不连续的因果性兼容，往往会形成间歇共生模式；如果其是连续的因果性兼容，则会形成连续共生模式或一体化共生模式。了解和分析内部联系的作用方式可以为判断、选择共生系统提供方法。

2.共生过程中产生新能量

在共生系统中，共生单元相互作用的过程中会产生新能量，这是共生的重要本质特征。通过共生界面作用产生的物质成果是共生系统及共生单元质量提高和数量增加的前提条件。共生能量受到全要素共生度的影响，包括共生密度和共生维度。例如，在经济系统中，共生新能量表现为企业经济效益的提高、经济规模的扩大和经营范围的扩大。共生能量一部分用于共生单元的数量增加，另一部分用于共生单元的功能改进。

3.共生界面的选择

共生界面是指共生单元之间的接触方式和机制的总和，或者说是共生单元之间物质、信息和能量传导的媒介、通道或载体，是共生关系形成、存在、发展的基础和平台。共生界面既是一个空间概念，也包括空间内存在的有形和无形的物质、信息、能量、通道等。根据界面形成的条件，其可分为内生性界面和外生性界面。共生界面内生性是由共生单元的性质决定的，共生界面外生性是由除共生界面以外的其他因素决定的，如共生环境。

共生界面选择不仅能决定共生单元的数量和质量，还能决定共生能量的生产和再生产方式。共生界面主要有两个选择原理。第一个原理是指共生界面对共生对象的选择时，在不完全信息条件下采用竞争性选择规则，而在完全信息条件下采用非竞争性亲近度规则和关联度规则。第二个原理是指共生界面对共生能量使用的选择时，在完全非密度制约条件下采用数量选择规则，在完全密度制约条件下采用质量选择规则。只有遵循以上规则，才能促进共生系统最优发展。

4.共生系统相变原理

共生系统相变是指系统从一种状态向另一种状态转变的过程。共生系统的相变分析就是从一般意义上分析共生状态之间的转化。相变原理指出，非对称分配、不匹配使用和全要素共生度变化是共生相变的基本原因。不同关键因子会分别引起共生行为模式、共生组织模式单维或共同的变化。通过分析相变类型及其形成原因，我们可以为设计构建新的产业共生系统提供方向与方法。

共生进化是共生系统的本质，互惠（对称性）共生进化的方向是组织形成与发展的主要动力。任何无效和不稳定的系统一定违背了对称性互惠共生法则，非对称和非互惠共生是系统相变的根本动力，也是系统低效率和不稳定的根源。

二、产业共生理论

（一）产业共生的含义

产业共生是共生理论与产业发展实践相结合的新问题，也是一个新的产业经济理论命题。国内学者胡晓鹏对产业共生的理论内涵和内在机理做出了精确界定。在他看来，产业共生具有广义和狭义两种内涵。从广义上看，产业共生指在分工不断细化的前提下，同类产业不同业务单元和不同类产业但彼此具有经济联系的业务单元之间出现的融合、互动、协调关系。从狭义上讲，产业共生指同类产业或相似产业的业务单元因某种机制构成的融合、互动、协调的发展状态。在市场竞争或者发展动力的作用下，同类业务单元也会出现合作或联盟，并通过某种实体的或虚拟的组织中介发展为产业共生体。在此基础上，他进一步给出了产业共生的三个核心特征。

第一个特征是融合性。与一般的产业融合理论不同，产业共生中的融合关注产业创新及其价值增值过程中的互补性联结关系。因此，那些价值活动不相关联的产业间的边界融合现象并不属于产业共生的研究范畴。从实现方式上看，技术上的互补、产品上的供需、业务单元的组合等都可以促进融合。当然，科技进步也可以改变这种价值创造属性，但无论如何改变，共生意义上的融合是以价值共创为基本前提的。

第二个特征是互动性。在产业共生框架下，产业间的互动性是产业共生持续推进的基础，也是产业间共生行为的具体体现。比如，当生产性服务业独立为制造业的发展提供辅助生产和市场流通的支持时，制造业不仅可以节约大量资源而专攻某个生产环节，还可以获得来自外部专业化的服务资源。生产性服务业也可以分享到制造业专业化的益处。显然，生产性服务业与制造业的这种互动是互利的。从严格意义上讲，共生框架下的产业间互动一定是可以带来利益的，但利益的分配在产业间既可能是对称的，也可能是偏离的或非均衡的，这就表明共生条件下的互动具有多重的性质，而且这种多重的性质在不同的发展阶段会产生不同的变化。

第三个特征是协调性。产业共生所重视的协调是围绕均衡展开的，而且这里的均衡具有多重的协调。具体来讲，以达成均衡时实现的协调程度为依据，数量协调和质量协调是两个基本层次。我们通常所说的产业间的投入产出关系实质上反映的就是供给—需求双向数量协调关系。这种协调可以通过更高层次目标的设计来完成，如按照国民经济发展的内在要求精确地计算出各个产业间应该完成的数值指标。与数量协调不同，质量协调更强调协调的效率，比如，在确立产业之间达到某种数量比例关系的前提下，产业的技术进步水平和潜在发展能力是否可以得到最大化的提高。因此，凡是达成了协调的产业共生，产业发展的能力都将得到进一步提高，这就是质量协调。由此推论，数量协调重视产业间的数值关系，而质量协调重视产业个体的发展能力。

（二）共生系统的界定与度量

产业共生系统可以分为四个基本层次，即以企业部门为共生单元的企业内产业共生系统、以企业部门为共生单元的企业间产业共生系统、以独立企业为共生单元的企业间产业共生系统和以区域产业集群或主导产业群为共生单元的产业间共生系统。其中，企业间产业共生系统以独立产业部门为基本共生单元。在服务业与制造业共生系统中，相互独立的服务企业与制造企业联系在一起所形成的共生可以看作企业间产业共生系统，它是一个共生企业群落构成的小的经济共生体，也可以用以下公式进行描述：

$$共生系统 = f（服务业、制造业、服务业与制造业间关系）$$

共生系统是互相独立的产业的融合、互动、协调关系构成的一个密切关联、具有一定开放度的整体。因此，在对产业间共生关系进行定量描述时，首先要通过开放度指标的测量，观察产业共生系统的基本特征。其次，因为产业共生的运行主要是物质能量的传递和交换，所以可以考虑运用中间投入率、感应度系数、影响力系数等来度量。最后，用相关产业附加值率来度量价值创造能力，用全要素生产率来度量共生体的质量协调特征。产业共生系统如表2-1所示。

表2-1　因共生单元不同而形成不同的产业共生系统

共生系统类型	企业内产业共生系统	企业间产业共生系统	产业间共生系统
共生单元构成	企业部门	独立企业	区域产业集群或主导产业群

第三节　知识整合理论

一、知识的基本内涵

（一）知识的概念

对于知识这一概念，很多学者从不同的角度进行了解释。Polanyi（1962）

将人类知识分为两大类：显性知识和隐性知识。马克卢普（1962）认为，知识概念和知识生产是非常宽泛的，生产知识不仅是向已知的知识存量加入知识，还是在任何人的脑海中所创造的一种认知状态。野中和竹内（1995）认为，知识是合理的真实信念和实际获得的技巧。宋太庆（1996）认为，知识是经验、信息、逻辑和思想创意的数字符号系统。汪丁丁（1996）认为，经济学所关心的知识概念首先是所有可以使生产率提高的知识，或者所有可以改变生产的技术特性的知识，其次是那些可以改变生产的制度特性的知识或者"制度性知识"。

可见，学者对知识的定义因自身所处环境、所从事工作、所受的教育的影响而有所不同。一般来说，知识是指认知主体的知识，企业作为一个组织，也具有认知能力，将其知识储存于"组织记忆"中，从而拥有知识。组织记忆的外在表现就是企业的"惯例"，即企业固有的做事方法。惯例作为企业的知识具有两种类型：一是可以明晰说明的惯例或显性的惯例，它在形式上表现为行动指南、方针政策、规章制度、事务处理程序和决策规则；二是具有默会性的惯例，这部分惯例常常在起作用，但其发挥作用的过程并没有被觉察到。

（二）知识的特性

1.默会性

这里的默会性是隐性知识的性质。尽管有些知识能以文档、数据的方式显性地描述出来，但企业利用的大部分知识是隐性的，隐藏于职工头脑和实践中。企业知识的默会性主要表现在难以用语言表达、潜在地发挥作用的技术知识默会性、企业关键人物所拥有的知识的默会性等方面。大部分知识是默会的、深藏的，隐置于实践中的，正是这一部分无法言传的默会性知识在现实中以我们难以察觉的方式发挥着重要作用。

2.广泛分布性

所谓的知识广泛分布性，是指企业的知识并不是集中起来由某一个人（如企业高层管理者或企业所有者）拥有，而是广泛地分布于企业各个组织成员的头脑中。

3.共享性

在使用上，知识不像土地、固定资产那样具有排他性，知识能被很多人和企业同时使用，而且共享知识的人越多，人们就越能创造出新的知识，知识的价值越大。

4. 可编码性

当知识能被分解成易理解的具体部分时，知识的可编码性就会很高。可编码性高的知识也被称为显性知识，是明确的、可观察的和无可争议的。

5. 积聚性

知识的积聚性决定了知识转移的效率。知识转移的效率在一定程度上取决于知识积聚的潜力，知识的转移涉及知识的发送和接收两个方面，而知识的吸收是在吸收者"吸收能力"概念下进行分析的。无论是在个人层次上，还是在组织层次上，知识的吸收取决于吸收者在现有的知识基础上容纳新知识的吸收能力。这就要求不同知识成分之间具有可加性。当知识可以用一种通用的、人所共知的语言或其他方式表达时，知识积聚的效率就会得到大幅度提高。

6. 可转移性

知识特别是显性知识可以通过各种介质记录，很容易通过交易或知识共享进行转移。隐性知识一般要通过一段时间才有可能明晰化并获得，因此隐性知识的转移是缓慢的，成本也相对较高。转移隐性知识的困难不仅表现在企业之间的知识转移上，还表现在企业内部各部门以及企业成员之间的转移上。

7. 黏滞性

知识在传递和转移的过程中往往由于各种原因和障碍而黏滞于局部环境和知识拥有者，难以有效转移。

8. 可占用性

知识的可占用性是指知识所有者占有知识创造价值的能力，知识可占用性的大小决定了企业或个人所拥有的知识能够产生收益的多少。知识可占用性高的企业或个人可以通过独占性使用隐性知识而获得价值。隐性知识是不可能被别人直接占用的，因为它不能被直接转移出去，只有将其运用于生产活动时，它才可能被其他人占用。而显性知识则可以通过学习和交易占用。

二、知识整合的基本内涵

（一）知识整合的概念

企业知识的积累水平决定了企业的发展路径。由于企业知识的来源、内容和价值的不同，知识在企业中所发挥的功能和价值也不同。而且企业内各种类型的知识有着不同程度的默会性和黏滞性，在企业内外部网络中的分布处于无序状态，某些知识还局限在特定单元或单元网络中解决问题，对于整个企业知识网络而言没有得到最佳的利用。因此，要想发挥企业知识的最大价值，就必须对企业所拥有的和能够控制的知识进行整合（丁涛、胡汉辉，2009）。亨德森和克拉克在发表的《结构创新：既有产品知识和公司失败》一文中指出，企业的产品开发需要组分知识和结构知识。组分知识是指产品每个部件的核心设计思想以及把这些思想应用到特定部件的方式。结构知识是指把这些部件装配或者连接在一起成为整体所需要的知识。组分知识的结构受到外部市场需求的影响，常常是问题导向，在特定的解决方案中，会产生结构知识，这个过程就是知识整合。这是知识整合概念的首次完整表述，而且此概念对后来的知识整合研究产生了非常大的影响。但因为知识整合仅被描述为新产品开发过程中对企业技术的重新配置，所以其是一种狭义的概念。奎恩认为，隐性知识是企业最具战略意义的资源，隐性知识指的是很难用文字、公式、图像等形式来表述清楚的，难以共享的知识，隐含于过程和行为中的非结构化的知识。由于隐性知识很难分享和传播，要把隐性知识的转化为企业技术创新能力离不开知识整合。科格特和赞德指出，知识整合是重新组合并运用已有的知识开发潜在知识，强调知识结合能力和潜在知识开发能力，整合活动不仅靠硬件，如数据库，还须靠人员间的沟通以及共通的文化。兰西蒂和克拉克把知识整合的概念扩大到企业外部，确定了知识整合的概念框架。他们认为，企业知识整合包括内部整合和外部整合，内部整合包括跨功能整合和广泛问题解决，外部整合包括技术整合和顾客整合。英克彭认为，知识整合就是知识的联结，即个人和组织间通过正式或非正式的关系促进知识的分享与沟通，并使个人知识转变为组织知识。格兰特认为，知识整合是组织的基本职能和组织能力的本质，把知识整合提高到了企业的战略层面。沃尔伯达等认为，知识整合是企业内部为强化企业内部文化、价值的一致性以及工作效率与系统运作的提升所做的一切协调运作活动。

国内学者对知识整合的概念也进行了研究。沈群红和封凯栋提出，知识整合是对组织内部和外部的知识进行有效的识别、利用和提升，促进不同主体维度上的知识彼此互动并产生新知识。赵修卫从组织学习角度探讨了知识整合问题，认为知识整合是指在学习过程中知识的重构与综合。知识整合包括以下四个方面：现有知识和新知识的整合、显性知识和隐性知识的整合、个人学习和组织学习的整合以及外部学习和内部学习的整合。

学者从不同的角度和层面研究了知识整合，但在两个方面达成共识：一是知识整合是一个对知识重新排列组合的过程；二是知识整合最直接的结果就是产生新的知识。知识整合的核心思想是通过改善企业知识结构来改变知识的运用方式，提高知识效能，最大化地实现知识中所蕴含的价值。企业竞争优势的真正来源是企业对知识的整合，知识整合的目的就是对所有的零散知识、新旧知识、显性知识和隐性知识进行筛选组合、提升，使其发挥最佳的整体性能，促进企业内外部网络知识的优化配置。在借鉴兰西蒂、扎赫拉、魏江等研究的基础上，本书对知识整合的定义如下：知识整合是指企业在一定的环境条件下，对不同类型的知识（包括内部知识和外部知识）进行甄选、转移、吸收、重构所形成的一种特有的、动态的持续发展能力。知识整合能够对企业知识进行整理与重构，使不同来源、不同内容、不同载体、不同形态的知识有机融合起来，从而产生新知识或实现知识的新用途，并以此形成企业新的核心知识体系。此概念强调知识整合是一种能力，知识整合能力是组织的基本职能和组织能力的本质。知识整合是一个动态过程，企业要学会将无用的知识彻底摒弃，把与企业战略密切相关的知识融合到企业的知识系统中。

（二）知识整合的理论基础

1. 动态能力理论

蒂斯和皮萨诺提出了动态能力的概念，认为动态能力是企业整合、建立以及重构企业内外能力以便适应快速变化的环境的能力，并提出了著名的动态能力框架。温特提出的基本能力的定义为动态能力的存在提供了理论基础。动态能力理论的基本假设是组织的动态能力能够使其适应环境的变化，从而获得持久的竞争优势。按照蒂斯等的观点，"动态"是指为了与动态变化的外部环境保持一致，企业延续或重构自身胜任力的能力，而"能力"强调战略管理在正确处理、整合和重构企业内外部组织知识、资源和技能以适应环境变化方面的关键作用。动态能力理论认为，企业为适应不断变化的环境，必须更新自己的能力，而提高和更新能力的方法主要是技能获取、知识和诀窍的管理以及学习。动态能力是指企业改变其作为竞争优势基础的能力，而改变能力的背后就是知识。企业之所以要改变自身的能力，是因为隐藏在能力背后的知识不再适应环境的变化。企业改变能力的过程就是企业追寻新知识的过程。改变能力的结果是企业建立一套新的知识结构。

2. 新经济增长理论

随着经济全球化和信息技术革命的到来，特别是自20世纪90年代以来，知识经济增长的溢出效应日趋明显。罗默认为，新经济增长理论对企业知识整合理论的产生具有深远的影响。罗默认为，生产要素包括资本、人力资本、非技术劳动和新思想，其中最重要的是特殊的知识，即新思想，它是经济增长的主要因素。知识能提高要素的收益，能使资本和劳动等要素投入也产生递增收益，从而促使经济的规模收益递增。递增的收益保证了经济的长期增长。物质资本是稀缺的，而新思想和点子却非常丰富，知识和点子的复制成本很低，所以收益可以递增。罗默认为，找到了使要素收益增加的方法，就等于找到了经济增长的新源泉。他把知识作为独立因子纳入经济增长，将知识分解为一般知识和专业化知识。一般知识是所有经济主体都可以无偿使用的知识，可以产生外在经济效应和规模经济；专业化知识产生内在效应，使个别厂商获得垄断利润，而垄断利润能使个别厂商有能力研究、开发新产品。产出中的内在效应和外在效应表明，如果一种产品的生产过程的收益是递增的，就可以带动劳动和资本投入的收益递增，给厂商和全社会带来递增收益。知识积累能使总产出的规模收益递增，并为其长期稳定增长提供保证。由此，罗默得出了知识积累是现代经济增长的新源泉结论。

3. 知识吸收能力理论

知识吸收能力是企业知识整合能力的重要基础。科恩和利文索尔提出，知识吸收能力是企业识别新的外部知识的价值并将其用于商业目的的能力，同时分析了影响知识吸收能力的认知过程和企业内部因素。他们认为，企业的知识吸收能力越强，对外界环境的掌控能力也就越强，进而越有机会把竞争对手的外溢知识引进企业内部。知识吸收能力可以分为个人层次和组织层次。个人层次的知识吸收能力是个人接触相关知识及不同的背景领域，组织层次的知识吸收能力是组织中成员多方面的经验累积。个人层次与组织层次的知识吸收能力都存在着路径依赖现象，即个人或组织先前的知识会影响未来获取与累积后续知识的能力。企业的知识吸收能力虽然以个人的知识吸收能力为基础，但不是个人知识吸收能力的简单相加，它不仅依赖组织与外部环境和部门之间的交流，还与企业专业知识的性质和分布有关。新知识只有通过整合后融入现有知识结构中才能发挥作用，知识整合就是将个别知识系统化，或是将集合起来的知识内化到组织成员的心智系统中。莱恩和卢巴特金从企业与外部关联的角度对知识吸收能力进行分析，认为新知识的具体类型、对被吸收知识组织的熟悉程度等是影响企业知识吸收能力的主要因素。另外，还有一些研究者从组织学习、战略联盟、技术革新等角度考察了企业的知识吸收能力。

第三章　制造业服务化的成因分析

第一节　知识经济

一、知识经济下的产业分类

学者从不同角度对与知识有关的产业做了分类。在经济合作与发展组织（OECD）的定义中，知识型产业主要包括两部分：第一部分是制造业中的高科技工业，包括计算机、电子、航天、生物等产业；第二部分是知识密集型的服务业，包括教育、通信及信息服务等产业。

学者吴思华认为，知识型产业可区分为下列五类：新兴科技产业、既有产业科技化、去生产的企业、专业服务业与知识（教育文化）产业化。

从上述 OECD 和学者对产业分类情况的分析可以看出，知识的确已经影响到制造业和服务业的方方面面。但值得注意的是，一提起制造业转型升级问题，人们比较容易想到的是通过研发活动培养高新技术制造业，但往往容易忽略吴思华所提到的既有产业的科技化模式，它意味着传统产业可以借助知识要素的积累实现转型升级，而这种方式其实对发展中国家更有现实意义。

二、知识经济对制造业的影响

知识经济使产品制造模式和生产方式发生了根本变化。产品制造模式转向了创造知识密集和高科技含量的产品，随之而来的是生产方式的变化。由于柔性制造系统（FMS）的出现，原先那种大批量的标准化的刚性生产方式变成了小批量的柔性生产方式，这样就缩短了从设计到生产的时间，更重要的是能迅速根据市场需求的变化进行生产或转产，可以灵活地、及时地满足市场上多样化、个性化的需求，最大限度地节约成本。

但是，知识经济对产业的影响远不止高科技工业和服务业，它给整个经济的产业结构和就业结构都带来了重大变化。产业结构的变化表现在第一、

二、三产业的关系上。在知识经济中，以服务业为主的第三产业的重要性及其比重急剧上升。同时，一些传统产业也加快了技术改造的步伐。

在知识经济背景下，产品的价值越来越取决于品牌或与产品有关的服务之类无形的要素。在新的经济运行模式下，经济参与者要想在竞争中取胜，就必须设法将知识这一新的生产要素与传统生产要素（劳动力、土地、资本）整合在一起，从而创造出新的、复合型的价值。这种知识与传统生产要素的整合使传统的产业边界逐渐模糊，其中最为典型的例子就是制造企业纷纷承担起各种类型的服务业务，这就是制造业的服务化现象。

三、隐性知识对制造业的影响

（一）隐性知识的内涵

李作学、金福、姜秉权归纳出隐性知识具有如下一些特征：①隐性知识具有不可言传性，难以表达、难以传播和沟通、难以共享等；②隐性知识是一种高度个人化的知识，与认知主体无法分离，有的学者称其有个体性或私有性；③隐性知识具有路径依赖性，隐性知识的产生依赖个体的性格、经历、价值观和组织文化、环境；④隐性知识具有非逻辑性和非批判性，即很难对其用语言进行形式逻辑分析和批评、思考，只能意会，有的学者也称之为意会知识；⑤隐性知识具有即时性，波兰尼称其是"我们对正在做的某事所具有的知识"；⑥隐性知识的获得和使用具有无意识性，它是认知主体在实践活动中得到的附带知识；⑦隐性知识具有模糊性，即隐性知识可以通过隐喻、模型、象征性语言等形式被演示、领悟或表达出来，因此野中郁次郎认为"隐喻"是一种独特的领悟方法，德鲁克认为学习这种隐性知识的唯一方法是领悟和练习；⑧隐性知识具有预见能力和创造性，相对于显性知识来说更具有价值。

OECD把人类拥有的知识分为以下四类：事实知识、原理知识、技能知识和人力知识。其中，后两类知识被称为"隐性知识"。OECD还强调"隐性知识"对经济发展尤其是对知识经济时代的企业具有特别重要的意义。

中国学者汪应洛等认为，隐性知识和显性知识分类方法没有揭示出隐性知识与显性知识的边界，于是将隐性知识进一步划分为真隐性知识与伪隐性知识。所谓真隐性知识是指无法以某种语言进行调制完成转移的知识，真隐性知识只能通过联结学习的方式实现有限度的转移。伪隐性知识是指有些知识可以用自然语言或其他通用的符号语言进行调制完成转移，但如果语言发展得不完善，调制效率或信息传递效率较低，人们往往就采用联结学习的方式获得这类知识。对于重要的伪隐性知识，人们往往花费大量成本改进语言，提高信息传递效率，使转移成本下降，这个过程也被称为隐性知识的显性化。

（二）隐性知识对企业和产业的作用

隐性知识对企业增强竞争力，乃至一个国家的产业发展都具有重要作用。

第一，从企业层面看，知识是公司竞争优势的源泉，不仅是因为公司内的知识尤其是一些隐性知识难以被竞争对手模仿，还因为当前的知识存量所形成的知识结构决定了每一个公司可以有不同的发现未来的机会、配置资源的方法，公司现有的知识决定了公司内各种资源效能发挥的程度。公司是一个知识的集合体，公司的知识存量决定了公司配置资源和创新的能力，因此知识是公司竞争优势的源泉。

隐性知识对提高企业的应变能力和创新能力具有重大意义。在知识经济时代，企业面临激烈的市场竞争，新产品或新服务的市场先入者可以提前获取更多的市场份额、垄断利润和更知名的品牌效应，然而后入者无论是在占据市场份额上还是在品牌上都落后于先入者。创新给企业带来的优势是显而易见的，是企业保持持续竞争优势的源泉。企业可以通过知识管理促进隐性知识的显性化，最大限度地提升企业知识型员工在创新决策过程、研发过程、商业化生产过程、产品销售过程这四个阶段的创新能力，快速有效地开发出市场需要的新产品和服务，从而增强企业的核心竞争力。

隐性知识对提高企业的创新和适应能力具有重要意义。新产品或新的服务可以帮助企业在激烈的市场竞争中取得先机。创新显然能够给企业带来竞争优势。企业通过对隐性知识的外化可以最大限度地提高企业在价值链各个环节的增值额，从而进一步促进企业竞争力的提升。

第二，从国家产业层面看，支持一个产业的核心技术的关键要素是其中的隐性知识。以18世纪英国、法国争夺钢铁制造业的技术领先地位为例，当时英国在钢铁制造方面处于领先地位，为获取英国人的技术，法国用尽各种手段，甚至派出许多工业间谍窃取情报，但仍未获取英国钢铁工业的关键技术。其原因在于英国的技术工人拥有专门的隐性知识，如控制煤加入熔膛的速度和位置，并且工人会根据煤块的质量变化进行相应的调整，有时还要改变煤块的尺寸和等级等，而这种判断力是不可能从书本上学到的。最终，法国通过引进技术工人，获得了钢铁制造诀窍，尽管英国法律禁止技术移民的输出。当今世界上许多国家都试图拥有原子弹，尽管原子弹的工作原理众所周知，但它的制造依赖许多关键的意会知识，因此并不是所有掌握核物理理论知识的国家都能发展核武器。同时，那些已经拥有核武器的国家仍然必须每隔一段时间进行一次核试验，只有这样才能保证对核武器技术的掌握与完善。

四、隐性知识是制造业服务化形成的内因

在知识经济时代，对知识要素的获取以及将知识要素和传统要素整合在一起的能力变得更加重要。在知识要素中，隐性知识的获取和转化格外重要，而知识要素在投入要素中变得日益重要正是制造业服务化的重要特征，因此可以说隐性知识从投入的层面促进了制造业服务化的形成。

接下来将说明隐性知识与传统要素的互动情况，以及企业如何通过这种互动最终获得价值。以松下公司开发自动面包机技术为例，1985年，日本大阪的松下公司的产品开发人员正在努力研制一种新的家用面包机，但是他们在使机器揉制生面团时遇到了麻烦。尽管他们做了很大的努力，但结果是面包的表面被制作得很充分，而里面却根本没有动。最后，软件设计者田中郁子提出了一个创造性建议：大阪国际饭店以制作大阪最好的面包而出名，为什么不以它作为榜样呢？田中郁子前往国际饭店向首席面包师学习揉制技术，在亲自揉面的过程中，她发现面包师有一定的揉面方法，但是很难向别人表达清楚。经过一年的试验，在与项目工程师的合作下，田中郁子提出了详细的产品说明书，把隐性知识显性化，成功地复制了面包师的揉制技术，成功地进行了技术创新。在这个案例中，生产面包机所需的资本和原材料等传统要素都是已经具备的，甚至普通机械设备的工作原理这类显性知识要素也已经具备了。但成功制造出面包机的关键要素是揉面的诀窍这一隐性知识，它存在于厨师的头脑中且很难通过简单的语言对其方法加以描述，也很难用已有的机械设计方法来加以模拟。为了获取隐性知识，设计人员首先要具备相关的产品设计理论等显性知识，然后参与向师傅学习揉面技术这种亲身实践活动，最后再经过思考将相关经验总结在说明书中。基于此，企业接着就可以将已经总结出来的知识和已经具备的资本、原材料等生产要素结合在一起，从而生产出面包机成品。从知识创造的角度看，这是一个典型的隐性知识向显性知识转化的过程。从价值链角度看，面团揉制技术的模拟设计是产品增值的关键环节。从先进制造业的发展趋势看，随着市场对柔性制造、小批量制造等制造方式的需求日益增加，制造企业内部的设计、研发等服务性环节将变得越来越重要，而这类设计、研发取得成功的关键是对隐性知识的获取以及将知识要素与传统要素加以整合的能力。

从上面的案例也可以看出，隐性知识在知识创造过程中起着决定性的作用，可以说获取企业所需的隐性知识并将其应用到产品的生产中是企业在竞争中胜出的关键。隐性知识难以表达，难以传播和沟通，难以共享，人们只有通过亲身实践，通过长期揣摩和反复练习才能掌握隐性知识，因而隐性知识才是保持长期竞争优势的关键。可以说隐性知识的积累是企业核心竞争优势的来源，而制造过程正是不断实践、不断积累经验的过程，是获取隐性知识的重要途径。因此，获取隐性知识是促使制造业服务化的内在动因。为了保持竞争的优势地位，关键的研发、设计环节必须控制在企业内部，而无法外包出去，这也是制造业服务化的原因之一。

第二节　价值链的延伸

一、价值链理论

价值链理论在分析产业调整与重构过程方面存在一定的局限性。最初的价值链理论仅说明了价值在各个生产流通环节的分布状态，尽管后来的价值链理论逐渐将研究重心放在了跨国公司主导的全球价值链中不同国家产业的动态变化上，也指出了发展中国家产业升级中存在的障碍，如韩国大宇在多年发展自主品牌制造（OBM）后又返回贴牌生产（OEM）。但对于发展中国家来说，更需要解决的是如何改变当前由发达国家主导价值分配现状的问题。现有理论无法说明一个嵌入全球生产体系中的产业如何向价值链两端延伸。或者说，价值链理论侧重于对经济全球化过程中发展中国家和发达国家之间的竞争与合作关系的分析，但该理论并没有指出发展中国家在现行国际分工体制下，应如何利用外部机遇积累自身实力。

本书认为，在知识经济背景下，我们应该将企业的价值创造过程与企业的知识创造过程结合起来考察。因为知识经济对价值链理论和企业的价值创造过程都产生了重大影响。

二、知识价值链与企业价值链的关系

沙力文提出，在智力资本环境中，智力资本价值链指的是一系列创新与价值实现的时刻之间的间隔所必需的活动。陈永龙等认为，知识价值链是一个包含知识输入端、知识活动面、价值输出端的整合式模型。其核心精神指知识以多元管道汇集，并收敛至单一窗口进入企业组织的知识库中，透过以知识螺旋为核心的四种知识增值活动运作后，再以发散式的多元价值（目标）贡献度输出。

克拉克·尤斯塔斯提出了一个新的有关知识价值链的观点。克拉克·尤斯塔斯认为，如今公司的竞争优势已从有形因素转向无形因素，即从如今被称为商品的自然资源、机器和财务资本转向非价格竞争因素。克拉克·尤斯塔斯认为，波特的价值链模型着重于物资供应链和实体流动过程中的价值创造过程。波特的价值系统跟踪从最初的生产者到最终的消费者的产品流动。克拉克·尤斯塔斯的知识价值链模型提供了一个跟踪现代企业中知识的流动过程的研究方法。像波特的价值系统一样，尤斯塔斯的知识价值链模型的起点是在当今高竞争性的市场环境下，企业只有拥有独特的或至少是难以复制的能力，才能在市场上生存。克拉克·尤斯塔斯提出了如图 3-1 所示的模型。

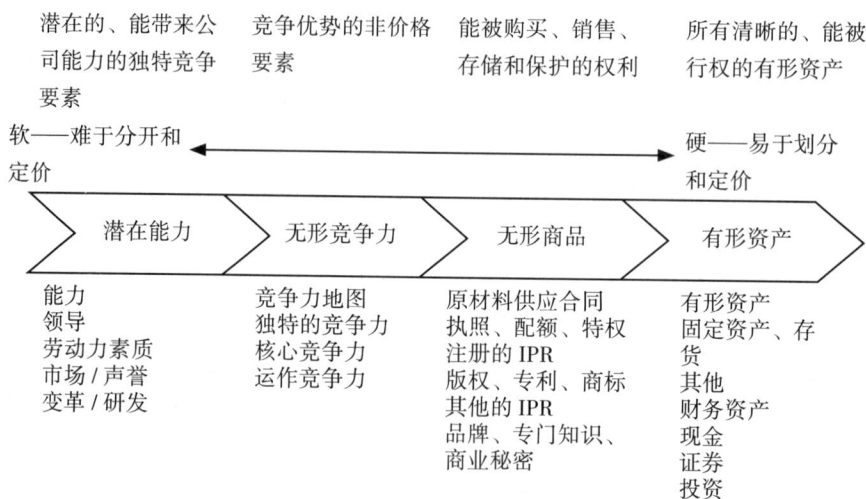

图 3-1　尤斯塔斯的知识价值链模型

该模型的左边关注能力和竞争力。潜在能力代表的是组织的未来竞争优势主要来源，包括领导、劳动力素质、市场 / 声誉等。这些提供了一个组织对未知的市场威胁和机会做出反应的能力的领先指标。

无形竞争力指的是或多或少能被识别的能力，是非价格竞争的关键因素。重要的无形竞争力支撑着组织的商业价值链。克拉克·尤斯塔斯将无形竞争力分为独特竞争力、核心竞争力和运作竞争力。独特竞争力指的是难以复制或高成本复制的导致企业差异化的关键因素。核心竞争力指的是企业在市场上展开竞争的必要条件。运作竞争力指的是企业的日常经营活动。

从以上几位学者的研究可以看出，虽然研究的视角不同，但学者一致认为，组织内部或组织之间的知识运动过程可以用链状结构来描述，这种知识链起源于知识的获取，并最终体现为对组织有价值的具体的知识，所以这一过程可以被称为知识价值链。同时，由于知识价值链输出的是企业价值链各个价值增值环节所需要的具体知识，因此知识价值链对价值链具有支撑作用。

在前人研究的启发下，本书认为在知识经济背景下，由于知识对一个企业的价值创造过程起着越来越重要的作用，我们有必要综合两条价值链对企业的影响，用企业价值链与知识价值链的综合关系图来表示，如图3-2所示。

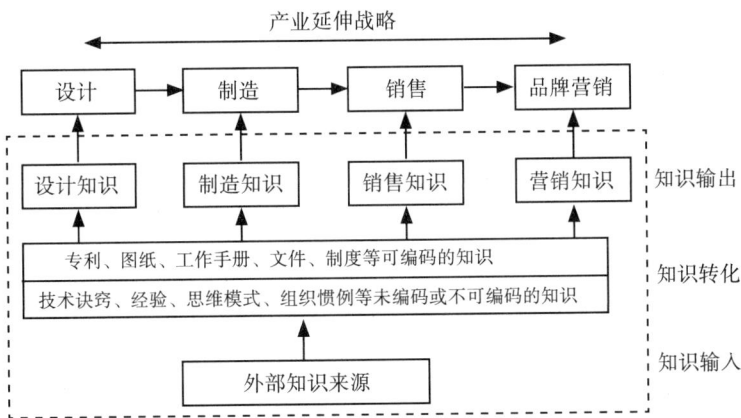

图3-2 企业价值链与知识价值链的综合关系图

如图3-2所示，整个体系可以分成两大部分。第一部分是简化的企业价值链，共包括四个价值增值环节，分别是设计、制造、销售和品牌营销。其中，销售在这里主要是指企业将产品销售给各级批发商，而品牌营销主要是指面向消费者的销售，是具有更高附加价值的环节。由虚线框起来的第二部分是知识价值链部分，又可以分成三个环节：知识输入环节，在这一环节，企业通过外部知识来源获取知识；知识转化环节，在这一环节，企业获取的知识将经历隐性知识和显性知识的循环转化；知识输出环节，在这一环节，企业的显性知识和隐性知识转化为具体的具有应用价值的专业知识，并被应用于具体的价值创造环节。在知识的输入环节，企业价值链和知识价值链实现了对接。

三、制造业的价值链延伸战略

根据价值链理论的观点，企业或产业的升级可以分为四种类型，分别是工艺升级、产品升级、功能升级和链条升级。工艺升级表现为产品制造工艺的改进；产品升级表现为制造出附加值更高的产品；功能升级指的是企业或产业向价值链两端延伸，如从加工制造延伸到自主设计、营销等；链条升级是指从一个领域延伸到新的领域。拜尔吉和格里菲等在文章中指出，嵌入半层级型价值链的企业或产业较容易获得功能升级和产品升级，但在功能升级上存在障碍，尤其在向营销和品牌方面发展时更为明显。现在摆在发展中国家面前的问题是它们已经意识到现有的分工模式不利于国家的长远发展，但又不知如何实现产业转型和升级。价值链理论并没有指明发展中国家应该怎样克服已经存在的障碍，实现向价值链两端的产业延伸。

如果从上面的企业价值链和知识价值链综合图来分析，那么企业要想实现向价值链两端的延伸，除了要具备资金、设备等传统生产要素之外，更需要具备支持高端价值链环节的知识。更进一步说，除了要有专利管理制度、操作手册、图纸等显性知识的储备外，还要有技术诀窍、经验、惯例、思维模式等隐性知识的储备，而且隐性知识的积累比显性知识更重要。反过来说，如果缺乏相应的知识积累，企业或行业将很难实现升级或转型，仅靠购买专利这类显性知识仍然无法顺利实现升级。

从制造业服务化模式中的服务要素的特征看，其本身就是知识密集型的，更重要的是与纯粹的独立的商业服务不同。相较于上述显性知识，制造服务与技术诀窍、经验、惯例思维模式等隐性知识的关系更为密切，与制造企业的生产过程也较为密切，因此本书通过实施制造业服务化，将能够有助于企业更好地实现知识管理，促进隐性知识和企业竞争力的积累。随着企业知识价值链上各类知识的积累，知识价值链将为企业的增值活动提供有力的支持，从而促使企业实现向价值链两端的延伸。

第三节　收益驱动

一、价值链的分段化与服务活动的关系

知识经济下知识要素尤其是其中的隐性知识对价值链的各个环节都起到了重要作用，同时那些知识密集的价值环节带来的附加值比其他环节要高得多。因此，在知识经济条件下，价值链的关键增值环节普遍具有知识密集的特征，而这些知识密集的环节在实践中是通过各种服务活动来体现的。但是，仅了解关键增值环节的成因是不够的。在价值链日益分段化和产品内国际分工日益深入的条件下，价值链上的产业要获得可持续性的发展，就必须使整个价值链上各个环节都保持高效合作，使分布于产业链各个环节的产业群体都获得收益增长。服务除了能促进核心增值环节收益增加外，还能有效地把各个价值链环节有机联系起来，使价值链能够顺畅运作。

二、服务活动对制造业收益的促进作用

总的来说，服务活动对制造业收益的促进作用表现在两个方面：一是关键增值环节日益体现出服务要素密集的特征；二是价值链各环节间的服务链接。关于第一个方面的表现，本书已经在"发达国家和地区的制造业服务化浪潮"部分做过详细介绍。下面对后者做详细讨论。

罗纳德·W.约翰和亨里克·凯日科夫斯基的生产分离论中引入了服务链接这个概念。根据他们的观点，虽然价值链的分段化在工业革命之初就早已开始，但是只有在技术高度发达的条件下，价值链环节跨越国界在国际分布这种新的国际分工样式才能出现。

传统的生产过程如下：投入→各种生产工序→市场，投入要素经过若干生产工序后变成最终的产出，同时全部生产活动都集中在同一个地理空间完成。虽然传统生产过程也需要对各种生产活动进行协调，但地理空间的集中性这一特征使协调成本得以降低。

分工深化后的生产过程如下：投入→生产工序1→服务联系→生产工序2→市场。

图3-3是跨国生产分离与服务链接，从中可以看出，随着生产空间的分离，各个生产工序间的服务链接作用显得越来越重要。从全球价值链的角度看，这种顺畅的服务链接是整个价值链得以成功运作的保证。

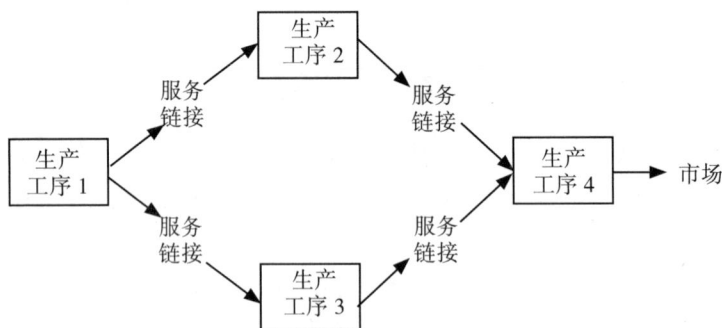

图3-3　跨国生产分离与服务链接

根据罗纳德·W.约翰和亨里克·凯日科夫斯基的理论，对服务要素的有效利用是生产分离的主要动力。在工业化的早期，由于服务领域投资壁垒和信息传递手段的缺乏，生产分离现象主要集中于同一地域，服务要素也主要集中于同一地域。在经济全球化条件下，技术创新、服务贸易及服务投资的发展以及相关政策的放松可使各个生产工序间的链接服务供给增加，成本降低。和传统的资本、劳动要素不同，服务要素带来的收益更高，因而成了价值链各环节的跨国界分离的重要推动力，也成了制造业服务化的驱动力量。

服务链接具有边际成本更低的特性。上述观点可以借助一个简单的模型来解释。如图3-4所示，TC（1）表示在同一地域进行生产时的总成本，TC（2）表示涉及一个经济体内两个不同区位价值链上下游生产分工的总成本，TC*（2）表示涉及不同经济体的不同生产点间价值链上下游生产分工的总成本。相比TC（2），TC*（2）对应较高的服务成本，因而点S*（2）高于点S（2）。在产业发展初期，在同一地域生产是最有效的，当产出增加到规模 OG 后，为了进一步实现产业扩张，分工就表现为经济体内部的分段化生产，相应的成本线由TC（1）变为TC（2）。接下来，随着产出进一步扩展到规模 OH，分工进一步扩展到不同经济体之间，相应的成本线由TC（2）变为TC*（2）。虽然对应较高的服务成本，但TC*（2）线上反映的边际生产成本却是较低的，因而总体上更为有效。

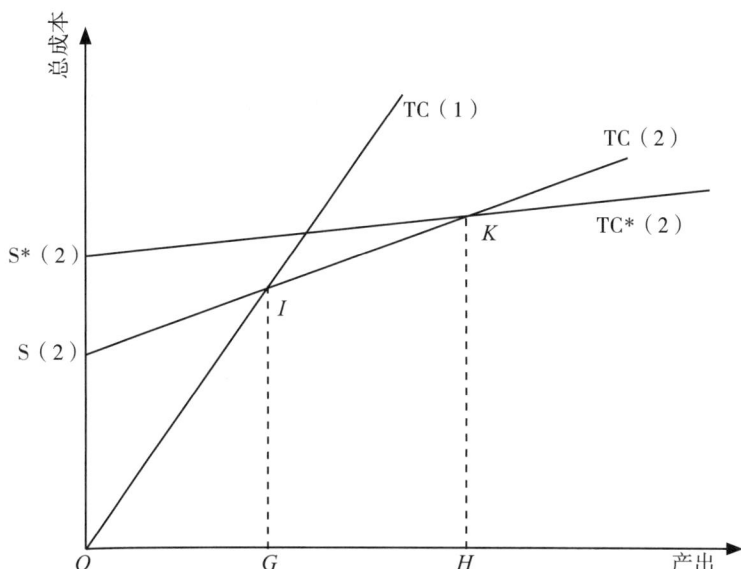

图 3-4　生产分离和产出的增长

三、服务要素的范围经济特性及其表现

（一）服务要素投入的范围经济

从导致收益增加的根源看，制造业增加服务要素的使用带来的是范围经济。根据潘萨尔和薇林的定义，企业在同时生产不同产品时，如果联合使用生产要素所耗费的成本比分别生产这些产品所耗费的成本更低，就存在范围经济。知识成果具有非排他性的特征，而且服务的边际成本知识密集的服务要素具有范围经济的特征。这是服务化制造业与传统制造业在投入产出关系上的最大区别。

（二）范围经济的表现

举例来说，随着柔性制造、小批量制造模式的发展，业界对形状复杂、结构精密、批量小、要求多变零件的需求逐渐增加，如果用传统机床加工，需要购置不同的设备，而且效率较低。然而同样的工作只需一台数控机床就可以完成，具体通过输入不同的计算机程序，企业就可以生产出各种规格的零件，而且生产效率相比传统的方式有大幅提高。在此过程中可以看到，这种生产方式中最为关键的环节是计算机程序的编写过程，这个过程需要大量知识密集型服务要素的投入。

1.企业层面上范围经济的表现

从 OSIRIS 数据库 1 万多家来自 23 个国家的制造企业数据的统计发现，同时开展服务和制造业务的企业的总收入大于单纯开展制造业务的企业，前者总收入为 28.8 亿美元，而后者总收入为 11.1 亿美元，另外，服务化制造企业在净利润额、人均利润和资产收益率等财务指标上都优于纯制造企业（表 3-1）。这些数据较好地说明了同时开展多个业务的服务化制造企业具有较为明显的范围经济优势。

表 3-1　传统制造企业与服务化制造企业财务数据比较

	传统制造	服务化制造
总收入（亿美元）	11.1	28.8
净利润（亿美元）	0.71	1.49
人均利润（百万美元）	1.6	2.4
资产收益率（ROA%）	1.79	2.63

2.产业层面上范围经济的表现

根据联合国工业发展组织的研究，制造业收益可以据产品或生产产品技术的复杂度来衡量。产品复杂度是与产品技术密集度相区别的概念，产品的技术密集度主要是通过制造业的研发活动获得的，而在知识经济时代，通过研发活动所获得的知识只是全部知识的一部分，其他很大一部分知识的积累和发展体现在制造业的各种服务活动中。例如，施乐公司（Xerox）经过调查发现，企业的知识产权、专利、商业秘密等仅占企业全部知识的 7%，还有大量的信息是以文档的形式（如报告、方案等）存在的，这部分占企业知识的 37%，其余 56% 的企业内部知识存在于员工的头脑中，属于前文提到的隐性知识。产品复杂度这个概念更好地反映了制造业的这一实际情况，它是对资本密集度、技术密集度和服务要素密集度的综合衡量，用以体现服务活动的重要性。

联合国工业发展组织按照国家收入增长情况，把世界各国分为三大类：高收入国家（如 OECD 国家）、中等收入国家（如韩国、新加坡、智利等）和低收入国家（如撒哈拉沙漠以南的非洲国家）。三类国家的产品复杂度与人均国民收入的关系呈 U 形排列，即低收入国家的产品复杂度较低，同时人均国民收入很低，中等收入国家的产品复杂度稍高一些，人均 GDP 也较高，高收入国家的产品复杂度和人均 GDP 都很高。

从上面的事实可以看到，在知识经济条件下，OECD 国家的制造业的发展在很大程度上依赖服务要素的投入。因此，这些国家的制造业为了维持其在价值链中的主导地位，就会进一步增加服务要素的投入，以加强对核心增值环节的控制，同时把部分非价值增值核心的制造环节外包给发展中国家。产业层面的范围经济还可以通过表 3-2 中的数据反映出来。

表 3-2　服务业务在制造业销售收入中占比

工业类型	行业平均占比	收入最高的前 10% 企业
航空和国防业	47%	超过 50%
汽车制造业	37%	超过 50%
电子信息业	19%	超过 50%
生物医药业	21%	超过 50%

收益的增加是产业发展的根本保障。如果制造业能够通过增加服务要素的投入和增加最终产品中服务部分的供给获得收益的增加，那么服务化就当然是有效的发展路径。根据安筱鹏的统计，从现有全球 500 家最大制造企业的统计看，服务业务在四类制造行业的销售收入中都占有较高的份额，不仅如此，在四类行业中收入最高的前 10% 企业的销售收入中，来自服务业务的比例均超过 50%（表 3-2）。由此可见，从制造业总体收益来源看，开展各类服务业务的确能够带来收益的增加，因此在收益驱动下，制造业服务化自然成了制造业发展的一个趋势。

第四节　高价值环节的转变

目前，在国际分工比较发达的制造业中，产品在生产过程中停留的时间不到全部循环过程的 5%，而处在流通领域的时间占 95% 以上，；产品在制造过程中的增值部分不到产品价格的 40%，60% 以上的增值发生在服务领域。商品价值实现的关键和利润增值空间日益向产业价值链两端的服务环节转移，世界市场的竞争手段也由传统的价格竞争日益转向以金融、技术、运输、通信、信息等服务构成的非价格竞争。例如，在苹果公司 190 美元的 30 GB iPod 价值链中，组装加工成本只有 4 美元，而元器件为 35 美元，苹果公司的收入为 99 美元，如表 3-3 所示。

表 3-3　苹果 iPod 产品价值链构成

190 美元的 30 GB 视频 iPod 产品收入分配	在美国销售		在美国之外销售	
价值链	苹果公司	其他企业	苹果公司	其他企业
苹果跟拍功能的毛利（开发、软件、市场）	$76		$76	
器件供应		$35		$35
制造（组装、测试）		$4		$4
分销		$30		$30
零售	$23	$22	$11	$34
总收入	$99	$91	$87	$103

随着技术的不断进步以及产业分工更加细化，产业价值链的增值环节变得越来越多，一种产品从开发、生产到营销、配送、维护所形成的价值链过程开始分解、整合。从产业价值链看，能够决定产品异质化程度的环节往往是获利最丰厚的环节，这些环节往往在价值链的两端：一端是价值链的上游环节，如研发设计；另一端是价值链的下游环节，如售后服务。于是，制造企业纷纷开始打服务战，进入产业价值链的不同环节，进行价值链的重构，将产品和服务进行"捆绑式销售"，以便在满足消费者需求的同时获得价值链多环节的利润。产业价值链的中心正在发生转移，转移到能带来更多利润的服务环节，其结果是价值链产业结构趋于"微笑曲线"化，价值链两端的附加价值和盈利率高，而中端的附加值和盈利率低，如图 3-5 所示。

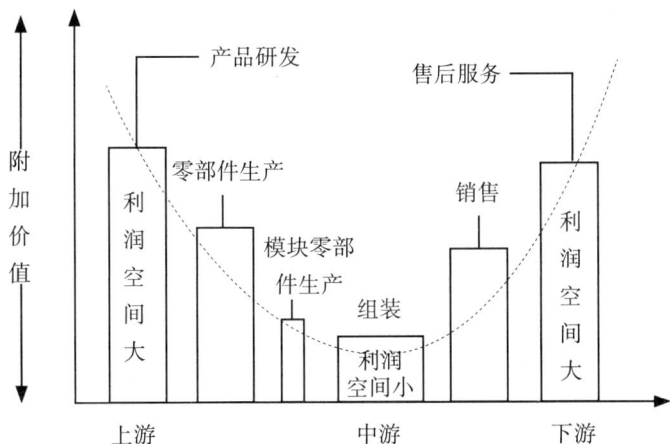

图 3-5 微笑曲线

具体来讲，服务增值主要体现在以下几个方面：

一是研发设计推动了制造业价值链重构。服务型制造转型的关键在于实现产业价值链的最大化，而研发设计正成为创造制造业价值活动最重要的组成部分。研发设计会对产品的外观、性能、质量以及品牌建设产生最直接的影响，强大的设计和研发能力是跨国公司核心竞争力的重要组成部分，这也是三星、苹果等公司崛起的重要原因之一。随着研发设计在产业发展中的地位日益突出，部分研发设计从传统的制造企业中分离出来，成为独立的业态，如在集成电路、汽车、手机等行业中，涌现出了一批专门从事研发和设计的企业。制造业的研发设计越来越重要，影响和决定着产品在市场上的价值，成为企业核心竞争力的重要组成部分。

二是物流现代化成为企业价值的重要来源。物流在现代制造业的生产和流通体系中的地位与作用越来越突出，成为企业利润的重要来源。物流信息化是现代物流的灵魂，是现代物流发展的必然要求和基石。自动识别（条码技术、RFID）、电子数据交换技术（EDI）、自动跟踪（GPS）与定位（GIS）以及物流管理系统等成为物流信息化的重要支撑，信息技术可对流通过程中产生的全部或部分信息进行采集、分类、传递、汇总、识别、跟踪、查询等一系列处理活动，实现对产品流动过程的有效控制。在信息技术的推动下，物流正在进入供应链时代，物流与生产、采购、销售以及信息相结合，加快了企业内部和企业之间所有物流活动和所有商业活动的集成，有助于第三方物流实现物流作业的高效化、物流管理的信息化、物流设施的现代化、物流运作的专业化和物流量的规模化，从而提高了产品流通的及时性和准确性，并降低了成本。

三是电子商务已成为提升企业核心竞争力的重要途径。信息化正在改变企业传统的采购和销售模式，在综合管理信息系统应用的基础上，在线采购、网络营销日趋成为企业营销的主要模式。生产企业以产业链为基础，以供应链管理为重点，通过整合上下游关联企业的相关资源，深化企业间的业务协同，与供应商之间构建了协同生产体系，增强了企业的产供销协同运作能力。采购和营销的信息化促使企业有效降低了交易成本，提高了运作效率，从而有能力提供便捷有效的客户服务。例如，戴尔的成功就在于建立了以客户为中心的高效率、低成本、快速响应的网上销售渠道；海尔集团通过完善电子商务，将以产品为中心的生产和管理逐渐转变成以客户和市场为中心的新模式，缩短了采购、销售和物流业务所需时间，提高了运转效率，提升了企业的核心竞争力；宝钢集团则通过东方钢铁在线电子商务网站实现了全部出口商品的网上交易。

第五节　客户交易方式的转变

市场竞争形态正在从单一企业竞争演变为产业链竞争，竞争的不断加剧使企业更加关注产业链上下游企业及供应商之间的关系，企业试图建立更加稳固的供应链体系以不断降低交易成本，消除生产经营的不确定性，形成更紧密的合作关系。传统的基于一次性购买的短期接触变为持续的多次服务过程甚至终身服务的长期共生关系，客户交易正在从一次性交易向长期服务方式转变。这一转变的内在动力在于以下三个方面：

首先，长期交易降低了企业间的交易成本。降低生产成本和交易成本是企业参与市场竞争的重要手段和途径。企业与供应商之间建立长期的合作关系对于降低企业交易成本具有十分重要的意义。就企业生产而言，与交易发生的频率有关的合作常常发生在有纵向联系的制造企业和经销商、供应商之间，这些处于上下游的企业之间由于存在较高的交易频率而易于建立供销联盟来稳定交易关系，而这种联盟降低了价格发现、谈判签约、监督履约等相关费用。同时，企业间的长期合作关系在很大程度上抑制了交易双方之间的机会主义行为，且资产的专用性越高，交易双方签约关系保持长期稳定就越有意义，企业合作的意愿就越强。

　　其次，长期交易有利于制造企业提供更好的产品和个性化服务。生产企业越来越倾向于与客户开展长期合作。在长期接触过程中，生产者可以更全面、更系统、更准确地了解客户的需求，围绕产品的研发设计、供应链管理、设备监测与维护等领域开展各种协作。在客户的参与下，生产企业更容易满足其需求，这将促使企业提供更好的个性化产品和更完善的供应链体系，以提高其核心竞争力。同时，长期合作使生产者更有可能为客户提供广泛、完备的服务，满足客户越来越多的服务需求，以提高客户满意度，这将是建立客户同盟、提高客户忠诚度的关键举措。

　　最后，长期交易有利于消除企业经营中的不确定性。从交易的不确定性特征看，建立企业间长期协作关系可充分利用组织的稳定性抵消外部市场环境中的不确定性。在当前激烈的市场竞争中，面对组织环境的变化和企业交易的不确定性，长期协作有利于企业借助组织制度形式来分摊组织风险，提高组织效率。同时，制造企业通过提供应用服务，也有利于化解经济运行周期中的风险。制造业服务业务具有伸缩性，在经济低迷时期，服务业务和零配件销售往往比主导产品、主流业务更有活力，这在一定程度上确保了企业一旦遇到全球性、地域性的经济危机，也能够稳定总体的收入水平。尽管2008年出现了全球金融危机，但电子信息、通信设备、工程机械、航空设备等领域的服务型企业由于签订了基于服务的长期协议，都成功地度过了此次危机。

第四章　制造业服务化的演进

第一节　制造业发展演化的机理

一、制造业发展的三种路径

知识密集的服务要素的投入对价值增值的作用日益显著。那么从生产要素的投入角度看，制造业的演化路径可以根据所使用的服务要素的多少来加以区分。从逻辑可能性上推演，制造业的发展至少存在如图 4-1 所示的三种方向。

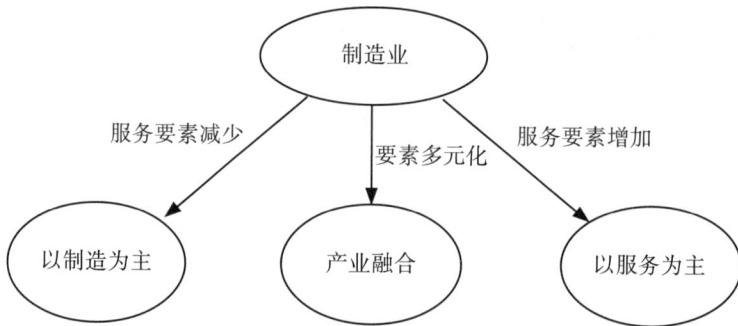

图 4-1　制造业发展方向的逻辑可能性

第一种情况，如果这种状态只不过是昙花一现，是一种特例，那么如图 4-1 左侧分支所示，随着制造业投入的有形要素增加，服务要素会逐渐减少，制造业将呈现以制造业务为核心的模式。但是无论从目前的产业层面的统计数据看，还是从世界制造业的代表性跨国企业看，都无法支持这一推测。因此，这一发展路径仅是逻辑推演中的可能性。

第二种情况，如果制造业和服务业企业都纷纷开展多元化的业务，不断增加各种要素投入，就会导致两类行业的最终产出越来越类似，既包括无形服务，又包括有形产品，这就是产业融合。但从目前的统计数据看，产业融合的现象在高科技行业比较多见，而且往往对信息技术的依赖度比较高。因此，这条路径比较适合制造业中一部分行业的发展。

第三种情况，如果服务要素投入能为制造企业带来较高的收益，那么随着服务要素的逐渐增加，制造企业将逐渐从以提供产品为中心转为以提供服务为中心。那么制造企业的产出将呈现五个演进阶段：有形商品→带有服务的有形商品→混合品→带有少许商品的服务→纯服务。随着制造企业的产出成为"纯服务"，制造企业也就转变成了服务企业，相应的制造业也就转变成了服务业。当然这也是一种比较极端的情况。但是从目前制造业的发展看，从产业层面的确可以发现服务要素的投入在逐渐增加，并创造了较高的收益。

二、价值链模型与制造业演化路径

既然制造业的发展可以有三种逻辑可能，那么究竟是什么原因导致制造业向服务化发展演化呢？其内在动力机制究竟是怎样的呢？下面本书将构建价值链模型，并借助对该模型的分析，解释制造业演化的动力机制。

自波特提出价值链理论至今，该理论得到了学术界的广泛认同，成为我们分析企业竞争优势的重要方法。价值链理论为我们分析世界生产体系下的分工、世界产业转移与产业升级等问题的解决提供了有力的工具。但美中不足的是该理论以定性分析为主，定量分析较少，这使我们无法在更深入的水平上分析产业的发展问题。

董焕忠和方淑芬认为，"价值链本质上是一个投入产出活动"，价值链的价值产出是由投入决定的，而且价值链各个环节的价值产出分别由各自的投入决定。根据这一基本思想，他们构建了"类生产函数价值链"模型，并借助某家电制造企业的资金投入预算表数据对模型进行了实证检验，发现对家电企业而言，经营销售环节的投入对产出影响最大，因而是这类企业的核心竞争力的主要来源。但该模型的要素投入主要是资本和劳动，并没有把服务考虑在内。

王树祥和唐琮沅认为，波特价值链没有很好地反映无形的知识和技术为企业带来的价值。企业的价值创造过程包括两个维度的价值链，一个是由各种知识组成的知识价值链，另一个是由各个业务环节构成的实体价值链。知识价值链通过企业价值链起作用。在企业的业务环节基本保持不变的情况下，知识密集的服务投入将明显促进企业的价值创造，使产出大幅增加，甚至成倍增加。他们认为，知识对价值增值具有乘数效应，并构建了包含无形价值部分和有形价值部分的企业价值链综合模型。

在上述学者研究的启发下，联想到本书在前文中所做的分析，我们可以推论：制造业服务化的内在原因是知识对经济增长起着重要作用，而这种作用通过价值链上知识密集的服务要素对产出的增值作用体现出来。知识价值链最终表现为制造业的收益增加，同时服务还能够降低资源消耗，减少排污成本，这又进一步促进了收益的增加。

经过对上述因素的综合考虑，我们可以得到服务化制造企业的价值链模型：

$$V=S \times \Sigma F(K, L) \tag{4-1}$$

其中，V 表示企业创造的价值总额；S 表示知识价值链创造的价值部分，主要由服务要素构成；函数 $F(K, L)$ 表示实体价值链环节中某个价值链环节创造的价值；符号 Σ 表示实体价值由若干个价值环节的价值之和构成。这个公式实际上可以看作企业价值链与知识价值链的综合关系图的数学表达式。

在传统制造业中，知识价值链的乘数作用不明显，企业主要依靠资本和非技术性劳动投入创造价值。因此，其价值链模型可以表示为

$$V=\Sigma F(K, L) \tag{4-2}$$

也就是去掉了 S 所代表的服务要素以及知识价值链创造的价值部分。

对比式（4-1）和式（4-2）可以发现，实施服务化战略的制造企业与传统制造企业的最大区别在于前者的价值增值在很大程度上依靠知识密集的服务要素的投入。换句话说，如果企业战略从传统制造向服务制造转变，那么代表知识价值链的乘数 S 应该呈现出从无到有、从小到大的演变过程。

综上所述，制造业演化的路径可以用图 4-2 来表示。

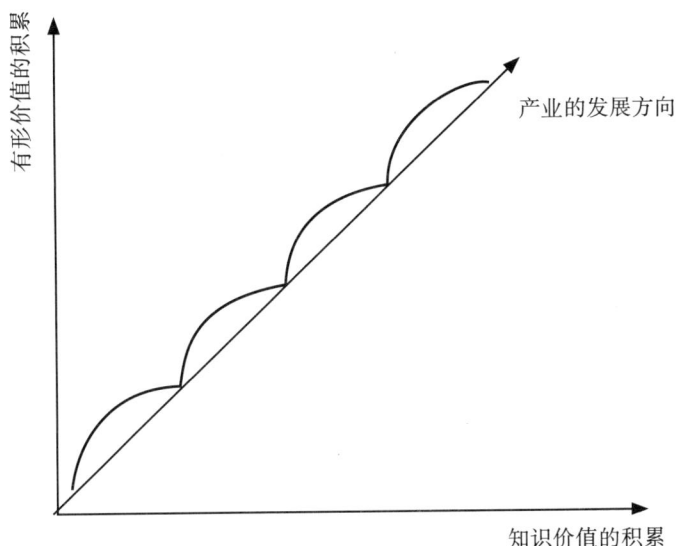

图 4-2 两价值维度下制造业的演化路径

图 4-2 的纵坐标表示有形价值的积累，横坐标表示知识价值的积累。产业的发展除了要有有形价值的积累外，还要有知识价值的积累，弧线表示产业的发展是阶段性的螺旋式上升的。如果不注重知识价值的积累，只注重眼前利益，那么产业发展路径将是一条垂线，意味着不可持续。例如，只承担组装加工业务，不注重自主创新，一旦面临国际产业转移，那么不具有成本竞争优势的产业将趋于消亡。如果不注重有形价值的积累，片面强调研发，那么产业发展路径将接近一条水平线，意味着收益得不到增加，这提醒我们研发和销售的服务成功与否要看是否促进有形价值链上的业务发展，并最终获得价值增值，盲目开展服务活动并不意味着产业升级。

三、企业层面的实证分析

以某企业生产电梯用的控制主板为例，该控制主板包括硬件和程序两大部分，硬件部分的原料投入、加工制造、资金和劳动力投入、管理成本等合计为 $\Sigma F(K, L) = 1\,500$ 元。程序编写完成后就可以重复使用，复制成本接近 0。该企业技术部门在 1998 年通过技术攻关，研发出了新一代控制技术，广受市场好评，应用领域较为广泛。从市场数据看，同类主板如果作为电梯成品的一部分被封装在建筑机械控制设备中，折合总价值 $V = 4\,500$ 元，如果封装在电梯控制设备中，$V = 6\,000$ 元，如果封装在港口机械中 $V = 10\,000$ 元。

据此计算三种情况相对应的技术服务的乘数 S 分别为 3.33、4、6.66，平均值约为 4.66。在三种应用环境下，控制主板的生产过程完全相同，工艺、管理、原料等都没有改变，而仅因为技术升级就使售价产生如此大的差异，由此足可看出服务对制造企业的价值增值的重大作用。

更进一步思考，如果上例中的企业是一个仅有加工组装能力的制造商，那么其全部有形价值链创造的价值就只有微薄的 1 500 元人民币。由技术创新、销售等环节创造的更高的价值为 3 000—8 500 元，即市场售价分别减去 1 500 元，完全由综合价值链的主导厂商占有。这一结果为我们分析制造行业的发展演化提供了很好的启发。

四、行业层面的实证分析

（一）服务要素对制造业的影响日益增加

知识经济时代，制造业价值链的各个环节日益依赖知识价值链的支持。从价值链的角度看，制造业外包服务和制造业服务化现象的最大区别在于，外包出去的业务对价值链的主导者来说属于非核心环节，而实施服务化的业务环节必定是价值链上的关键环节，有较高的增值能力，对行业发展有决定意义。

以飞机发动机制造行业为例，服务在飞机发动机行业可以说无处不在，从发动机的设计开始，制造商就必须考虑用户的使用习惯和使用环境。在销售时，服务合同是销售合同的一个必要组成部分。在产品售出后，制造商必须承担维护、修理和大修服务，还有备件供应人员培训和技术资料的提供。通过提供全生命周期的服务，制造商的收益也获得了可观的增长。法国直升机制造商透博梅卡公司的服务业务占销售总额的 60% 左右，服务业务的年增长率甚至大于 10%。

与此相反，同为直升机发动机制造商的美国艾利逊公司在 20 世纪 90 年代初做出了一个生死攸关的战略决定，将公司的服务业务外包给其他公司。失去了核心竞争力的艾利逊公司从此一蹶不振，最后只得申请破产保护，并被罗尔斯·罗伊斯公司收购。后者在收购了艾利逊公司之后，立即缩减了服务外包份额，同时增建了服务维护中心。

（二）制造业服务化产生的相关理论解释

1. 迂回生产对制造业产生的解释

亚当·斯密在《国富论》中指出，分工能够提高劳动生产率。奥地利经济学家庞巴维克在亚当·斯密的分工理论基础上，首次提出了迂回生产的概念，庞巴维克用迂回生产来说明资本的物质生产力。根据迂回生产理论，和直接生产最终产品相比，先制造工具和资本品，再用工具和资本品生产最终产品，这种迂回的生产方式体现了分工的深化。因此，迂回生产理论解释了资本密集、技术密集的制造业产生的必要性。

杨格指出："经济发展过程就是在初始生产要素和最终消费者之间插入越来越多的生产工具、中间产品知识的专业化生产部门，使分工变得越来越细。"他还指出："随着社会劳动分工的扩大，原先的产业分裂成更专业化的生产部门，新的产业不断产生，这是产业结构演变的基本力量。"

2. 迂回生产对制造业服务化产生的解释

从演化的观点看，产业发展的过程就是其产品复杂度不断提高的过程（UNIDO）。从产品复杂度的构成看，除了传统的资本要素和技术要素外，还包括服务要素，因此产品复杂度的提高过程也就是增加服务要素比重的过程。

服务要素的增加不像资本的增加，可以通过简单增加投入来解决。制造业中服务要素的积累更多要依靠知识和创新。这一过程也可以用迂回生产理论来解释。在知识经济时代，价值链上各个环节经过与服务要素的结合，复杂度得到了前所未有的提高，并且随着价值链在全球范围内分段化布局。当今国际分工的迂回程度正在不断扩大，所以从产业结构的演化来看，制造业服务化产生的根本动力是知识经济下分工的进一步深化。于是，随着服务要素的大量使用，制造业生产迂回度大大提高，制造业服务化从零星个案开始，逐渐在制造业高度发达的高收入国家推广开来。

第二节 制造业服务化的演进过程

制造业服务化转型难以一蹴而就。企业首先需要在内部形成统一的发展战略意识，明确企业未来的发展方向——是继续发展传统制造业务，还是转型升级来发展服务业务。在确定制造业服务化转型发展方向之后，企业需要对自身的发展状况做出正确的判断，对各类型的服务业务进行评价，只有对服务化转型的优势和障碍做到十分了解，然后才能选择适合自身的服务业务。一般认为，制造业企业从开始服务化转型到真正服务化转型成功期间，需要不断调整其发展战略，这体现出明显的演进特征，其演进过程有三阶段论、四阶段论、五阶段论三种划分方法。

一、三阶段论

由于不同学者对制造业服务化的定义不一致，对其演进阶段的看法也相应地出现不一致。范德美和瑞达、范洛伊等认为制造业服务化包括三个阶段。

第一阶段是制造业为服务化转型做充分的准备的阶段，包括进行市场调研分析、企业中高层的头脑风暴、到标杆企业参观学习、组织企业内部的讨论学习等。企业的具体措施有维持老客户，发展新客户，提高企业的知名度，努力改善产品的质量。但在这一阶段，制造业企业仍然提供纯粹的半产品、产成品，企业的属性没有发生变化。

第二阶段是制造业业务范围发生变化的阶段，不再局限于传统的制造业务，开始转向提供物品和物品的附加服务。但企业在这一阶段提供的服务业务范围相对比较窄，主要是指产品的售后服务等与产品生产和销售紧密相关的商务、咨询、维护等周边服务内容，服务业务收入在企业总收入中的份额还很低。

第三阶段是制造业企业真正进入服务化的阶段，服务业务收入接近甚至超过传统制造业务的收入，服务业务收入占总营业收入的比重较高，甚至出现了部分制造业企业转变为服务业企业的情况。在这一阶段，制造业企业的加工制造业务大量减少，主要为客户提供物品＋服务"包"，服务业务范围较广，内容相对成熟，已经形成系统化的服务业务流程。企业提供的服务包括围绕着物品的服务和由物品传递的服务，有定制化服务、一体化解决方案、全生命周期管理等。

二、四阶段论

怀特等在范德美和瑞达的制造业服务化发展"三阶段论"基础上，提出制造业服务化演进的第四阶段——基于物品的服务或功能，即指把既有的实物产品作为推销工具或发展平台，向消费者提供与物品相关的服务。例如，东鹏瓷砖利用自身瓷砖在业界的影响力，提供了众陶联平台，开展了国际采购陶博会，打造了全球陶瓷产业链整合服务平台，建立了行业的供应链平台，提供了平台化服务。

菲什拜因等提出了物品—服务连续区理论，指出制造业企业可以采用多种手段与措施来满足消费者的多样式要求，包括直接售卖物品给消费者，或者直接提供服务给消费者以及一些中间状态。在制造业服务化的第四阶段，服务业务成了企业提供的业务主体，不再局限于服务业务的形态，一切以客户的需求为主。

蔺雷和吴贵生认为，服务在制造企业中的地位历经了以下四个阶段的演进。第一阶段是服务附属物品阶段，企业初步有开展服务业务的意识，服务业务主要是售后服务、前期设计、物流运输和仓储管理等。第二阶段是提升服务阶段，企业为更好地服务客户，对前期的服务业务进行质量升级和技术研发等。第三阶段是深化服务阶段，包括进一步扩大服务业务范围，对服务业务的质量和效率进行提升。第四阶段是服务占主体阶段，企业可以及时有效地为客户提供成熟的、系统的、一体的服务业务。

三、五阶段论

本书提出制造业服务化的具体演化路径分为以下五个阶段。

在第一阶段，制造业企业面临"内外忧患"的发展环境。内部原因有自然能源匮乏、环境资源遭到破坏、绿色环保提上日程、劳动力红利消失等。外部原因有产品市场饱和、竞争激烈、受到同行挤压、国际组织对中国产品实行反倾销和反补贴等。同时，在新的制造产品还没有发明或不具备投入生产的能力时，制造业企业为谋求自身生存，只好内部转型，从制造产品售后的初级服务开始发展。

在第二阶段，制造业的维护、运输等初级服务给企业带来了新的发展转机，表现为以服务产品利润弥补制造业挤压的利润部分，逐渐提高了制造业生存和发展的能力。这让企业尝到了服务化的益处，也明确了企业未来的发展方向，进一步加快了服务化的进程。

在第三阶段，这时候可能出现制造业服务化困境，即企业需要克服内部对服务化的抵制，减少面临的风险。企业可以依据自身情况，进行"兵分两路"的发展。第一，制造业企业当发现自身内部结构调整的经济效应不够大和成本比较高时，可以将内部服务业务外包给专业化企业，这有利于其降低成本，提高竞争力。第二，当企业内部足以克服服务化的风险以及有能力进一步进行服务化转型时，企业应选择扩大服务化的范围，提高服务化的效率。

在第四阶段，当前互联网、能源网和物联网"三网合一"社会基础设施的发展不仅为相对独立的服务业发展提供了机遇，还为制造业服务化发展提供了新的发展机遇，促使企业往更加完善的服务化方向发展。同时，对于外包服务业务的制造业企业，在"三网合一"的发展情形下，服务外包的业务可以重新回到企业的内部。

在第五阶段，在"三网合一"的社会基础设施形成和完善之后，社会生活进入智能化阶段，制造业服务化变成了制造被服务化。被服务化是因为无人制造，人的劳动由以体力劳动和重复性脑力劳动为基本形态转变为以接受教育和进行科学研究、技术开发等创造性脑力劳动为基本形态，人的劳动就会由物质生产转变为非物质生产。这个时候创造性脑力劳动实际上是为重复劳动生产服务，这是服务化的最高形态。

第三节　制造业服务化演进模型的构建

一、分析方法

本节考察服务化制造业与传统制造业的互动关系。首先介绍一下相关的分析方法。

（一）均衡分析方法

经济学中较为常用的均衡分析方法认为，经济系统存在着维持均衡的力量（或者说是"看不见的手"），经济系统受到冲击而发生不平衡之后，随着冲击的消失，系统将重新恢复均衡状态。这其实暗含着经济过程可逆的假设，也就是说人们可以忽略时间因素来认识经济过程。实际上经济过程应该是一个马尔可夫过程，某一时期一个行业的状况决定了它在下一时期的状况。

这种方法更加适用于静态分析或比较静态分析。正如马歇尔所说，"经济学家的圣地在于经济生物学，而不是经济力学"，但之所以当时的经济学主要采用的是牛顿力学中的均衡分析范式，而非生物学分析范式，是因为"生物学概念比力学的概念更复杂，所以研究基础的书对力学上的类比性必须给予较大的重视，并常使用'均衡'这个名词，它含有静态的相似含义"。

因此，用均衡分析方法分析产业问题时，分析实践常常假定或者隐含着偏好技术、制度固定不变。由于自 1640 年英国资产阶级革命至今，西方国家市场环境已经相对成熟，因此在进行经济分析时沿用这些假设并无不可。但是一旦市场环境出现剧烈变动，传统的分析方法将无能为力，2008 年爆发的全球金融危机就是一个典型的例证。在此次金融危机爆发之前，西方经济学家并没有能够及时预警，金融危机爆发后，西方经济学家也无法用现有理论对其成因进行深入解释。发展中国家尤其是处于经济转型过程的国家，市场经济还很不成熟，内部和外部经济环境充满变化，这种环境下催生出的各种经济现象及其运动规律就更加复杂，对其本质的把握更加困难。如果用生物学类比，西方经济学的研究对象是成熟的个体，而发展中国家的研究对象是处于生长发育过程中的新生个体。两者适用的研究方法应该有所不同。

（二）生态经济学的分析方法

如果我们以发展演化的思想来考察上述问题就会发现，产业演化问题可以转化为制造业中采取传统制造和服务化两大不同策略的行业之间围绕生产要素进行竞争的问题，竞争的结果体现在价值增值的大小差异上。除了是否把服务作为一个主要投入要素的区别外，两类行业都需要争夺资本、劳动、原材料等要素，维持两类行业生存的市场也大致相同。最终胜出的行业必然是竞争力强的行业。竞争现象也是自然界普遍发生的现象，达尔文在《物种起源》中明确指出："最剧烈的斗争差不多总是发生在同种的个体之间，因为它们居住在同一地域，需要同样的食物和配偶，遭受同样威胁，在同种的变种之间，其斗争之剧烈，亦大体如此，且有时在短期内即见胜负。"

在生态学中，对竞争现象的规律加以论述的是种间竞争与生态位理论。种间竞争是指物种之间对某种自然资源的争夺。德国学者高斯在以两种比较类似的草履虫为对象进行实验后提出了高斯假说，又称竞争排斥原理，即亲缘关系接近的具有同样习性的物种不可能长期在同一地区生活，换言之，完全的竞争者不能共存，因为它们的生态位没有差别。具有服务化特征的制造行业和传统制造行业都属于制造业，其上游供应商和下游客户都比较类似，两类行业都力图在激烈的商业竞争中胜出。因此，可以认为服务化制造行业与传统制造行业之间也存在类似生物界的种间竞争关系。我们对服务化制造行业的发展演化过程的考察应该考虑到这个重要问题。

生态位理论是生态学的重要概念之一。生态位又被称为生态龛、生态灶或小生境。生态位理论认为，处于生物群落中的某一物种与其他种相关联的位置为其生态位，即每一个种在群落中都有不同于其他种的特有的时间、空间位置以及在生物群落中的机能地位。根据前面章节的论述我们知道，服务化制造行业的最大特点就在于一方面其投入要素中服务要素占很大比重，另一方面其产品中无形服务占很大比重。这一特征是否足以支持采取服务化战略的制造行业在竞争中存活下去，并取得优势市场地位，也是我们在研究其演化过程时非常关心的问题。

二、产业互动模型的构造与分析

（一）模型及相关变量的解释

设某经济体系包含两类产业，一类是传统制造业，另一类是服务化制造业。根据上述种间竞争和生态位理论，两类产业间的关系可以用如下方程组来表示。符号说明：

x 表示市场份额，下标 1、2 用以区分传统制造业和服务化制造业。

a 表示制造行业的市场增长率，下标意义同上。

m 表示制造行业的最大可能市场容量，是现有市场和潜在市场总和，下标意义同上。

p 表示传统制造行业对服务化制造行业的影响程度，下标意义同上。

$$\frac{\mathrm{d}x_1}{\mathrm{d}t} = a_1 x_1 \left(\frac{m_1 - x_1 - p_1 x_2}{m_1}\right) \tag{4-3}$$

$$\frac{\mathrm{d}x_2}{\mathrm{d}t} = a_2 x_2 \left(\frac{m_2 - x_2 - p_2 x_1}{m_2}\right) \tag{4-4}$$

模型说明：式（4-3）是描述传统制造业发展的 Logistic 方程，式（4-4）是描述服务化制造业发展的 Logistic 方程。Logistic 方程在生态学中常用来描述种群数量的增长，这里用来表示某行业的市场增长。

在式（4-3）中，$\frac{\mathrm{d}x_1}{\mathrm{d}t}$ 部分是马尔萨斯律，它表示在理想条件下，一个行业可能的增长率，但实际上一个行业的发展受到经济环境的限制。式（4-3）式中的 $p_1 x_2$ 表示服务化制造业占有的属于传统制造业的市场份额，式（4-4）中的 $p_2 x_1$ 表示传统制造业占有的属于服务化制造业的市场份额，如果 p_1 较大，则服务化制造业对传统制造业的影响较大，如果 p_2 较大，则传统制造业对服务化制造业的影响较大。

从方程的 $\left(\frac{m-x-px}{m}\right)$ 部分可以看出，在两类行业中，任何其一市场份额随着时间增长的情况不仅取决于自身的市场份额发展速度、市场容量，还受到对方发展的影响。

（二）模型的数学运算

从数学角度看，由式（4-3）和式（4-4）组成的方程组是一个平面自治方程组，也是一个非线性微分方程组。

解方程组：

第一步，令两个方程等于 0，可得三个临界点（0，0）（m，0）（0，m_2）；

第二步，令 f_1= 式（4-3），f_2= 式（4-4），求方程组的雅克比矩阵得

$$A=\begin{pmatrix} \dfrac{\partial f_1}{\partial x_1} & \dfrac{\partial f_1}{\partial x_2} \\ \dfrac{\partial f_2}{\partial x_1} & \dfrac{\partial f_2}{\partial x_2} \end{pmatrix} \tag{4-5}$$

第三步，将三个临界点分别代入雅克比矩阵，并判定方程组稳定性。

（1）在临界点（0，0）处，求 A 中各个偏导可得

$$A=\begin{pmatrix} a_1 & 0 \\ 0 & a_2 \end{pmatrix} \tag{4-6}$$

由特征方程 $|\lambda E-A|=0$ 可求得相应的特征值，$\lambda_1=a_1$，$\lambda_2=a_2$，由假设可知它们都大于 0，根据稳定性定理，点（0，0）是不稳定点。

（2）在临界点（m，0）处，求 A 中各个偏导可得

$$A=\begin{pmatrix} -a_1 & -p_1 a_1 \\ 0 & a_2 \dfrac{m_2 - m_1 p_2}{m_2} \end{pmatrix} \tag{4-7}$$

由特征方程 $|\lambda E-A|=0$ 可求得相应的特征值，当 $\lambda_1=-a_1<0$，$\lambda_2=a_2 \dfrac{m_2 - m_1 p_2}{m_2}$ 时，λ_2 的符号需要分两种情况讨论：

当 $m_2-m_1 p_2>0$ 时，$\lambda_2>0$，两个特征值异号，点（m，0）是不稳定临界点。

当 $m_2-m_1 p_2<0$ 时，$\lambda_2<0$，则点（m，0）是稳定临界点。

（3）临界点（0，m_2）处的结果与（2）情况类似，当 $\lambda_1=-a_2<0$，$\lambda_2=a_1 \dfrac{m_1 - m_2 p_1}{m_1}$ 时，

λ_2 的符号需要分两种情况讨论：

当 $m_1-m_2 p_1>0$ 时，$\lambda_2>0$，两个特征值异号，点（0，m_2）是不稳定临界点。

当 $m_1-m_2 p_1<0$ 时，$\lambda_2<0$，点（0，m_2）是稳定临界点。

下面通过数值模拟说明上述模型所揭示的经济含义。

（三）数值模拟

数值模拟技术是一种对复杂的工程和物理系统进行仿真的技术，其应用范围包括宇宙飞船、机械制造、电力工程、化工、生物工程和材料科学。其目的是借助计算机技术将研究对象转化成仿真模型，并在计算机上进行仿真实验，优点是可以在一定程度上代替实际实验。比如，借助计算机仿真技术，各国可以通过超级计算机模拟核试验，从而既可以保证武器研发的延续性，又可以消除真实核试验带来的政治与环境压力。

这里运用数值模拟方法主要是因为学术界对制造业服务化现象的研究目前还处于理论探索阶段，实证方面仅有零星案例研究，演化模型中的各变量的数据难以获取。

（四）Matlab 源程序及求解

为了使数值模拟更加符合经济现实，本书选择了《财富》杂志世界 500 强排名中的办公设备行业的相关数据来决定模型中 Logistic 方程 a、m、p 的取值。根据 2012—2013 年世界 500 强排名数据，办公设备行业的年均增长率为 8%。2013 年，该行业营业收入总计 4 459.4 亿美元。其中，施乐（Xerox）公司营业收入总计为 159 亿美元。模型中以营业收入为依据，计算市场最大容量 m 的取值以及 x 的初值。p 的取值根据不同假设情况而定。

第一，假设 p 值均为 1，即两类制造业的生态位完全相同。

源程序：

```
%首先建立命令文件（%后为对程序的说明）：
function l=f (t, x)
a=[1.08 1.08]; %两类制造业增长率都相同
m=[5000 5500]; %服务化制造业的最大市场容量稍高，单位10亿美元
p=[1 1]; %生态位完全重合，两类行业竞争激烈
l=[a(1)*(1)*(1-(x(1)+p(1)*x(2))/m(1)); a(2)*x(2)*(1-(x(2)+p(2)*x(1)/m(2))];
%然后编写主程序如下：
x0=[100 50 ] ; %在发展初期，传统制造业比服务化制造业有优势，单位10亿美元
t0=[0 50]; %时间跨度50年
[t x]=ode45('f', t0, x0);
```

plot(t, x(: , 1), 'p', t, x(: , 2), 'p'); xlabel(时间单位 : 年 '); ylabel(' 市场容量单位 : 10 亿美元 ');

text(t(16), x(16, 1), '\leftarrow 传统制造业 ');

text(t(40), x(40, 2),)'\leftarrow 服务化制造业 ') ;

在 Matlab6.5 中运行结果如图 4-3 所示。

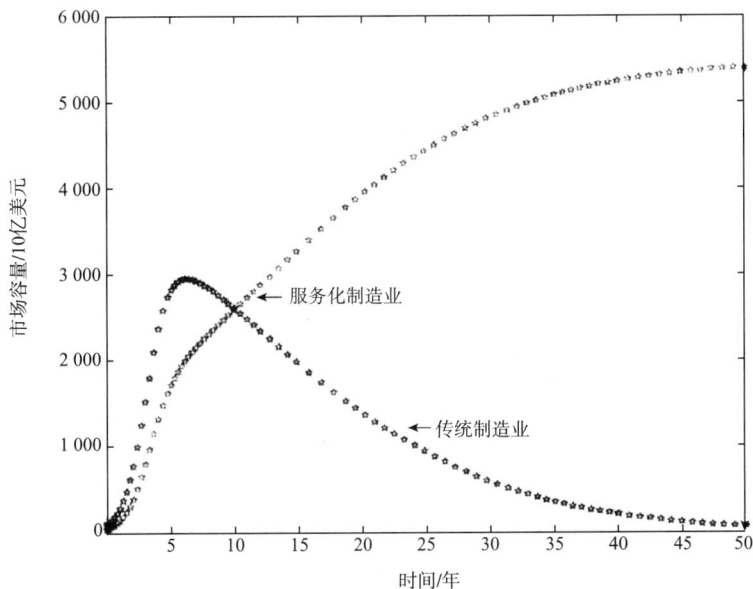

图 4-3　生态位完全重叠时的行业发展趋势模拟

从图 4-3 可以看出，在开始阶段，两个行业的市场都随时间而增长。但随时间推移，传统办公设备制造业的市场份额在达到最大值（约为 3 万亿美元）后开始逐渐下降，在大约 50 年后，传统办公设备制造业将走向衰亡。与此相反，服务化办公设备制造业将一直发展下去，直至达到行业的最大市场容量。这说明，虽然在发展初期，传统办公设备制造业与服务化办公设备制造业相比，有较大的优势，从营业收入来看，前者为 1 000 亿美元，后者只有 500 亿美元。但随着时间推移，当初占有优势的一方反而消亡了，而最初占有劣势的一方不但在市场竞争中存活了下来，而且得到了很大的发展。其根本原因在于 $m_2 > m_1$，即服务化制造业的最大市场容量大于传统制造业的市场容量（在本例中 m 取 55 000 亿 >50 000 亿）。

为了更好地理解上述现象的内部机理，我们借助相位图进行分析，如图 4-4 所示。

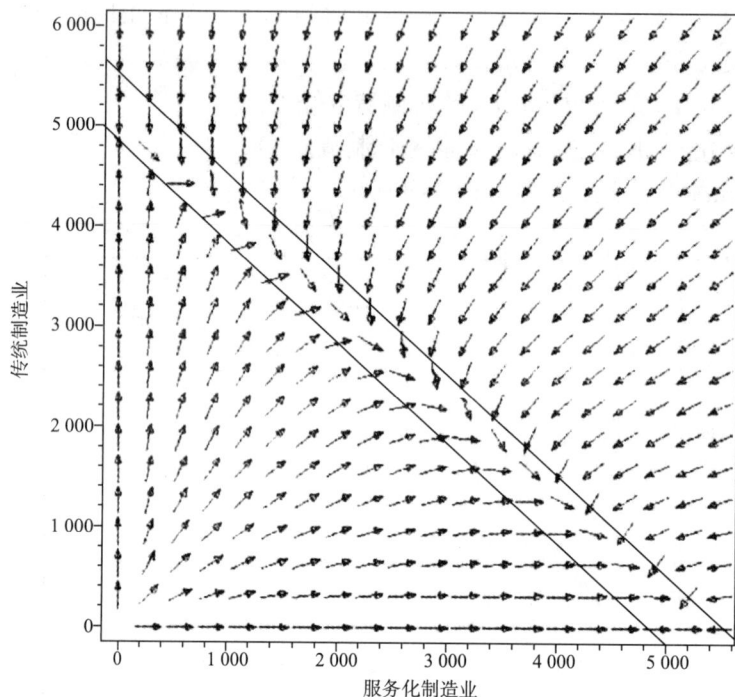

图 4-4　相位图

从图 4-4 的相位图我们可以看出，由模型给出的常微分方程组有三个奇点（0,0）（5 500,0）（0,5 000）。根据这些信息绘制的相位图可以分为三部分：由原点和两个 m_1=5 000 构成的三角形部分，其中 $\dfrac{dx_1}{dt}$，$\dfrac{dx_2}{dt}$ >0；在两条平行线围成的梯形部分，其中 $\dfrac{dx_1}{dt}$ <0，$\dfrac{dx_2}{dt}$ >0；在右上方的广大部分，其中 $\dfrac{dx_1}{dt}$，$\dfrac{dx_2}{dt}$ <0。根据这三个区域内两条轨线的符号，我们可以画出相应的流线，以表现变量随时间推移而运动的方向。

由以上分析可知，在服务化的市场规模较大的前提下，无论初始情况怎样，系统演化的最终结果是服务化制造业胜出。

第二，假设 p 值均为 0.5，说明两类行业的生态位有一定重合，其他条件与上同。

源程序：

```
function l=f(t, x)
a=[1.08 1.08];
```

m=[5000 5 500];

p=[0.1 0.1];

1=[a(1)*x(1)*(1-(x(1)+p(1)* x(2))/m(1)); a(2)* x(2)*(1-(x(2)+p(2) * x(1))/m(2))];

主程序：

x0=[50 50];

t0=[0 20];

[t x]=ode45('f', t0, x0);

plot(t, x(:, 1), 'p',t, x(:, 2), 'p'); xlabel(时间单位 : 年 '); ylabel(市场容量单位 :10 亿美元 ');

text(t(16), x(16, 1), '\rightarrow 传统制造业 ');

text(t(40), x(40, 2), 服务化制造业 \rightarrow ')；

在 Matlab6.5 中运行结果如图 4-5 所示：

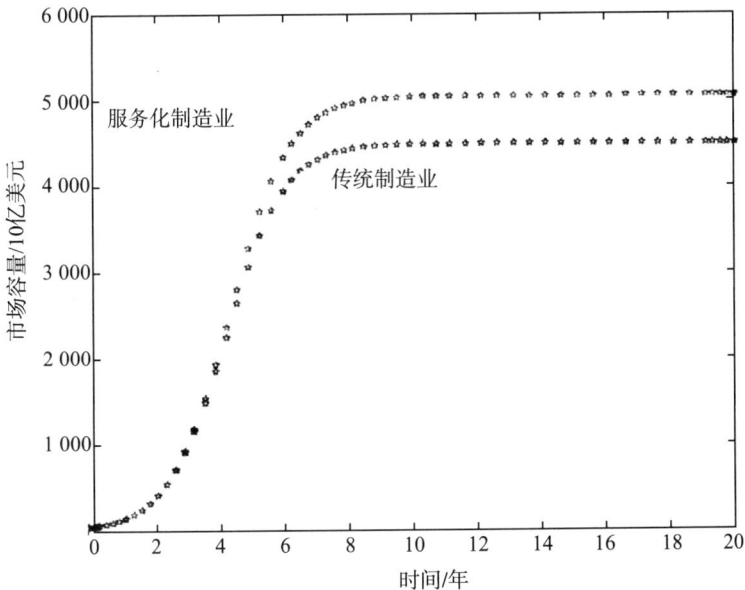

图 4-5 生态位部分重叠时的行业发展趋势模拟

从图 4-5 可以看出，若两类行业的生态位存在部分重叠，那么在发展过程中，它们将相互竞争。经过一定时间之后，两类行业都将趋于饱和状态，但是由于相互影响，因此两类行业都无法达到最大市场容量。另外，服务化制造业的曲线最终位于传统制造业的上方，是因为我们假设服务化制造业的最大市场容量高于传统制造业。

第三，假设 p_1 较大，即服务化制造业对传统制造业的影响较大；p_2 较小，即后者对前者影响较小。同时，假设两个行业的最大市场容量完全一致，从而避免因不同行业对经济环境适应力不同而对结果产生影响。

源程序：

```
function l =f(t, x)
a=[1.08 1.08];
m=[5 000 5 000]; % 最大市场容量都相同
p=[1 0.5];%1 对 2 的影响大于 2 对 1 的影响
l=[a(1)*x(1)*(1-(x(1)+p(1)* x(2))/m(1)); a(2)* x(2)*(1- (x(2)+p(2)* x(1))/m(2))];
```

主程序：

```
x0=[100 50];
t0=[0100]; % 延长了观测年限
[t x]=ode45('f', t0, x0);
plot(t, x(:, 1),'p',t, x(:, 2), 'p '); xlabel( 时间单位 : 年 '); ylabe!(' 市场容量单位 :10 亿美元 ');
text(t(16), x(16, 1),'\leftarrow 传统制造业 );
text(t(40), x(40, 2),'\leftarrow 服务化制造业' ) ;
```

在 Matlab6.5 中运行结果如图 4-6 所示。

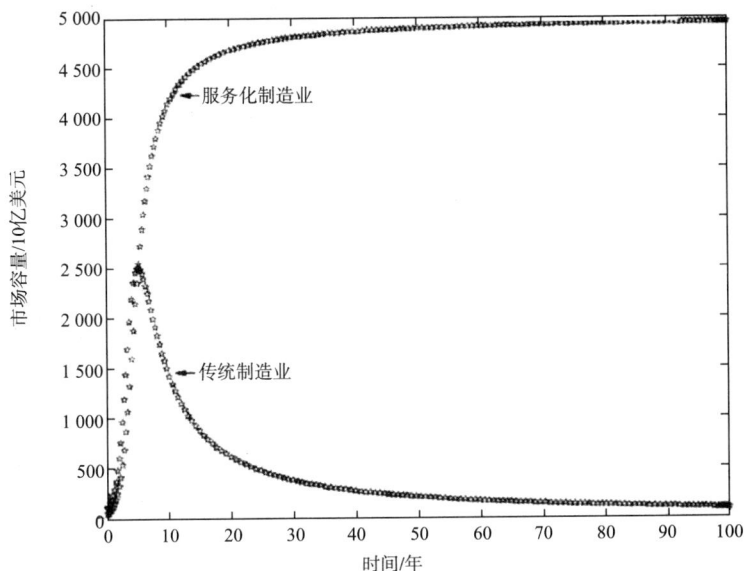

图4-6　生态位重合程度不同时行业发展趋势模拟

从图4-6可以看出，根据前面的模型说明可知，当服务化制造业可以在较大程度上替代传统制造业（因 $p_1=1$，所以 p_1x_2 的值较大），而后者只能部分替代前者时（$p_2=0.5$，所以 p_2x_1 的值较小），即使两个行业对外部环境的适应能力都一样（m 的值都取 5 000），整个系统的演化结果也是替代性较高的行业（服务化制造业）胜出并逐渐达到其最大市场容量，传统制造业在一定时期后将逐渐消亡。与第一种情况稍有不同的是，此时两行业存续的时间将会延长，在本例中 t 接近100年时，传统制造业才逐渐消亡，服务化制造业市场才逐渐饱和。

三、产业互动模型小结

第一，无论从制造业的现状看，还是从其未来发展势头看，服务化制造业都无法完全替代传统制造业，服务化制造业与传统制造业的目标市场似乎不能完全分离，恰恰相反，两者的目标市场存在着相当程度的重合。例如，在办公设备制造行业，施乐（Xerox）公司是制造业服务化的典型，它由从原来的办公设备销售者转型为现在的服务方案提供者。但是该公司的主要客户仍然和传统办公设备制造商一样集中在商务办公领域。因此，在现实经济中，服务化办公设备行业和传统办公设备行业的生态位应该有较大部分的重叠，但并非完全重合。

第二，从 m_1 与 m_2 的关系来看，如果制造业服务化是一种必然趋势，那么在表示最大市场份额的两个变量 m_1、m_2 之间应该满足 $m_2>m_1$，也就是说如果不加干扰，任其自由发展，采取服务化策略的行业最终获得的市场份额应该大于传统制造业。这里简单的 $m_2>m_1$ 关系其实蕴含着深刻的演化机制，虽然在发展初期，新生的服务化行业处于弱势地位，但其最终将在竞争中胜出，因为这类行业更能适应激烈竞争的经济环境。

结合运算结果，当 $m_1-m_2p_1<0$ 时，点 $(0,m_2)$ 是稳定临界点。也就是说，如果满足条件 $m_1<m_2p_1$，则随着时间 t 趋于无穷大，竞争结果将以传统制造业消亡，服务化制造业胜出告终。

第三，与成本—收益分析方法相比，本模型的分析方法更加注重竞争与互动关系对一个企业或行业的影响。另外，本模型还特别强调把经济对象放在"时间单向流逝"的背景下进行研究，而经典的均衡分析框架一般隐含着"时间可逆"的假设。因为发达国家的市场环境已经相对成熟，用既有的分析框架分析问题未尝不可。但对发展中国家来说，大量经济现象是其前所未见的，经济现象发生的前提条件、经济现象的本质、经济现象的规律必然有特殊性，因此我们有必要发展新的理论框架并加以分析。

中篇　企业运作篇

第五章 制造业服务化的一般路径与常见模式

第一节 制造业服务化的一般路径

制造业服务化依据制造业企业在不同生产过程和环节运用服务要素以及产出服务业务,可以划分为投入端服务化、产出端服务化、制造过程服务化三种类型的路径。具体而言,在生产过程的上游投入的服务要素为投入端服务化,在生产过程的中游投入的服务要素为制造过程服务化,在生产过程的下游增加的服务业务为产出端服务化。制造业服务化是一个动态变化的过程,不同能力和条件的制造业企业实现服务化的路径不可能完全相同。因此,分析制造业服务化的一般路径,对于清晰了解制造业企业的移动方向和路线,为企业寻求适合的服务化路径具有重要意义。

本书站在"微笑曲线"的角度,以企业价值链为研究对象,着眼于制造业服务化过程中企业价值链延伸的过程,对制造业服务化的一般路径做一些探讨,其中有三条路径,即投入端服务化、制造过程服务化、产出端服务化,如图 5-1 所示。

投入端服务化   制造过程服务化   产出端服务化

图 5-1 制造业服务化的三条路径

一、投入端服务化

投入端服务化是制造业企业生产投入要素发生变化,由原先投入实物要素转变为投入服务要素,是在"微笑曲线"上游投入研发、设计、规划等服务要素。通过该路径实现服务化,制造业企业可以提高与其核心竞争力密切相关的研发和设计水平。简兆权和伍卓深根据公开资料分析指出,当企业研发投入与销售收入比不足 3% 时，企业会因缺乏科研技术支撑而难以存活，当两者比在 3%～5% 时，企业的创新能力仍然相对较弱，只能够勉强维持发展，但很容易遭受外界的冲击，只有当两者比在 5% 以上时，企业才能在竞争激烈的市场保持活力。因此，企业增加服务要素的投入，提高科技研发水平，进而通过产学研相结合，可以打造企业发展的新引擎。

同时，如果制造业企业的投入服务要素发展良好，其就可以扩大企业的业务范围，不再局限于制造业务，而是将销售、研发设计、规划咨询、解决方案、全生命周期管理业务也作为企业的核心业务。作为服务业务的接包方，制造业企业可以为其他企业提供研发设计和咨询规划等服务业务。例如，佛山西伍服饰作为高度智能化的全球性时尚企业，不仅利用高科技和大数据分析，实现了智能生产、智能销售、智能监控等，还利用强大的大数据作为支撑，为其他传统制造业企业做转型升级指导，助力企业实现数据化、智能化、全渠道运营全面升级。

投入端服务化可以为企业将来实现更高级的服务化提供技术支持，同时为产出端服务化打好基础。需要注意的是，前期的服务要素投入需要企业做好充足的科研经费准备，不仅需要拥有专业化的技术人才和承担服务化转型失败的能力，还需要具备将科研技术、研发创新转化为向第三方提供的服务的能力。企业从具有服务化意识到投入端服务化的实现，需要经过一段相对漫长的时间，是一场持久战。所以，投入端服务化适用于没有服务化经验但希望通过积累技术力量逐渐实现服务化的企业。如果企业在投入端服务化转型成功，企业的科研技术水平将得到提高，在市场上的竞争力将得以提升，同时产品将更具有影响力，这对企业的长远发展具有重要意义。

二、产出端服务化

产出端服务化是制造业企业的产出业务发生变化，由原先生产实物型产品转变为生产无形的服务产品，发展"微笑曲线"下游的个性化定制、品牌管理、工程总包、租赁维保、智能服务、远程诊断等服务业务。产出端服务化是基于制造业企业产品服务系统的产品导向，企业注重客户的产品满意度、客户体验、客户对品牌的忠实度等。例如，苹果公司采用的客户体验升级模式主要是通过更简洁的设计、更友好的用户界面、更方便的使用场景、更高雅的外观和更舒适尊贵的持有感等为用户提供更好的体验。这些使顾客对苹果产品形成了持久的和可靠的产品忠实度。

相对投入端服务化，产出端服务化这条路径对制造业企业实现服务化的支撑资源需求不多，对研发创新的要求不高，对组织变革的要求也不高，整体可实现性较强，风险较低。产出端服务化更多需求的是企业在发展战略和意识上的转变，改变传统的生产制造模式。制造业企业可以从最初的简单售后服务开始，逐步提高服务业务的质量和效率，促使服务化走得更远。产出端服务化会促使企业朝两个方向发展：一是服务业务占主导，将企业的制造业务转移出去，由制造业企业转变为服务业企业，如 IBM 公司将个人计算机业务出售给中国计算机厂商联想集团，专注于为软件行业提供解决方案；二是企业仍保留生产组装业务，但主要是围绕企业产品提供价值链下游的相关售后、智能、数字化服务等，如苹果公司整合数字内容，注重培育用户体验，努力快速迈入数字化服务时代。

三、制造过程服务化

制造过程服务化强调的是企业在加工和组装环节投入服务要素，发生在"微笑曲线"的中间环节，反映的是在原先简单的生产流水线中注入先进的技术和管理经营理念等，或者增强生产制造环节员工的技术能力，提高制造业整体的技术研发水平。制造过程服务化是投入端服务化的进一步延伸和产出端服务化的前期准备，对于衔接投入端服务化和产出端服务化发挥着重要的作用。需要说明的是，通过制造过程服务化，企业可能会选择继续服务化，转型成为服务型企业，也有可能只是制造过程服务化，仍属于制造型企业。通过利用信息技术、大数据、云平台等增强企业竞争优势，促进企业创新，提升企业生产过程的运行效率，这对处在当前内外交困发展环境下的企业来说是一个新的发展契机。

提高企业制造过程服务化的程度，促进企业制造过程的不断软化，通常有两个途径。一是提高企业人员的技能水平。通过完善的职业教育和培训体系，深化产教融合、校企合作，大规模开展职业技能培训，提高加工和组装环节员工的技术水平。二是提高生产装备的先进性。通过技术改造升级，淘汰加工和组装环节的旧设备，使用机器人等全新自动化设备，提高制造过程的服务化水平。

第二节 制造业服务化的常见模式

企业竞争的本质是在不确定的内外部环境下为谋求自身生存与发展而展开的对物质、能源、人力等进行争夺的较量，这决定了企业需要不断调整其内部发展策略，以适应市场需求。制造业服务化是制造业企业适应新的竞争环境，通过优化价值链上下游高附加值环节的服务内容，获取企业竞争优势的重要途径之一。目前，我国制造业服务化程度相对较低，如有研究机构对我国机械行业进行调查，发现78%的企业服务收入占总营业收入的比重不足10%，只有6%的企业服务收入占比超过20%，和全球制造业企业服务化程度26%的平均值差距较大。这说明我国制造业企业服务化转型的后劲十足、潜力巨大。分析制造业服务化常见模式，是为了根据现有的制造业服务化的成功模式，为其他制造业企业提供可供借鉴的服务化经验。制造业服务化模式依据不同的划分标准，有不同的分类方法。安筱鹏从产出端服务化角度，将制造业服务化划分为基于产品效能提升的增值服务、基于产品交易便捷化的增值服务、基于产品整合的增值服务、基于产品的服务到基于需求的服务四种类型。王晶等从产出端服务化、投入端服务化、制造过程服务化角度，将制造业服务化划分为借助核心产品为顾客提供信息增值服务、围绕核心产品为顾客提供运营支持和维护服务、围绕核心产品为顾客提供金融服务、产品设计制造与服务一体化、制造商和顾客基于核心产品共同价值创造、制造商围绕其核心产品为顾客提供全方位的解决方案六种类型。本书从产出端服务化角度，依据提供服务的内容和提供服务的方式的不同，将制造业服务化常见模式划分为集成化模式、定制化模式、租赁化模式、智能化模式和组合模式五大类。

一、集成化模式

集成化模式是指制造业企业通过有效整合产品与服务资源，为客户提供专业性强、系统集成性高的整体解决方案服务。集成化模式强调制造产品与后期服务的融合、现场运行与远程支持的融合、前期生产与后期升级的融合、流程再造与员工培训的融合等，使企业获得灵活多样的收益，实现风险控制。集成化模式的形成是以客户需求为导向，依托实体生产制造过程，通过与客户沟通协调来实现产品与服务业务的扩展和匹配的过程。集成化模式的实现需要企业知识资本、人力资本、物质资本的高度融合，企业各生产和服务环节相互配合，致力于为客户提供设计、制造、融资、管理、运输、维修、升级等不同层次和内容的服务解决方案。例如，金风科技凭借其强大的自主研发创新能力，为智慧风电场提供选址咨询、设计优化、工程建设的解决方案，为智慧能源提供智慧能效、分布式能源、电力交易的解决方案。

集成化模式的出现是符合时代发展需求的，随着全球新一轮科技革命和产业变革的爆发，企业不再局限于产品功能的研发，还进一步扩展到关注用户自身问题的解决。企业的利润来源逐渐从制造环节转向服务环节，竞争优势从规模生产转变为解决用户问题的能力。蒙娜丽莎、玉柴集团、东软医疗、卡斯柯、双良节能、奥凯种机、晶科能源、IBM、惠普等企业在企业美化人类空间、装备制造系统、数字化医学影像设备工程、轨道交通信号、太阳能产品、存储和信息管理系统、信息科技等领域，分别具备制定完整、独立系统问题解决方案的能力，在各自行业具备较强的竞争力。

集成化模式对企业的核心能力要求如下：首先，具备优质产品制造能力。实体产品是解决方案提供的出发点，系统解决方案围绕实体产品展开，而在实体产品的基础上嵌入支持性服务方能实现整个流程。其次，具备优质服务提供能力。为客户提供系统解决方案，企业在价值链上下游具备提供高附加值服务业务的能力，只有这样才能有效整合企业各方面资源，为客户设计出可行的解决方案。最后，具备客户需求分析能力。企业服务的对象是客户，客户需要解决的问题是企业首要关注的，客户对解决方案满意与否是决定企业能否实现自身价值的关键。

集成化模式需要企业在投入端、制造过程做出以下努力：第一，整合企业资源，打造服务系统平台。针对资源分散、内部结构相对单一等特点，企业应对现有资源进行重新安排和管理，全面分析可利用资源的现状，进而不断扩充企业各方面的资源，构建一个制造企业、服务业务提供商和客户之间的交互服务平台，为系统解决方案的实现创造便利条件。第二，注重科技研发，实现对关键技术的掌握。集成化模式对企业技术和研发能力要求很高，企业需要在研发创新方面投入大量的时间和精力，方能为客户提供系统解决方案。企业可以通过国际交流合作、产学研结合等方式，积极开展关键技术创新工作，实现高端技术服务化，为"一揽子服务""交钥匙工程"提供技术支撑和保障。第三，重视全能型人才的培养，加强员工的服务化意识。集成化模式对企业员工的能力提出了新的要求，员工除了需要熟悉传统的制造业务外，还需要掌握硬件、软件与服务等相关知识体系。因此，企业应该加强对员工的培训，鼓励员工到优秀企业参观学习，到高校研修，培育出符合实际需求的优秀人才。

二、定制化模式

定制化模式是指企业与客户相对接，客户参与产品的设计、生产过程，对产品提出自身的个性化要求，企业进一步按照客户的要求下单制作。此模式出现的背景是随着人们物质生活的日益丰富，客户不仅关注产品和服务的效用，还越来越关注产品和服务的细节，这逐渐成为一种新的消费趋势。定制化模式的出现意味着客户消费方式发生了显著变化，对产品而言，客户由原先的"被动接受者"转变为"主动参与者"，客户自愿参与到产品和服务的生产过程，通过交流沟通来表达自己的个性化主张。例如，美的推出的适应不同户型大小、结构、楼层的智能家居套装产品覆盖从单身公寓、普通公寓到大型别墅的全方位定制化解决方案。美的积极鼓励客户参与智能家居套装产品的设计过程，并按照客户的需求进行"量身定制"，满足了客户的个性化需求，在业界形成了良好的口碑。

定制化模式对企业的核心能力的要求如下：一方面，相对于传统生产制造模式，定制化模式强调企业必须有很好的沟通能力。详细记录客户需求，真正理解客户需求，做好需求沟通确认，从而满足客户需求。例如，广州博澳斯通过阿里巴巴、广州交易会等平台与客户接触沟通，并确认客户需求，以定制化形式，接受客户委托，为客户定制满足个性化需求的产品。另一方面，定制化模式要求企业具备柔性生产和客户需求管理能力。产品定制对不同生产流水线的要求可能存在细微差异，而这会增加企业的生产成本，进而导致定制产品价格相对标准产品有所上升。企业需要有效引导客户，并在了解产品制造过程的基础上，让个性化需求尽可能符合生产流水线的调整范围，有效满足客户需求。例如，维尚家具用大规模生产的速度和成本优势，以服务好客户为宗旨，致力于为每一个家具客户提供与其实际情况相匹配的个性化板式家具设计、生产、安装服务。定制化模式促使维尚家具突破传统生产、销售、管理模式的制约和束缚，有针对性地改进了生产技术和生产经营模式，最终实现了从传统家具制造业向现代家具服务业的转型升级。

定制化模式需要企业在投入端、制造过程做出以下努力：第一，充分利用大数据，构建完善的信息平台。在定制化模式下，企业需要十分重视客户信息的采集与归类，通过对海量的客户需求数据进行分析和预测，建立自身的信息管理平台，从而能够快速追踪客户需求的变化。第二，提高企业员工的专业化素质和沟通协调能力。企业需要不断强化员工培训工作，以增强员工的实战能力，拓宽员工的视野和知识面，培养员工对客户需求的沟通、理解、分析、判断、确认、引导能力。定制化模式着重要求企业跟客户保持良好的沟通，所以企业员工除了需要具备挖掘潜在客户的能力外，还需要有良好的观察能力和沟通能力。第三，实现部分零部件和配件的标准化。由于客户需求和消费能力千差万别，企业应在尽可能满足客户个性化需求的前提下，对成本、质量、交货时间等做好有效管控。企业应与零部件和配件供货商加强协作。比如，将零部件和配件划分为通用和定制两类，并形成统一的标准和接口，基于此，企业可以对通用类零部件和配件实施模块化集成设计，而当客户提出个性化的诉求时，只需供货商按照统一标准和接口供应定制类零部件和配件，企业便可以快速实现产品的个性化组装。

三、租赁化模式

租赁化模式包括产品全生命周期管理和租赁维保两类。其中，由于市场竞争日益激烈和信息技术的快速发展，产品全生命周期管理受到企业的推崇，成为企业增强市场竞争力和稳定市场份额的重要战略。产品全生命周期管理（PLM）具体是指企业对产品从市场调查、客户需求、生产规划、工程设计、加工制造、包装运输、经销营销、正常使用、维护保修到报废终止的整个生命过程进行管理的集成化系统。租赁维保是指企业拥有产品的所有权，并租给承租人使用，企业承担产品使用过程中的维护与修理等工作。本书主要分析产品全生命周期管理租赁化模式。

有研究指出，在发达国家的大型制造业企业中有70%的企业应用了产品全生命周期管理系统。例如，通用电气的全方位服务业务包括在线销售、在线设计、在线咨询、在线营销等服务，促使产品制造和网络营销融为一体。中国产品全生命周期管理的发展相对滞后，应用的领域相对较少。比如，荣获2017年服务型制造示范企业称号的持久钟表企业，通过把企业安装在世界各地的时钟用网络和企业的中心控制室连在一起，做到了全世界时钟终端的互联互通，可以远程控制、统一校时、统一监控，出现问题马上就可以发出提醒，实现了随时随地全面感知。又如，佛山西伍服饰以大数据驱动产品设计、生产、销售运营、过程监控等工作，实现产品生产和服务的集中化、流程化、智能化。

租赁化模式对企业的核心能力的要求如下：第一，具备应用现代信息技术的能力。对产品进行全生命周期管理离不开先进技术的运用，企业可以利用信息技术平台，实现对产品安装要求、安装说明、调式使用、运行状态、故障判断、追踪运行、远程维修和材料回收的全过程管理。第二，具备分析产品管理出现的问题的能力。综合分析全生命周期管理出现的问题，企业可以迅速对产品管理做出反应，设计和工程部门可以对下一周期的产品做出更好的调整，产品可以更加迎合市场的需求，提高企业知名度。第三，具备掌握同行业核心优势的能力。由于产品越来越复杂、问题多样化，企业自身需要具备产品优势、管理经验、先进技术等核心优势，这也是其较好地开展产品全生命周期管理的必备条件。

租赁化模式需要企业在投入端、制造过程做出以下努力：第一，企业管理层需要形成统一的发展战略意识。产品全生命周期管理的建立和发展需要企业具备较强的信息技术和科技研发能力，另外，鉴于面临着管理模式的转变以及如何加强与上下游供应商和服务商的合作等问题，企业上下各部门都要齐心协作。第二，企业需要构建产品全生命周期管理的平台系统。政府可以对企业自建平台系统给予一定的财政补贴或信贷政策支持，同时完善标准规范，组织企业参加观摩和学习。鼓励企业对接国际标准，自主研发适合自身的互联网平台和系统软件，掌握和运用大数据，为产品的全生命周期提供运营、管理、维护等服务。

四、智能化模式

随着计算机信息和通信技术的换代升级和加速融合，尤其是计算机、光纤网络、第四代移动通信网、现场总线控制技术的全方面辐射和覆盖，智能化模式成了制造业服务化的重要模式之一。智能化模式是指企业的产品和服务在网络、大数据、物联网和人工智能等技术的支持下，能动地满足人类各种需求的一种发展模式。智能化是现代人类文明发展的趋势，涉及人们生活的方方面面，有家居智能化，如美的暖通事业部能通过 App（应用程序）远程控制家电和家居设备，有车载智能化，如翼卡车联网通过链接车厂、后装、车主产生人车行为大数据，为智能网联汽车行业的 UBI 车险、高精度地图、自动驾驶等提供服务，有生物科技智能化，如嘉谷科技根据任务量、作物类型和距离等智能化选择合适的植保服务队前往进行植保服务，有工程机械智能化，如博澳斯开通新ERP（企业资源计划）系统功能，能进一步为客户引荐产品和改进新产品，也能智能化下发订单给生产等部门。

智能化模式对企业的核心能力的要求如下：第一，具备从功能产品向智能产品转型的能力。企业传统的功能性产品转型升级改造为智能产品是企业发展智能化模式的第一步，企业需要增强物理部件信息采集、存储、处理、运行和传送等能力，并实现与互联网等平台的无缝对接。第二，具备高技术融合的能力。智能化模式的发展建立在先进传感器、第五代移动通信网络、云计算、物联网和大数据技术逐渐成熟的基础上，对技术运用依赖度较高，产品和服务的体验更加良好。比如，基于物联网技术的远程机器设备的监控和维修，基于互联网平台的产品设计、产品销售、产品体验和线下互动等。第三，具备为客户提供优质服务的能力。传统生产模式是生产制造产品，进而将产品销往市场。智能化模式是基于"以客户为中心"的经营理念，积极响应客户的需求，提高服务客户的效率。由于智能化还牵扯客户的基本信息，企业应十分注重维护客户信息的安全，帮助客户建立对企业服务的信任，从而持续地为客户服务。

智能化模式需要企业在投入端、制造过程做出以下努力：第一，要有充足的资金准备。智能化的发展需要前期投入大量的资金和物质资本，同时对企业高科技人才的占比也有要求。因此，企业应结合自身实际情况，做好长远规划，对推行智能化过程中可能遇到的问题要有前期预判。第二，确保服务安全。互联网给人们带来便捷的同时，也给人们带来了网络安全问题。企业需要高度重视、正确认识网络的新技术、新应用、新产品可能带来的问题与挑战，主动防范、控制新技术应用带来的潜在风险和安全漏洞。第三，配合政府的相关政策。政府应积极推动完整的智能化服务产业链的构建，包括构建完善的政策法规体系，尤其是针对互联网安全；搭建国家智能服务平台，对企业的发展给予指导；鼓励产学研相结合，对核心共性技术进行攻克研发。

五、组合模式

组合模式是指企业有两种或两种以上的制造业服务化发展模式，实现多元化的发展模式。一方面，这是因为产业边界日益模糊，产业融合现象日益加剧，企业的产品和服务业务内容相互交错，组合模式更有利于企业的长远发展；另一方面，这是由企业最初的发展动机以及长远战略布局决定的，企业的走向就是要采取组合模式的发展战略。例如，美的暖通事业部、嘉谷科技、博澳斯、通用电气等企业发展涉及两种或两种以上的制造业服务化模式。其中，美的暖通事业部有集成化、定制化、智能化和租赁化四种发展模式；嘉谷科技有集成化、智能化和租赁化三种发展模式，博澳斯有定制化和智能化两种发展模式，通用电气有集成化、定制化、智能化和租赁化四种发展模式。

组合模式对企业的核心能力的要求如下：首先，具备熟悉全部业务的能力。企业发展组合模式相对应的业务种类多，容易出现决策失误。管理层可能并不熟悉全部业务，所以往往做的决策并不是最合理的，或者聘请的职业经理人没有承担起应该承担的责任。因此，企业各部门要各司其职，认真做好本职工作。其次，具备高质量管理的能力。企业发展组合模式相应会出现企业分支机构迅速增多、管理工作的难度增加、各部门之间的协调缓慢、信息传递出现偏差等问题。这需要企业增强对内部上下部门的管理与协调等，提高企业的运行效率。再次，具备规避经营和管理风险的能力。企业业务种类繁多，往往容易出现多米诺骨牌效应，因此企业应避免因过度依赖某一市场而引起亏损或破产，提高自身的抗风险能力，努力减少风险损失。最后，具备整合资源、发展规模经济和范围经济的能力。企业可以综合利用企业内部的技术优势、市场优势、资源优势和管理优势，合理配置和整顿资源，提高资源的利用率，降低生产成本，节省交易成本，实现规模经济和范围经济。

组合模式需要企业在投入端、制造过程做出以下努力：首先，不断提高企业综合实力。发展组合模式需要企业有十分雄厚的物质资本和人力资本等条件，同时企业主营业务在市场的占有率、技术水平、管理水平、经营水平等都已经到了非常高的高度，这是企业发展多类型制造业服务化模式的重要条件。其次，企业需要不断整顿业务，提高运行效率。企业需要分析各制造业服务化模式之间的共同点和衔接点，减少企业资源的不必要重复和浪费，提高企业的运行效率。最后，善于观察市场，对业务发展做到主辅分明。企业需要重点抓住其核心竞争力优势，对各类型的制造业服务化模式做到主辅分明，对有竞争优势或者有发展前景的服务化模式应侧重发展。

第六章　制造业服务化的创新路径

第一节　调整实体产品需要

一、理论视角：为服务化调整实体产品的需要

图克为产品—服务系统编制了一个获得广泛使用的分类方案。按照逐渐减少的产品内容和逐渐增加的服务内容，产品—服务系统被分为三类：以产品为导向的产品—服务系统，即物品的所有权被转移给客户，修理和保养等一系列服务提高了产品的价值；以使用为导向的产品—服务系统，设备制造商保留了产品的所有权，通过租赁、联营和共享等理念销售设备的使用权；以结果为导向的产品—服务系统，服务组件占主导地位，供应企业很好地保留了设备的所有权，将设备运行的成果销售给客户，因此成果的提供者可以自由地决定它们如何生产。

在使用导向和结果导向的产品—服务系统中，设备的所有权没有转移给客户，而是由设备制造商保留。因此，一种新颖的做生意的方式就产生了。结果是这两种商业理念被纳入基于服务的商业模式。

产品—服务系统给产品设计提出了新的挑战，因为在产品开发过程中，制造商需要考虑新的、复杂的维度。然而，与关于制造的设计研究相比，关于服务的设计研究一直被控制在最低水平。尽管开发产品—服务系统首先需要技术创新，但人们仅从管理的角度探究过产品—服务系统开发。事实上，为确保产品—服务系统的功能，企业需要以集成的方式开发实体和服务组件。考虑到服务需求的实体构件开发，有助于提高服务交付的效率，还可以减少服务活动的成本，从而提升整个产出的竞争力。

新制度经济学（NIE）是现代经济研究的主要支柱之一，它否认经济活动者完美理性行为的假设。一个更现实的观点是信息不对称、有限理性和机会主义行为才是基本的假设。在 NIE 中，一个核心问题是合作复杂性的影响以及机构和组织如何形成它们的成本。它假设有形和无形的商品总是伴随着所谓的产

权。菲吕博滕和佩乔维茨、霍克茨区分了 5 种类型的产权：保留利润的权利和弥补损失的义务、保养和操作产品的权利和义务、处理产品的权利和义务、排他性权利、使用产品的权利。

将上述这些权利转让给其他个人或机构被称作交易，决定和执行这些权利的成本被称作交易成本。事前交易成本是指起草、谈判、维护协议的成本，事后交易成本包括不适成本、修正成本、建立和运行成本，还有保护协议的契约成本。

NIE 也研究了经济契约理论。该理论的一个主要原理是在当事人和代理商之间，信息不对称和机会主义决定了他们的行为。因此，委托代理理论的本质是解释活动者的活动，并为起草合同或协议提供建议。

基于服务的商业模式产权分配的改变使制造商开始考虑修正其产品设计。产品设计应能够预见产品处置的成本。基于此，我们得出以下假设。

假设 1（H1）：服务导向的产品设计取决于资本货物供应商的所有权，也取决于供应商提供的服务理念。

在基于服务的商业模式下，资本货物供应商必须进行专用性投资，这导致其在一定程度上对客户产生依赖。此时的规则是投资额越高，供应商和客户的互相依赖越明显，因为供应关系的终止必然伴随着金融投资的损失。

在基于服务的商业模式中，资本产品的产权部分或全部属于制造商，服务提供的前提是其产生的利润。在使用导向的商业模式中，客户为使用资本产品而支付费用。这里也会涉及多个客户联营的概念，无论是在同样的使用期，还是在临时的租赁模式中，大家都能使用同一种资本产品。在结果导向的商业模式中，制造商在自己的设备上为客户生产产品，这是一种临时的安排。因此，在繁荣的情况下，峰值订单可以外包给资本货物制造商，资本货物制造商与客户的生产过程长期结合在一起，目的是最小化生命周期和交易成本。相应地，无论是在使用导向还是结果导向模式中，为适应个别客户的订单而重新使用机器和设备都是必要的，它有助于这些商业模式在经济上取得成功。一方面，降低资本货物的交易成本很重要，也就是说，要使内外部的搜寻、信息、谈判、交换、担保和调整成本最小化。另一方面，所设计的产品应针对不同客户，使其在不同使用阶段可以重复使用。为了降低与所提供的服务理念有关的风险，制造商会最小化其资本货物的专用性。

假设 2（H2）：服务导向的设计取决于资本货物的专用性。

在基于服务的商业模式中，资本货物的所有权被稀释了，委托者与代理商的角色对调了。因此，在基于服务的商业模式中，资本货物制造商将一部分机器和设备的所有权转移给了它的客户，且保留了剩余的所有权。这时，资本货物制造商变成了委托人，并指导客户使用该资本品进行生产。然而，由于信息不对称，制造商并不知道客户企业的员工是如何具体使用资本品的。这种与客户生产流程的紧密集成导致了额外的、高度的相互依赖性，而这样的相互依赖性可以在没有专用性投资的项目中发生，助长机会主义行为。资本货物供应商同样对设计资本品感兴趣，这样可以抵消信息不对称，避免交易参与者实施机会主义行为。只有资本品制造商已经有了相应的风险意识，以上所述才会成为可能。

假设3（H3）：基于服务的设计取决于先进服务理念提供者所具有的风险意识水平。

因为拥有领先于顾客的关于特定产品的知识，所以制造商提供修理和保养合同就成了必然，这样可以避免在该产品运行和保养过程中出现低效现象。格鲍尔等发现，与那些主要提供服务的企业相比，制造企业开发服务要复杂得多。因此，那些希望像服务提供者一样成功建立自己的服务模式的资本产品生产者应该创造并保持产品价值和服务价值的共生关系。他们必须遵循以下两种并行的经营理念：服务导向的理念和产品导向的生产理念。更具体地说，这意味着产品—服务系统的供应商必须培养自身现有产品的发展和制造能力，而且要开发服务和提供新能力。

虽然产品和服务的创新有不同的要求，但它们必须能够与产品—服务系统联系起来，并且应该在它们之间创建平衡的关系。产品和服务创新是否有区别的争论较为极端，以至于人们觉得应该为这些实证分析开发不同的研究方法，而关于产品和服务创新的文献综述则表明：在某些方面，这些开发过程非常不同。虽然许多传统产品和服务创新之间的差异已经消除，但在一些点上重大的矛盾依然存在。提供和开发创新性服务理念的制造企业一般都是特例，而作为它们创新活动的一部分，提供和开发创新性服务理念必须与产品和服务的特点协调地结合。因此，比尼斯等认为，以产品为中心的企业需要那些非常理解实体产品的员工，他们有能力去保持和进一步发展与客户的关系。格鲍尔等也持这个观点，他们注意到，不足以将源于服务部门的发展服务的框架条件转移到制造企业的原因是制造企业的服务创新不同于服务部门的服务创新。产品和服务集成开发的成功因素包括创新活动中的客户服务人员、信息共享、合理配置多功能团队、信息技术、内部组织、针对细分客户的统计营销方法应用以及培训和教育等。

当企业扩大商业模式，在工业产品之外提供服务时，它们必须确保有必要的技术设施和提供这些服务所必需的能力。一方面，所必需的能力包括对有形核心产品的深入理解；另一方面，还包括培育和进一步发展客户关系的能力。

假设4（H4）：服务导向的设计取决于供应商的专业化。

H4a：发展创新性服务，服务导向的设计取决于供应商的专业化。

H4b：发展创新性产品，服务导向的设计取决于供应商的专业化。

二、数据库和方法论

（一）数据库和假设的测度

下面部分将基于德国制造业调查数据库进行定量分析。对所有德国制造企业而言，某年的数据库是一个有代表性的数据库，它包括1 484家德国企业，其中518家是资本产品制造商。在这项调查中，公司规模限定在20名员工及以上。

为了检验之前章节推断出的与服务导向设计原则相协调的产品设计相关假设，在上述定量数据集的帮助下，我们首先需要使派生的构念概念化和操作化。在假设中，基于对文献和NIE的分析，识别出的不同影响因素都被认为对企业倾向有影响，这种倾向是企业积极地调整产品以与其所提供的服务理念相适应。其中的几个因素在调查中就直接被提了出来，另外的因素必须使用一个或多个指标进行间接指代。文献提出了一个确定指标和衡量构念的方法，可分为两步，先基于现有文献发展对主题的理解，然后开发一组原始的指标。在该建议的基础上，下面就使用德国制造业某年的数据来描述公司是如何积极调整其产品设计，以适应其提供的服务理念的。

参与调研的公司被要求说明它们是否已经进行了产品调整，即是否调整了它们的一个产品来适应它们的一个服务。这些企业用"是"或"不是"的回答来明确这个问题。为了更清楚地说明这个问题，我们给出了服务理念和产品调适的示例，如果作答的公司已经进行了其中的一个建设性调整，就可以被选中。

通过分析公司已同意提供的服务，我们可以进行供应商和顾客之间的产权分配。要求被调研公司从8个服务中选出他们提供的服务，这些服务从产品导向（如规划服务）到结果导向（如为客户运作设备）都有。无论是提供操作设备的公司，还是提供与金融和租赁服务相结合的保养和维修服务的公司，都被鉴定为采用了产权转移的商业模式。

通过 3 个指标，我们能够识别商业模式中资产的专用性以及商业模式对服务组件的适应性。衡量专用性的第 1 个指标是复杂度，因为高度的复杂性意味着依据客户需求和情形做出改变的巨大潜能。然而，由于复杂性和专用性是没有关系的，人们参照希尔提出第 2 个和第 3 个指标，即批量规模和产品开发流程，以描绘产品的定制化服务。我们使用类别变量来衡量复杂性、批量规模和产品开发流程。

通过 8 个潜在风险来调查企业的风险意识，如果受访者认为这些风险是自己公司风险管理的一部分，就做出标记。

本节使用 3 个变量表征创新性产品开发的专业化。能力是一种经验主义的不确定的现象，无法定量测量，那么，我们通过确定研究与开发中员工的比例和制造与设计中员工的比例来确定其能力。此外，受访企业在过去 3 年是否开发产品的问题指的是要么对企业来说是全新的问题，要么是其产品组合的重大进步，这被作为创新性产品开发的第 3 个专业化指标。

因此，新产品开发的专业化是通过从上面的描述中选出的服务的数量、客户服务员工的比例以及服务直接营业额来概念化的。此外，与新产品开发一致，调查要求受访公司指明它们在过去三年里是否开发了新服务，无论是全新的服务，还是在它们的产品组合中表现出显著进步的服务。

表 6-1 给出了研究指标的概述，这是与上面解释的概念相关的德国某年制造业调查的一部分。

表 6-1 构念操作化和分析数据集的描述

变量性质	构念影响因子	变量属性	均值 /%	标准差
因变量	根据服务理念调整产品	0/1	27.8	n/a
产权分配（商业模式）	基于服务的商业模式（AVDL）	0/1	30.4	n/a
	非基于服务的商业模式	0/1	69.6	n/a

变量性质	构念影响因子	变量属性	均值/%	标准差
专用性	资本品的复杂性：复杂度（KOMPLEX）	0/1	52.4	n/a
	资本品的复杂性：简单和一般复杂的产品	0/1	47.6	n/a
	产品开发：预先制造、在客户定制后最终组装（PEVEMTO）	0/1	15.5	n/a
	产品开发：现有	0/1	3.9	n/a
	单个批量生产（EINZELS）	0/1	44.0	n/a
	中小规模批量生产（MITTELS）	0/1	48.6	n/a
	大规模生产	0/1	7.5	n/a
	风险意识：考虑到风险的数量（ANZRIS）	m	2.79	2.00
创新性服务开发的专业化	客户服务的员工比例（%）	m	6.70	6.87
	服务直接营业额的比重（n=345b）C（%）（UADL）	m	7.93	7.55
	服务直接产生营业额比例（PERSDL）	0/1	83.3	n/a
创新性产品开发的专业化	非服务直接产生营业额比例（AUADL）	0/1	16.7	n/a
	已提供服务的数量（ANZDL）	m	4.90	1.92
	提供创新性服务理念的企业比重（DLINNO）	0/1	23.7	n/a
	没有提供创新性服务理念的企业比重	0/1	76.3	n/a
	研发方面的员工比例（%）（PERSFUE）	m	7.02	9.96
	结构与设计方面的员工比例（%）（PERSKONST）	m	10.20	9.61
	提供创新性产品的企业比重（PONNO）	0/1	69.1	n/a
	未提供创新性产品的企业比重	0/1	30.9	n/a

变量性质	构念影响因子	变量属性	均值/%	标准差
背景	上一年公司员工数	m	339	2259
	上一年公司员工数的对数（ANZBESCHLog）	m	4.55	1.18
	金属产品制造业（NACE28）（BRANCHEMETALL）	0/1	12.6	n/a
	机械工程制造业（NACE29）	0/1	54.3	n/a
	电器设备制造业（NACE30，31，32）（BRANCHEELEMSR）	0/1	4.1	n/a
	医疗、精密和光学设备制造业（NACE33）（BRANCHEMSR）	0/1	18.8	n/a
	运输设备制造业（NACE34，35）（BRANCHEFZBAU）	0/1	9.9	n/a

（二）逻辑回归模型

因为在调查数据库中变量"根据服务理念调整产品"是一个二分类变量，所以使用了一个二元逻辑回归来描述自变量和因变量之间的因果关系。逻辑回归是一种很适合描述和检测二分类因变量与几个常量影响因子之间关系的方法。由于其广泛的应用领域和稳健性，这种统计方法明显优于判别分析，它也可以用来检验类别因变量。

1.分析数据集的描述

在任何数据分析中，第一步都是构建模型。在逻辑回归情形下，潜在的影响因素即外生变量可确定依赖变量的发生概率。

产品调整这个因变量有两种取值——是和否。这代表逻辑回归模型中的二分类内生变量，它的发生概率使用模型来预测。逻辑回归模型估计了事件"产品调整实施"的发生概率 $P(y=1)$。

表6-1概述了构念的操作化和被选变量的属性、均值或份额百分比，以及在适用的情况下分析数据集的标准差。为估计回归方程，度量变量都进行了z变换，以消除度量不同的影响。

在来自518个资本品生产者的原始调查数据集中，104个样本至少有一个变量有缺失值。最高的无回复项是服务直接营业额的份额 UADL。本章引入了二元辅助变量 KAUADL 来避免无回复偏差的可能性，使那些由于缺失数据而被排除的样本保持在最小数量。对于没有提供服务直接营业额份额数据的样本，我们将营业额设置为 0，在估计回归系数时并不采用。辅助变量 KAUADL 用于获得可能的组间效应。这种方法使 UADL 可以用于逻辑回归模型中，同时尽可能多地保留样本的数目。

使用逻辑斯蒂回归的一个主要条件是回归量的独立性，即它们不能具有多重共线性。多重共线性是否存在的第一个估计是检查 X 变量的相关矩阵。数据显示，在自变量已提供服务的数量 ANZDL 和公司中现存基于服务的商业模式 AVDL 之间，存在相当高的正向双变量相关性。另外，同样要检查估算系数的相关矩阵。该项检查也显示，这两个预测因子之间有高度的相关性（大于 0.5），这就是回归模型中不包含变量 ANZDL 的原因。排除上述变量后，预测因子之间就没有多重共线的迹象了。排除了已提供服务的数量之后，样本的数量没有增加。

2. 模型评估

表 6-2 列出了逻辑回归系数、标准误差、沃尔德检验的结果和比值比。比值比是影响因素解释显著性中发生与未发生的比率。

我们可以通过评价个体效应的重要性或者模型的捆绑效应来检验构念。计算分步逻辑回归的第一步是构造简化的逻辑回归模型，计算它的似然性。第二步是引入全模型中的其他因素，计算全模型的似然性，并比较其差异。由于缺乏单一变量或变量束，用这种方式，拟合优度的任何变化都可以被确定。表 6-3 包括考虑构念的 2.0 风险 [e] 差异值，它们的自由度和结果的显著性。

表 6-2　有形产品对提供服务的适应性

	构念影响因子	回归系数	标准误差	Wald χ^2	比值比差异	比值比
截距		−4.15	1.180	12.353		0.02*
商业模式	AVDL	0.96	0.283	11.5000	是与否	2.61*
投资专用性	KOMPLEXa	1.09	0.305	12.856	是与否	2.98*
	PEMTOb	1.72	0.907	3.597	是与否	5.58+
	PEVEMTOb	0.91	0.946	0.918	是与否	2.48
	EINZELSc	−0.25	0.705	0.128	是与否	0.78
	MITTELSc	−0.05	0.676	0.006	是与否	0.95
风险意识	ANZRIS	−0.04	0.147	0.078	2.0 风险 e	0.96

续　表

	构念影响因子	回归系数	标准误差	Wald χ^2	比值比差异	比值比
创新性服务开发的专业化	PERSDL	0.09	0.143	0.650	6.9%e	1.09
	DLINNO	1.03	0.313	10.752	是与否	2.79**
	UADL	0.17	0.155	1.165	7.5%e	1.18
	KAUADL	0.26	0.434	0.339	是与否	1.29
创新性产品开发的专业化	PERSFUE	0.01	0.150	0.001	10.0%e	1.01
	PERSKONSTR	0.32	0.140	5.247	9.6%e	1.38***
	PINNO	0.73	0.350	4.403	是与否	2.08***
情景变量	ANZBESCHLog	0.43	0.151	8.082	1.2e	1.54**
	BRANCHEMETALLd	−0.64	0.551	1.337	是与否	0.53
	BRANCHEELEKTROd	−1.08	0.746	2.103	是与否	是与否
	BRANCHEMSRd	0.07	0.375	0.030	是与否	1.07
	BRANCHEFZBAUd	−1.63	0.741	4.816	是与否	是与否

表6-3　构念检验

因素（单因素或全部变量）	X^2（变量分步进入/变量全部进入）	自由度	显著性
基于服务的商业模式（AVDL）	11.51	1	0.001
专用性（KOMPLES；PEMTO；PEVEMTO；EINZELS；MITTELS）	22.973	5	0.000
所考虑风险的数目（ANZRIS）	0.078	1	0.779
服务导向（PERSDL；DLINNO；UADL；KAUADL）	14.195	4	0.006
产品导向（PERSFUE；PERSKONSTR；PINNO）	10.372	3	0.016
背景（ANZBESCHLog；BRANCHEMETALL；BRANCHEELEKTRO；BRANCHEMSR；BRANCHEFZBAU）	15.507	4	0.008

三、实证发现和管理启示

（一）资本品行业产品调整的传播

实证分析的目的之一是描述资本货物制造商产品基于服务理念的建设性采用与传播。在被调查的公司中，这一现象是优先考虑的，而且其结果是在一样的。在受访的资本货物供应商中，27.7%的资本货物供应商表示他们已经开始进行建设性产品与服务理念相结合的工作。

在资本品行业中，服务兼容设计活动并没有得以全面推行。实施了产品调整的公司的比重是30%，远低于为其客户提供至少一个服务理念公司的比重（97%以上）。只有1/3提供服务的企业认识到根据提供服务的需求来设计实体产品的必要性。剩下2/3的公司要么认为它们产品和服务的组合不需要调整，要么认为它们的产品是适应服务理念的。然而事实并非如此，因为服务化需要结构性变化，内外部的壁垒会阻碍这种适应。真正适应服务导向思维定式的企业必须认识到它们产品和服务之间的密切联系。在未来，实施产品调整的企业比例的增加将是必然趋势。服务研究可以通过识别障碍、提出明确的策略来为这些公司提供支持，这些策略就会通过产品设计的变化促进实体产品到服务的耦合。

（二）产品调整和专用性

上文假设2认为，服务导向的设计取决于资本品的专用性。产品的专用性越强，企业越有可能通过建设性调整的方式减少产品的专用性。

分析表明，假设2同样也是成立的。在逻辑回归模型中，考虑其他因素时并不需要拒绝该假设。涵盖了专用性的五个因素减少了全模型和子模型的似然性之间的差异，在自由度为5时显著，$\chi^2=22.973$（显著性水平小于0.01）。

当在全模型中看个体因素及其影响时，很明显，产品的复杂性对解释公司调整他们的产品以适应其提供的服务的概率非常重要。如果将一个简单或一般复杂的产品转换为复杂产品时，产品调整的概率会增加2.98倍。这个估计量的错误概率小于0.01%。正向回归系数的假设关系成立。

没有其他专用性因素被证明是影响的重要因素。如果可以接受更大的错误概率，有一个解释因素是"按订单定制产品开发"。当从库存预制品转移到按单开发及制造产品时，进行产品调整的概率增加了5.6倍。然而，必须谨慎地接受这一估计，因为其错误的概率是5.6%。

资本品的专用性是影响公司产品调整决策的一个因素。在假设模型中，根据可重用性、机器和设备尽可能广泛的应用性，公司将努力减少它们的专用性。然而，公司必须同时解决客户需求差异化的问题。一方面，这种考虑适用于产品和服务组合的个性化方面；另一方面，必须根据每个客户给出其商业模式的若干基本要素描述。特性如几何、材料、基于服务的商业模式下的组件和最终产品的质量或产量，只是一个影响方面。这取决于公司在自身商业模式目标的背景下如何考虑各种因素，以找到重复使用和定制配置的平衡点。

（三）产品调整和所有权

上文假设 1 指出，服务导向的设计取决于资本货物供应商所保留的所有权大小，也取决于其提供的服务理念。构念分析表明，作为企业调整产品以适应服务理念的概率的解释变量，基于服务的商业模式的实现是非常重要的。在全模型和子模型之间计算出 χ^2=11.51 的差异（自由度为 1），并且在 0.01 的显著性水平上，AVDL 减少了差异。正向的回归系数显示了假设关系，因此不应拒绝该假设。当回归模型中包含其他影响因素时，服务导向设计的应用同样正向取决于基于服务的商业模式。当公司的服务组合缺乏先进的服务理念，然而至少应用一种基于服务的商业模式时，它调整产品以适应服务的概率就是那些缺乏任何基于服务商业模式的公司的 2.6 倍。

从传统的以产品为中心的商业模式到基于服务的商业模式的转型需要重新分配实体产品的产权。在定量调查中，我们可以观察到激励结构的变化。以上分析中好的结果是实施了基于服务的商业模式的公司可以被看作调整产品以适应服务提供的先驱，而这种商业模式催生了产权分配的变化。这类企业进行设计改变来支持其服务提供的概率是那些专门提供没有任何产权变化的传统服务的企业的 3 倍。然而，即使在实施基于服务的商业模式的企业中，也只有 1/3 的公司表明它们已经调整了产品以适应服务需求。

那些从传统的以产品为中心的商业模式过渡到基于服务的商业模式的公司应该向已调整的公司学习，从其已经变化的业务状况中总结经验。准确地说，供应商应该明确它们实施新的商业理念所追求的目标，并且带着对新目标的共识和各方的共同责任，在所涉及的部门中落实这些目标。这样做既可以减少内部障碍，又可以将员工的创造力（如设计部门的创造力）引导到服务需求上来。

（四）产品调整和风险意识

上文假设 3 声明，服务导向的设计取决于先进服务理念提供者的风险意识。然而数据表明，考虑到的风险数量并没有对调整产品适应服务理念的概率产生显著的影响，因此我们拒绝该假设。

在该假设中，销售公司的风险意识与他们对服务理念下的产品做出结构性改变的概率有联系。在基于服务的商业模式中，他们的职责发生改变，产品产权也重新得到分配，供应商和客户可能会遭遇大量传统商业模式中没有的风险。因此，模型假设服务理念使供应商对风险的敏感性不断增加，为使风险最小化而调整已有商品。上文讨论的资本品专用性的减少使其在产品的第一个生命周期结束后，得到了更广泛的部署和重复的使用，这是基于服务的商业模式中试图降低固有风险的一个例子。

拒绝该假设的一个可能的解释源于那些用来测量风险意识的方法。在风险管理活动中，企业可能会考虑到风险的数量来实现构念的可操作化。然而，实施基于服务的商业模式的企业可能不使用结构化风险管理方法来考虑这些与服务理念伴随的风险；相反，它们可能会选择一个管理这些风险更"事必躬亲"的方法，即调整产品去适应服务需要，同时避免"降低风险"的标签。拒绝该假设的另一个可能的解释是对基于服务的商业模式可能存在一个务实的方法。一家公司要对来自客户的临时通知做出反应，仅考虑所调查的固有风险是不够的。然而，当采用一个新的做生意的方法时，一定不能低估考虑所有的机会和风险的重要性，特别是在遇到涉及商业理念的事件时。众所周知，在这些事件中，供应商和客户的产权分配发生了改变。

（五）产品调整、创新服务和商品的发展专业化

上文假设 4 是指服务理念供应商的专业化和企业调整实体产品满足服务需求的可能性之间的关系。

就企业调整产品来适应其服务理念的可能性而言，批量服务导向是一个重要的解释因素。批量服务导向减少了全模型与子模型似然性之间的差异，$\chi^2=14.195$，自由度为 4 时显著，错误概率小于 0.01%。一个全模型的检验表明，服务创新的个体因素是产品调整可能性的一个重要解释因素。在过去的三年，向市场引入创新服务理念并调整其产品来适应该理念的企业数是那些没有引入服务创新理念企业数的 2.8 倍。

基于调整产品适应服务的似然性构念分析，面向产品创新同样被证明是一个重要的解释因素。产品定位障碍的 3 个因素减少了全模型与子模型的似然性之间的差异，$\chi^2=10.372$（自由度为 3）。通过观察这个全模型可以发现，两个因素显示出对公司调整产品适应服务理念概率的显著影响。制造中参与人员的比例和设计及产品创新中参与人员的比例都是重要的因素：估计错误概率都小于 5%。如果在制造和设计中参与人员的比例增加了 9.8%，产品调整的概率就会增加 1.4 倍。如果一家公司被认为是具有产品创新性的，也就是说它在过去的三年里将产品创新引入了市场，与那些没有进行产品创新的企业相比，其产品调整的概率会增加 2.1 倍。

事实上，受访企业的产品创新和服务创新都对产品调整有显著的解释力，这与格鲍尔等的发现是一致的。这些研究人员得出结论，对一家工业企业而言，没有必要为了成功提供与产品相关的服务，用服务文化替代现有核心产品文化，这样甚至可能会适得其反。他们识别出一家公司中并行服务导向的引入与典型的生产技术价值观有共生关系。特别是人们必须协调对源于产品导向的效率观念和源于服务导向的灵活追求。产品和服务创新都是产品调整的影响因素。对于开发新产品和改善现有产品来说，收集数据的同时提供客户服务是一个投入因素。此外，产品设计必须以服务友好即很容易提供服务的方式来进行。因此，对于提供服务的企业，更具体地说，对于基于服务的商业模式下的企业，在公司的部门和它们所代表的价值间创建一个强联系就显得非常重要。

第二节　改善服务化制造商的采购和供应商关系

一、概述

一些制造企业正从纯制造商转向解决方案商和服务商，这是通过它们的产品或产品关联来进行的。这种转型需要制造商扩展产品的广度和复杂性以及提供服务。要想实现服务化，制造商通常有必要基于固化的能力积极发展服务能力。事实上，制造商虽然具备坚实技术和产品导向的能力，却缺乏服务导向的能力。

研究人员一般认为，制造企业走服务化道路需要在战略方面、文化方面和组织方面进行转变。

一个特别重要的问题是有关垂直整合的程度，以及为制造商提供服务传递的供应链的组织安排。成功的公司，如罗尔斯·罗伊斯或者戴尔，它们整合了下游销售及售后业务的价值链。然而，内包服务条款（"下游"供应链）指出了那些必须仔细评估的成本和风险。另外，依靠网络合作伙伴和供应商可能会导致了网络和知识溢出效应方面的竞争风险。本节通过对不同案例的研究结果，探讨了生产或购买决策以及服务化情境下服务供给的服务商关系。

二、服务化制造商对开发和交付服务进行生产或购买

（一）"生产或购买"：为什么？为什么不？

制造商将随时间推移的服务添加（和整合）到传统产品中，经常开发融合产品和服务的集成产品，这可能导致那些服务（如由产品保证的功能）成为核心产品，产品本身只意味着启用了此功能。

那些愿意在其所提供的业务中包含服务元素的公司在有关设计及向客户提供这些服务的能力发展方面，将面临"生产或购买"的抉择，这一困境对制造企业生产经营来说并不新鲜，传统上是实物组件、零件或材料的生产或购买。交易成本经济学表明，公司采购决策寻求的是交易成本的最小化，这些成本由搜索和签订合同、向供应商转移信息、监控和执行等活动产生，生产还是购买的决策是由不确定性程度、资产专用性和交易的频率决定的。企业的资源基础观则认为，生产或购买的选择取决于所需资源的性质以及其是否适合企业构建竞争优势。这可根据资源的属性，如价值、稀缺性、可模仿性和可代换性来进行评估。竞争优势实际上是源于由公司控制的有价值、难以模仿的资源。此外，企业经营战略研究强调采购决策和竞争优先级之间的联系。克罗斯和戈什提出了与成本、时间、创新性、质量和灵活性5个竞争优先级相关的19个外包动因。

就服务化和集成解决方案而言，怀斯和鲍姆加特纳提出，"下游"服务的垂直整合（从分销到支持，再到集成解决方案的提供）是帮助企业捕捉有价值收入来源的一种方式，且有利于它们与客户建立长期的合作关系。马修认为，服务开发选项是一个从内化到合作再到外包的连续体。戴维斯等从"系统卖家"的角色概念化"生产或购买"选项，聚焦于能力的内部开发和系统整合，将外部能力开发与内部已有能力进行整合。科沃科夫斯基等认为可以从内部、外部以及混合选项（即核心服务活动由内部和外部同时实施）开发和提供解决方案。

关注产品售后支持的研究证实了一些被视为影响制造商生产或购买决策的因素。这些驱动因素包括服务的业务吸引力、服务量、现有销售分销渠道、产品的替代性、创建直销渠道的成本、对客户支持质量所要求的控制程度。此外，服务化制造商提供的服务元素的范围和特点会影响生产或购买决策。例如，当服务的复杂性和定制化增加时，典型的集成解决方案就需要具备新

的能力，这种能力超出了制造商可在内部开发的范围。相反地，复杂的服务是厂商间主要的差异点，公司也可能倾向于内部开发。

　　总之，企业从内部开发能力（生产选项）可以控制所提供的所有服务和产品。这有利于所有构件的整合，原因是它减少了组织间的协调工作。此外，它有助于创建公司的竞争优势。然而，内部开发拓展了能力范围，使公司更难专业化，相比于从外部市场采购，要实现目标可能会付出更高的成本。

　　另外，从外部开发能力（购买选项）的速度会快于内部开发，降低固定成本。这是一个很重要的方面，原因是公司迈向提供解决方案的结果是不确定的。此外，依赖外部发展能力能够使公司专注于自己的核心竞争力，并利用由所选择的外部专家提供的优势资源来开发和提供服务。然而，购买选项需要协调成本，如果对所提供的服务控制不够，企业将承担合作伙伴的机会主义行为所带来的风险。

　　第三个选项是混合能力开发。在这种情况下，得益于服务开发或经营活动中的协作，或通过知识的交换，企业与供应商或客户联合开发能力，然后出售相关服务，由双方共同或者由其中一方进行交付。

　　服务化制造商选择制造、购买和混合三个选项所具有的优点归纳如表6-4所示。

表6-4　生产、购买、混合选项的各自优点

项　　目	生　产	购　买	混　合
描述	开发内部能力，主要由内部资源支撑服务提供	由外部供应商提供能力和服务，制造商整合这些能力和服务，管理整个服务的提供	联合开发，由制造商或服务供应商提供服务
优点	对服务提供具有完全控制权	对服务的快速开发	制造商对服务拥有控制权和相关知识
	保有竞争优势	压缩固定成本	有限的固定成本（与生产相比）
		通过专业供应商使用优质资源	与专业供应商合作开发优质服务

　　表6-5是派奥拉等的实证研究所描述的制造商在其服务提供范围内，为开发和交付服务元素所采取的方式，他们识别出了服务制造商采用的四个主要战略的属性。这项研究基于24家资本货物公司的案例，各公司的营业额中

来自服务在10%~67%（平均27%）区间不等，四个属性概括了开发服务化产品的主要方法。在生产或购买方式维度，制造商可以采取内部开发（生产）的方法，也可以将能力和外部开发资源组合，或是混合开发。在服务产品供给维度，制造商倾向于或者从一个窄视角注重售后服务，或者从生命周期的视角扩大对客户的活动。四个属性如表6-5所示。

表6-5　生产或购买的分类和服务聚焦的组合

		服务产品供给延伸	
		售后	生命周期客户
生产或购买方式	企业内部（生产）	售后服务卖家	生命周期解决方案卖家
	集成商（混合或购买）	售后服务提供集成商	生命周期解决方案协调者

售后服务卖家这类公司专注于销售和售后阶段的服务业务。它们采取内部能力发展和内部服务供给，提供服务组件的目的在于增加服务产品供给（如文档、信息、私人网站区域）；确保产品的功能（对安装基础的基本服务，如"热线"、诊断、备件、维修和检查服务）。仅在很少的情况下，这些公司提供售后阶段的先进服务，旨在防止产品故障（如改装、远程服务、状态监测服务或流程优化）。

售后服务提供集成商这类公司强调为安装基础提供先进服务，目标是在客户的故障预防处理过程中提高产品的效率。"集成商"一词表明公司对外部提供的能力与内部能力进行匹配或联合开发，以提供给客户服务组件，提供维修和保养服务中的专业技术以及在内部发展客户导向态度。另外，它们往往是通过与经销商及专业服务供应商合作，以寻求外部的服务供给。因此，提供服务组件目的在于增加服务产品提供，还可通过与这些服务的专业供应商合作，提供支持"非所有权"产品的金融服务（出租、按使用付费等）；确保产品的功能；运用维护合同、远程控制和诊断、状态监测等，在客户故障预防流程中优化产品效率。

生命周期解决方案卖家这类公司提供的服务覆盖售前、销售和售后阶段在内整个产品的生命周期。它们强调不通过外部合作伙伴的内部能力开发，但也有例外。

它们的特点是提供支持售前阶段的服务，而这些服务可从内部进行开发，如设计和施工，可能会导致客户生产流程的整体（重新）设计。超出生产设备能力以及维护设备所必需的服务能满足客户对效率提高及整个生产过程有效性的需求。因此，提供服务组件的目的在于增加服务提供；通过基本服务保证产品的功能，运用旨在预防故障（维修合同、远程控制和诊断、状态监测等）的服务来优化产品功能；扩展针对客户活动的服务，旨在运用所提供的产品优化由客户实施的生产流程。

生命周期解决方案协调者这类公司不仅覆盖整个产品生命周期（即预售服务、销售和售后阶段），还通过外包服务对客户负责。例如，这些公司承担为客户运营产品的义务。外包服务责任中的变化会导致"绩效提供"，即客户为处理过程中所达到的绩效付费，而不是为供应商提供的产品或服务支付费用。绩效提供改变盈利模式使金融服务成为必要。解决方案包含的服务组件数量的增加需要集成服务。这包括定制活动使所有产品和服务元素组合在一起，根据客户的需要重新配置。克里斯托弗等使用术语"协调器"定义这些公司，协调器专注于聚合和集成从外部采购的（几乎所有）服务元素，根据客户的特定需求改变和配置服务。然而，设计和施工阶段的服务能力被部分保存于内部，原因是在提供集成服务（定制化）所需能力和支持预售阶段（设计、施工）服务之间存在交叉重叠。

在这种情况下，协调器运转用以部署遍及其合作伙伴的全方位的服务，旨在增加服务提供；为保证和优化产品功能基础，提供基本和先进的服务；承担产品操作和维护领域的责任，推进绩效合同。

上述分类虽然专注单独的服务组件产品，但是在"系统卖家"和"系统集成商"之间的典型差异方面有了改进。实证研究表明，企业往往倾向于两个阶段之一。在第一阶段，公司限制提供支持销售和售后阶段（售后销售商和售后产品集成商）的服务。在第二阶段，它们向整个产品生命周期扩展服务，包括研发和施工服务，直至外包服务。

我们可以观察到，两阶段中的任何一个在原则上都没有优先选择性（制造与购买/混合）。据实证研究可知，践行集成商方式的公司相较所对应的"卖方"（生产）属性（进入"售后"属性阶段的先进支持服务以及"生命周期"属性阶段的外包业务）可以提供更广泛的服务组合，很容易开发出一种多厂商方式，这种方式可以展示出更大的能力以满足客户需求，尤其是在复杂的业务中。

三、为服务化制造商提供服务供应商的关系

（一）服务化中的供应商关系分析

当制造商在它们的产品中求助外部供应商，让其开发和交付服务时，就需要管理参与服务供给的供应商的关系。这相当于前部分所描述的典型售后提供集成商和生命周期协调者角色。求助外部网络以获取复杂解决方案或产品服务系统的知名公司有阿法拉伐、阿尔斯通运输、阿特金斯有线和无线、通用电气、阿奇夏米尔集团、爱立信操作系统、IBM、约翰迪尔、罗尔斯·罗伊斯、西门子、福伊特工业服务等。

众所周知，为保障终端客户交互带来的价值并实现差异化，各公司需要加强对买卖关系的重视。实际上，供应商是制造商完全获取服务化利益的关键资产。马丁内斯等认为："一个公司当转变成为一个产品集成供应商时，对不同客户问题及应用的理解洞察是必要的，这要求供应商及其支持网络之间更大程度地进行合作。"

服务化环境中的买卖公司关系相比传统的与产品相关的上游关系显得更为复杂。此外，最近的研究强调，以全面合作方式处理上述关系很难，制造商担心产生知识的溢出效应。然而，当制造商利用自己的议价能力向供应商转移，同时与服务化产品相联系的风险（如长期、固定价格的维护合同）及信息共享有限时，供应商将不会在最好的条件下提供有效的服务，且这样做将会以牺牲内部效率为代价。

（二）由服务化制造商设定供应商关系

为了描述服务化情境下的买卖关系特征，本书采用加农和佩罗的研究框架，从不同维度分析了买卖公司关系。这些维度"反映了一个特定的买方—卖方关系中的行为和行为预期"，如表6-6所示。我们会对服务化环境中买卖关系的特点做出总体考虑。

表6-6 买方—供应商关系描述维度

维 度	描 述
信息交换	在各方之间公开分享信息的预期。在实践中，这可能包括邀请另一方参与产品早期设计、开放文档、分享成本信息、讨论未来的产品开发计划或合作提供供需预测
运营连接	一定程度上，系统、过程和买卖组织的惯例已被连接到设施运营。在一种极端情况下，这两个组织可以在"臂长"范围内独立运作，没有跨组织惯例和系统。在另一个极端，互耦合系统倾向于隐式或显式地为双方关系指定角色
法律契约	详细的和具有约束力的合同协议明确双方的责任和角色的关系。这种法律契约超越基本义务以及规范商业交换，依据双方所签署正式文件给予保护
关系的特异性适应	根据交易伙伴的需要或能力，对过程、产品或程序进行调适性投资。自适应行为关注关系中一方特定于另一方的个体行为
合作规范	期望交易双方共同合作以实现共同和各自的目标。合作规范并不意味着一方默许另一方的需要，双方的行为方式表明他们明白必须合作才能成功

信息交换减少不确定性能促进有效决策，如在需求预测、产能规划等方面。信息交换维度在服务化情境中比在传统情境中更为关键和重要。由于改进了预测活动、资源和库存规划（如劳动力和备件），双向信息交换允许更大的响应能力和产能利用率（如在产品支持服务中）。此外，来自现场的反馈改善了质量保证管理活动，能促进制造商方面的产品再设计。此外，信息交换使厂商更加了解终端客户，支持营销活动，对新服务更为认同并投身于相关开发活动。

运营连接使信息交换顺畅，而通过信息技术连接企业可以提高效率，如自动化的交易系统、备件要求等。运营连接也促使意图放弃关系的各方提高了转换成本。

法律契约。由于更大的不确定性和交换内容的相关性，公司在服务化情境下更期望依赖关系治理而不是正式合同。法律契约对强化"标准"服务（如由第三方供应商交付的基本销售服务）非常重要，尽管其交流内容非常定制化和特指化，如在设计和施工服务方面，这些法律契约可能是低效的。

关系的特异性适应。服务化情境下相互依存度更高时，买方和供应商就要更大程度地相互适应。这可能需要那些处于关系之外,几乎没有什么价值的过程、程序或工具适应性。例如,采用特定的软件或设备交付支持服务。

合作规范。服务化产品相互依存的属性需要买方和供应商之间的合作和信任,以及买方集成能力的发展,另外更重要的是双方需共同努力以维持关系。

然而,实证研究表明,不只是服务化制造商"单方面"管理买卖公司关系,服务对象反过来也会影响此关系。萨卡尼等(2012)分析了服务化情境下的7家买卖公司的关系,并给出了初步研究结果,案例如表6-7中所述。他们基于理论分析的需要选择案例公司(理论抽样),考虑了更大的代表性。此外,所选择的制造商是公认的行业内顶级公司和知名品牌。相应地,所选定的供应商就规模、服务数量、地域覆盖面和所服务的买家数量而言,都具有很高的代表性。此外,每家供应商与买家都建立了长期的(至少5年)关系。

表6-7 服务化情境下买方—供应方关系分析

买方公司(业务)	供方公司(服务提供)	关系类型
一家成像和打印产业的大型企业,是亚洲跨国公司的分支机构	一家小微企业(技术辅助服务)	近距离服务
	一家小型企业(技术辅助服务,票据打印机集成服务)	合作(效率导向)
	一家小型企业(技术辅助服务,票据打印机集成服务,为摄影家和艺术家提供专业打印和附加服务)	伙伴关系
一家专业清洗的中等规模企业,是欧洲大公司的分支机构	一家小型企业(技术支持服务,保养合同)	合作(效率导向)
	一家小型企业(设计和建筑服务,培训计划,全风险保养合同)	伙伴关系
一家饭店行业的专业设备供应企业,是意大利的中型公司	一家小微企业(安装、拆修服务,保养合同)	合作(效率导向)
一家消费电子和信息技术大型企业,是亚洲跨国公司的分支机构	一家大型企业(客户代理和联系中心服务)	合作(效率导向)

实证案例显示,从基本的售后服务到先进的服务,再到进入客户活动的服务,供应商所需的技术信息与客户的了解程度、业务流程等会越来越耦合。

这需要提高信息交流的水平、特定关系适应性和合作规范。另外，传统服务和标准服务通常与更具事务性质的买卖关系相联系。

业务关系可视为一个具有两个极端的连续体。一端有所谓的公开市场谈判，特点是合作的长度关系；另一端是合作伙伴关系，从长远看，这是正在进行的涉及两个组织的关系，特点是承诺、共同分享风险和回报。特别是整合的第一个方向关注操作方面，如过程联系和信息交流是否满足关系的适应性（即资产专用性）要求以及是否受到各方讨价还价能力影响。同时，第二个方向侧重于信任和承诺的发展，作为共享战略规划的结果，其是通过关系投资和合作规范完成的。法律契约具有密切联系买方和供应商的作用。前者的整合方向是从中长期视角进行定位的，后者具有长期定位。当服务属性较为复杂且定制化，需要对整个产品、服务和客户进行深入认识时，制造商、服务供应商、最终客户等各方之间的伙伴关系就显现出了重要性，且显然有助于服务化发挥益处。这是典型的设计和施工服务，可以使按业绩付费的商业模式成为可能的外包服务。

公开市场谈判或以效率为导向的关系可能适合基本服务，这在本质上是事务性的。知识交流可以局限于非常具体的领域（如金融服务或反应式技术服务），信息交换和运营连接意味着提高流程的效率和速度。从长远来看，这些容许长期合作伙伴关系的建立，且将关系定位于为最终客户提供解决方案，并获取客户忠诚度。

四、管理启示

基于开发和交付服务产品，致力于服务化的制造商可以就"生产或购买"进行选择以及对管理供应商关系的方式进行重要决策。

关于生产或购买的决策，制造商可采取不同的方法促进服务产品的开发和提供与能力开发相协调。外部开发能力在服务化早期阶段是相当罕见的。在制造商所具备的能力加持下，这样的服务会提升盈利能力并影响公司的声誉。扩展面向生命周期服务的服务组合会使公司的关注点远离制造和核心竞争力。因此，只有当拥有资源去面对这样的努力以及当内部开发对构建和保持竞争优势具有关键作用时，公司才应当采取"生产"的方法。另外，外部能力的开发为公司提供了保持组织灵活（通过减少固定成本）、节省时间和避免风险的机会，允许其在特殊能力方面进行更多的专业化。与此同时，经理应该仔细评估能否整合和协调外部合作伙伴方。

如果公司能够从内部构建能力扩大它们的服务供给（经销商和安装专家），那么，公司很容易就能成为售后服务的卖家。当它们决定进一步推进客户活动时，它们可以从以下两方面着手：①继续依赖内部开发能力并维持销售方式（销售生命周期解决方案）；②扩大它们的合作能力，从销售方式转向集成方式（整合售后服务）。但是，如果它们依赖外部开发能力，外部合作伙伴可能会排斥公司。协调活动的进行离不开公司强大的整合能力及其对整个服务的全面了解。当所提供的大多数服务元素成为商品时，协调方法显然是可行的，只有当外部合作伙伴的价值创造网络得以协调和安排时，战略差异化才会出现。

在实践中，当超出单个制造企业的能力，或者从内部提供服务所需的所有活动没有经济意义时，一些典型案例选择外部方式（"全买"或混合）是很常见的。这一原因使几家制造业背景的服务化公司因不具备客户服务相关方面的能力，或不具备客户导向的典型服务组织能力，所以都倾向于外包开发和提供服务。在这种情况下，虽然没有一个最好的方式来管理供应商关系，但是适当的集成水平取决于包含在服务产品中的服务特点。

在服务的作用是辅助物理产品和"必要之恶"的情形下，管理供应商关系要有一定距离感（公开市场谈判）。相反，如果通过基本服务提供支持产品功能的服务，伴随着产生收益潜力的增长，买方—供应商关系的特征将是信息交换（技术更新、备件订单、与执行干预措施相关的数据）和运营连接。这种方式可以提高运营的效率，直接影响提供支持服务的成本和利润（效率导向型关系）。如果服务化公司更加重视支持客户而不是产品，那么，买方—供应商关系的特征将是高强度的信息交换、合作规范和法律契约，从而使供应链参与者的目标与客户满意度和忠诚度相一致（面向效益关系）。如果服务化公司倾向于提供一组广泛的先进服务，目标是向客户提供全面的解决方案，那么公司应与选定的供应商合作，从而精心构建与客户的长期业务关系和竞争优势。在这种情况下，关系是长期的，买卖关系离不开高强度的信息交换、合作规范和信任、运营连接、法律契约和关系的特异性适应。

第三节 优化服务化企业的高级管理会计方法

一、服务化企业的管理会计挑战

莱等人的调查表明，工业企业往往不对产品相关服务业务实施单独收费。相反，虽然制造商为客户提供免费的产品服务，但在产品定价时会加入相关服务的成本。这样就隐藏了服务业务的收益及价值。为了便于工业企业就服务收益和服务成本问题与客户沟通，我们需要一种适当的管理会计方法，以涵盖服务业务的财务和战略特性。

在机械工程、计算机、电子和光学制造业中，有相当高比例的销售额来自服务业务。值得注意的是，在一些产业中，大约有一半的服务收益是以间接计价方式呈现的。在其他制造业中，间接计价服务的份额甚至会超过直接计价服务。由于这种情况的存在，服务业的重要性及制造服务化的相关价值实际上都被系统性地低估了。这就导致了过高的产品价格和较差的服务质量，进而削弱了产品的竞争力并抑制了服务业务的发展。为避免出现这种经常性成本问题，公司需要一种适合制造服务化情形的管理会计方法。遗憾的是，服务企业在管理会计方面面临不少挑战。按照金克尔的分析，一个定制化和有效率的管理会计方法可以确保产品相关服务不会陷入经常性成本陷阱，有助于企业服务业务的发展。因此，企业如何测度服务业务的收益就成了问题的关键。为回答这一问题，我们需要了解产品相关服务的销售机会及其确切的成本结构。然而，评估机会和成本对大部分工业企业来说非常困难，部分原因是，一般而言，服务业务并非工业企业的核心业务。

鉴于以上所述，企业就需要为产品相关服务建立一套系统化的管理会计方法，只因适当的控制方法和流程有助于准确测算服务业务的收入和支出。目前广泛应用于工厂的管理会计实践只是部分适用于产品相关服务。根据金克尔所说，这些方法需面对以下四类挑战：成本会计的挑战、收益监控的挑战、账单管理的挑战、合作服务的挑战。

首先，成本会计的挑战来自下面的事实：在大多数产业中，产品相关服务都是由研发部、营销部或客服部门等间接部门提供，而且相关成本通常是无差别的并被计入经常性成本。此外，各企业也没有能确保服务业务投入充足的专门管理。比如，目前尚未对间接成本施行不同的成本系数，以便区分不同的产品相关服务业务。

其次，收益监控的挑战主要产生于产品相关服务而并非独立销售或以高回报为目标。提供产品相关服务的主要目标也可能是提升顾客满意度或创造出一个产品组合，原因是产品和服务打包的交叉销售效应有助于提升顾客的忠诚度，进而提升产品的市场占有率。在这种情况下，为了提升产品业务销售，只要总销售额能够为投资带来可持续的回报，企业就可以以亏本的方式提供服务。只要追求交叉销售效应和客户忠诚度仍是企业战略的首选项，简单的财务成本和收益因素就不能为产品相关服务提供充分的控制，所以没有必要使用合适的定量测度来保证服务收益的可表达性和可沟通性。聚焦于财务变量的经典管理会计方法实难担此重任。

再次，来自账单管理的挑战。与有形资产相比，产品相关的服务确实很难定价。通过与竞争者比较来测定价值基本上不可能，因为服务质量只有在服务提供后才能实际测度。产品相关服务的提供者需要知道哪些客户群愿意为这些服务付费，以此来确定价格的范围。此外，服务提供者还需要决定是提供完全免费的服务，还是只收取部分费用或收取全部费用，这将决定其成本和边际收益。

最后，合作服务在不同的合作安排方面对管理会计提出了额外的要求。在企业合作中更常应用产品相关服务。依具体的合作类型，提供商可以与客户企业、外包服务商、互补供应商甚至竞争者合作，这是不可避免的或有战略前景的。在这些关系中，如何在各合作者间分配成本和收益非常重要，企业需要与合作伙伴和外界进行适当、充分的沟通。

总结以上四种挑战，我们可以认为由于服务的固有特点，单纯对成本的观察不能直接测算出服务的成本，因此公司还必须考虑服务质量和服务生产率这两个因素。由于后两者密不可分，格罗罗斯和奥哈萨络提出了一个制造导向的生产率测定方法。在制造过程中，投入因素和生产过程可以标准化，生产和消费是两个相互分离的过程。但是在服务过程中，客户活跃地参与服务的生产并作为服务的投入因素之一而存在。因此，投入因素难以标准化，也难以计算。此外，由于客户感知的质量是一个重要的产出因素，因此产出的测度也很困难。由于客户与服务商的互动必须作为投入因素，格罗罗斯和奥哈萨络指出："双方的互动会影响服务的效率。"

总之，本节将给出可操作的产品相关服务的管理会计方法，以帮助企业克服上述提到的四种挑战。

二、生命周期成本法：成本会计和定价

为实体产品追加服务会为提供者带来了额外的成本。例如，提供者必须为员工培训、保养合同和备件合同开具发票。为避免长期负面影响，企业有必要直接为产品相关服务开具发票，以增强自身的竞争力。

然而，为产品相关服务开具发票会面临新的挑战。为计算服务成本，公司需确保服务传递过程的透明，同时也要分析服务的收益。为此，制造企业就得计算产品在整个生命周期内的成本和收益，原因是成本是客户直接可见的，是短期的，但收益往往是客户不可感知的，而且是长期的。

为了分开考虑短期效应和长期效应，企业可以采用生命周期成本法（LCC）。LCC在一个时间维度上考虑成本和收益，并对每一阶段详加考察。它基于产品和技术的生命周期，有助于规划、控制、规制和积累各阶段发生的所有成本。LCC出现于20世纪60年代中期的军事应用，70年代扩展到民用部门。由于其应用广泛，目前的文献中存在好几个关于LCC的定义。依照伍德沃德的观点，最简洁有用的定义来自怀特和奥斯特瓦尔德（1976），他们认为，LCC是指所有用于支持某一项目从其概念产生、生产制造到价值耗尽全过程的资金的总和。基于这一定义可知，LCC的两大特点：一是同时考虑有形资产（如资本或固定资产）和无形资产（如项目或服务）；二是考虑从设备开发设计到报废或更新的全过程的成本。

因此，LCC有助于企业做出更有效的决策，这里不仅考虑初始的投资，还考虑一段时期内的所有未来成本，特别是后者，其可能占到产品或设备部件在用期间成本的很大一部分。LCC可防止企业仅据初始投资而做出不当财务决策，初始成本只是维护项目持续的所有花费中的冰山一角。

此外，对制造商和客户来说，产品生命周期的特点是不同的。对客户来说，产品的总成本和生命周期很重要，所以其采购决策是基于初始投资运作、保养成本和报废处置成本做出的。对于制造商而言，决策影响因素包括规划和开发成本、建造和生产成本、运作和保养成本以及报废处置成本。这一观点也同样适用于产品的服务生命周期。

基于上述分析，LCC也可以应用到服务业务，因为它与实体产品的生命

周期紧密关联。有一个机器人制造商应用 LCC 的范例，其用这个工具软件可以估计整个生命周期的成本和收益。

该分析工具划分了产品生命周期的阶段。各项成本均由使用者的输入数据计算得到，且以一定折现率折算为基期的现值，为达到这一目标，企业可考虑使用 LCC 工具得到以下要素：①投资指产品的购买价格；②初始成本中包括了安装和流程嵌入费用；③运作成本包括直接和间接的劳动力成本、物料成本、直接花费和开办费用；④生产过程中会产生质量成本，这与返工率和废品率有关；⑤保养和维修成本主要由直接劳动、物料或燃料动力决定，并可分为计划内的养护成本、计划外的养护成本（出现故障时）和间歇性保养成本（大型整修）；⑥报废处置成本发生在资产生命周期结束之时，或者直接报废或者赋予其他使用目的；⑦服务成本由生命周期内伴随提供的服务而生，并与服务的种类有关。

为更好地解释这些成本，我们给出一个例子。假设有一家涉及多个欧洲国家的大型全球性机器人制造商，它提供产品相关服务。其客户之一是一家位于英国西北部、拥有 80 名员工的小型钢铁铸造厂。机器人通过接受一种新的技术指令运行，可以根据客户员工的指令进行现场编程，机器人被用于生产流程的后期，以实现生产的自动化和高质量的生产。

该企业是第一次使用机器人，因此需要进行投资的经济性分析。我们使用了生命周期成本法软件。分析的结果如下：8 年内的机器人生命周期成本大约为 49.3 万欧元（已经折算为基期的现金价值），其中机器人购买支出仅占生命周期成本的 8.2%；初始成本和报废处置成本更小，分别只占 1.3% 和 0.4%；运作成本是大头，占到 80.0% 的份额；剩下的保养维修和质量成本各占 7.8% 和 2.3%，如图 6-1 所示。

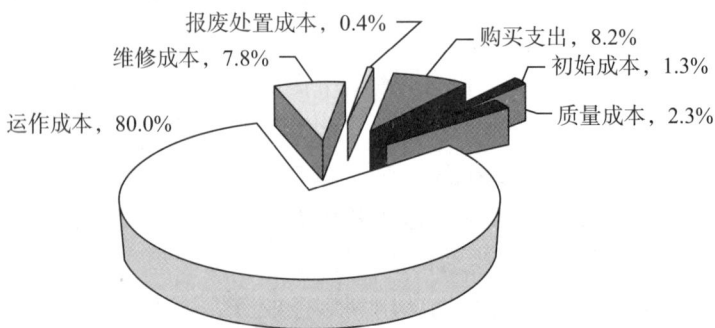

图 6-1　钢铁铸造厂观测机器人的生命周期成本

然后，可以用该软件优化此机器人的生命周期成本结构。为降低三项最大的成本支出：工装更换、报废和维修，可以给客户设计了一个附加服务包，内含培训、保养合同和备件服务。然后，软件比较了客户自我运行与购买产品相关服务包的生命周期成本。结果显示，后者的费用低于前者，从事服务业务是有利可图的。显然，这一工具有助于制造商进行合理的服务定价。

如果员工都得到了专门的培训。培训的成本是 2 500 欧元，假设钢铁部件的总体废品率将从 1.5% 降到 1.0%，此外，培训还使工装更换的时间从平均 30 分钟下降到 25 分钟。最后，备件服务和保养合同一方面延长了平均故障间隔时间，另一方面也减少了平均维修时间（备件随时可用）。平均下来，估计平均无故障工作时间可以从 4 000 小时增加到 5 000 小时，维修时间可以从 18 小时下降到 12 小时。同时，备件服务的价格是每年 2 500 欧元，养护合同的价格是每年 400 欧元。

基于这些新的条件，进行了第二轮包含服务组件的生命周期成本分析，成本状况的对比如图 6-2 所示。图中显示，工装更换成本、废品及维修成本都得以显著降低，其中，工装更换成本从 57 880 万欧元降到 38 587 万欧元，废品成本从 34 072 万欧元降到 22 925 万欧元，备件成本得到完全避免，维修成本的降低最明显，从 37 081 万欧元降到 18 521 万欧元。总括下来，8 年内共节约 54 428 万欧元，表明了产品相关服务的价值。

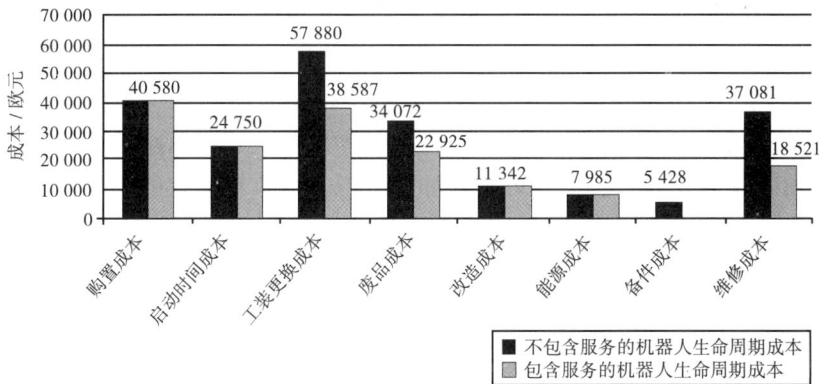

图 6-2　服务包生命周期成本的驱动因素

这些节约的成本将在服务者和客户间分享。8 年内服务包的折现价格大约为 20 900 万欧元，其价值属于供应商，而剩余的 23 400 万欧元的服务价值则由客户获得。可见，生命周期分析法确实优点不少：第一，它有助于企业从成本和收益的角度识别出服务业务的财务效应，从而帮助企业避免经常性成本；第二，它能够估算出服务包在生命周期内不断增长的价值，为服务定价和服务价值的分配提供信息支持。

三、高级会计方法：超越成本和收益的指标

生命周期成本法是企业建立服务化管理会计系统的必要步骤。但是，正如业界经验所示，仅仅考虑成本和收益是不够的，原因是这样无法解释服务的生产率或质量，服务传递系统仍然是个黑箱。因此，服务管理会计需要打开这个黑箱，这样我们就需要新的方法，能以适当的方式在不同的层面测量不同的服务活动。这时服务化企业的高级管理会计系统应该包括成本和收益之外的变量，以测量和控制服务化过程中涉及的所有类型的活动。具体该系统应该包括以下两个层面：在服务业务层面，包括为单个服务项目和整个服务集合做会计，以管理客户服务；在企业层面，会计系统是整个企业的子系统。

这一部分将在每个层次都进行可效仿的管理会计方法分析，通过案例来说明其应用，并解释出现的结果。

（一）服务业务层面的管理会计：功能点分析

为在服务业务层面做好服务的会计管理和控制，被称为功能点分析（FPA）的方法已从信息产业扩展到了制造行业的服务业务。这一新方法的开发者是勒奇和戈奇，该法擅长测量众多的服务指数，从而有助于对服务传递的控制。下面我们用一些例子来说明该法的使用，展示对其结果的解读。

FPA通常用于评估系统的技术功能范围，而最初则被用于测定软件开发项目的相关费用。首先，定义基于需要的分类及其影响因素，接着用功能点（FP）加以评估，如有必要还可实施加权分析。所有功能点的得分总和构成功能规模（FS），可以视为任务或活动规模的计量。可见，该法也适用于制造服务化的服务业务。

为此，将FPA与格罗罗斯和奥哈萨络的投入—生产率—产出模型相结合。使用这一方法是因为服务提供者与客户的交互也影响到服务过程的生产率。由于客户在服务生产过程中的作用，格罗罗斯和奥哈萨络将服务生产过程分解为三个子过程：后台过程，服务者孤立地进行服务生产；服务接触，通过客户和服务者的互动进行服务生产；自助服务，客户使用服务者提供的设施孤立地提供自我服务。

制造服务化的FPA由FP（功能点）和技术—组织复杂性（TOC）因素构

成。这些变量一起构成了功能规模（FS），即服务的范围或支出。因此，得到下式：

$$FS=FPS \times TOC 因素（无维度）$$

这三个指数可用在具体的服务化情形之下。一般来说，功能点测定服务绩效，构成服务投入、生产率、产出因子。具体看，一方面，服务的实际绩效与产出因素（顾客或产品）有关；另一方面，前台感知服务质量和后台不可见的工作需被考虑。功能点不仅能测定服务绩效，还能测定服务给客户企业带来的价值追加。因此，可用以下方式测量绩效：①生产过程中投入的下降；②产出的提高。例如，绩效的变化可能源自物料、能源、人力投入的下降，或者产品质量和数量的提升。客户或产品绩效相关影响因素越强，服务的功能点就越多。

相反，TOC 因素定义了企业提供服务所面临的技术和组织因素挑战。这些因素包括信息系统、人力资源、服务标准化的可能性以及对内外部协调组织的需要。这是一个比较性的指标，常常用百分比来表示。比如，100% 表示平均水平的复杂度，低于 100% 的服务具有低于平均水平的复杂度，高于 100% 的服务具有高于平均水平的复杂度。功能点因素 FP 通过与 TOC 因素相乘实现加权。因此，高的 TOC 会提升功能点，进而提升功能规模。

这三个指标为测量服务及其特征提供了新的可能，可用于测度服务的绩效和复杂度、效率和效益以及创新性。

应用 1：测度服务的绩效和复杂度。FPA 可以显示出服务绩效与服务复杂度间的权衡。FP 能够从产出角度测度服务绩效。因此，FP 越高，服务对客户的影响越大，同时服务对客户的价值也越高。与此同时，TOC 反映了服务提供对技术和组织的要求。TOC 越高，服务提供的复杂性就越高。基于这些指数，我们可以发现两者之间的权衡关系，如图 6-3 所示。

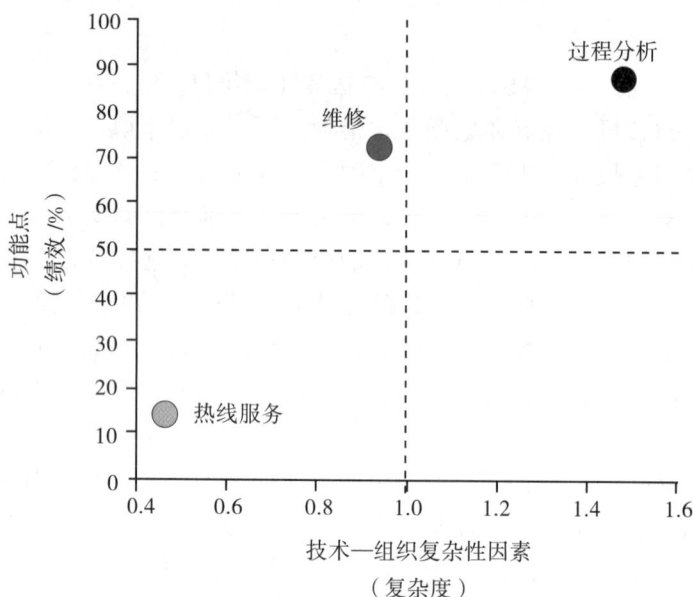

图 6-3　技术—组织复杂性因素（复杂度）

应用 2：测度服务的效率和效益。企业最好是先引入高绩效低复杂性的服务，在服务化的过程中，逐步提高服务业务的复杂程度。高复杂性低绩效的服务显然是最没吸引力的。但是，正如业界实践所显示的那样，在复杂性和绩效之间似乎存在某种权衡，企业需要处理好两者之间的关系。

对制造商来说，测度其服务业务的效率和效益很难。但是，基于唐恩所给的效率和效益的定义，FPA 是可以做到这一点的。唐恩认为，效率是较好地使用资源以达到特定的产出水平。一般而言，效率是通过投入、产出的比较来衡量的。FS 代表了服务的总体范围和程度，可以作为产出指标；而投入水平则可用人力工时来测度。根据以上两指标的关系，我们就可以来测算服务的效率，即每人时功能点数。

与此相反，效益是指特定目标实现的程度。我们需要比较服务业务的目标功能点与达成功能点，来得到服务效益这一变量的值。图 6-4 展示了一个服务效益的图形。图中的深灰色区域代表五项服务绩效指标的目标，这里以百分数表示；浅灰色区域代表各指标的实际达成情况。因此，与深灰色区域相比，浅灰色区域越大，服务业务的效益就越高。图中所示服务的效益为 87.1%。

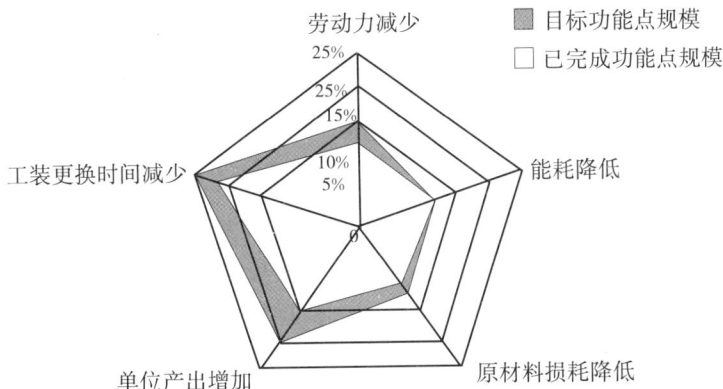

图 6-4　通过目标功能点与实际功能点比较得到的服务有效性示例

应用 3：测度服务的创新性。FPA 也可通过测度服务业务的连续改进或渐进创新来衡量其创新性。这种测评需要跨时期较长的指标。如果企业想分析渐进创新对服务效率的影响，需要分析过去若干年内每人时功能点数的变化。如果该数值不断上升，则意味着出现了渐进创新。举个例子，假设保养服务去年具有每人时 3.4 FP 的效率，而目前达到了每人时 3.9 FP，那么渐进创新的价值就是每人时 0.5 FP。

我们也可以用同样的方法来测度创新性对效益的影响。假设保养服务目前具有 87.1% 的效益值，而从前是 85.4%，那么渐进创新对效益的价值就是 1.7%。

FPA 可以测度制造商服务业务的连续改进，而提升效率的创新与过程有关，提升效益的创新与产品有关。此外，如果过去几年没有创新但仍存在持续改进，其来源应该是知识发展或能力提升。

（二）企业层面的管理会计：平衡计分卡

企业层面的管理会计应该比服务业务层面的更具广阔视野。企业层面的会计系统将服务业务作为整个企业的子系统，并且能为公司董事会提供一些建议。此外，仅考虑供给方的视角并不全面，客户方面甚至社会效应也都需考虑。基于这一背景，在企业层面该如何应对前文提出的挑战呢？

平衡计分卡（BSC）就是合适的方法，它由卡普兰和诺顿提出并应用于绩效测量，金克尔则对其做出了适合服务业务的改造，本章采用的就是金克尔的模型。BSC 目前已得到广泛应用，相关文献可谓汗牛充栋，但我们要应用于产品相关服务的其实是其较为早期的概念。

从 BSC 的经典模型可归纳出四类关键指标：财务方面的、客户方面的、过程方面的以及能力方面的。以此标准框架设计关键指标体系其实也是一种有效的沟通策略。此外,指标间存在一定程度的平衡,如财务指标与非财务指标、超前指标与滞后指标等。战略目标与关键指标间存在因果链。将目标和指标分解整合成一种过程和结果是使用BSC所需面临的一项挑战,也令BSC成为了一种有价值的管理会计方法。

基于集成控制系统的需要,金克尔对BSC的一些特征进行了修改。对愿景战略、关键指标和结果测量的集成使BSC成了产品相关服务评价重要信息沟通的理想渠道。因此,由于BSC方法的流行度和可接受性,基于BSC的控制方法在企业内部沟通及与潜在客户、供应商或融资者的沟通中都起到了积极的作用。

为了开发一套控制产品相关服务的BSC方法,我们需要采用交互的开发过程,其重要性不亚于BSC本身。通常,它会改进整个企业的服务导向程度,提升多方参与的决策过程的透明度。当为服务业务评价寻找合适的变量时,企业通常缺乏结构化的重要信息,特别是与此目的直接相关的数据,而不是其他杂七杂八的数据。BSC聚焦于少数关键指标,并会较好地平衡财务指标与非财务指标、超前指标与滞后指标,这有利于数据的收集。

BSC的结构并不严格受限于卡普兰和诺顿提出的四大方面。卡普兰和诺顿提出的只是一个一般性的框架,企业需要根据实际问题因地制宜地加以调整和扩展。对于制造服务化情境下的管理会计实践,企业不仅要聚焦于迎合客户预期,还要考虑到通过企业合作参与产品相关服务决策过程的合作伙伴。而且,企业特别需要识别战略目标与关键指标间的因果关系链,这通常被认为是BSC应用的最大难点。因此,它们首先应确定服务化的战略目标,然后确定一个因果关系链的模板。图6-5给出了一个因果关系图的示例,下文将对其做出详细的解释。本书重点关注的是如何开发一个适合服务化的BSC的过程,而非最终的结果。

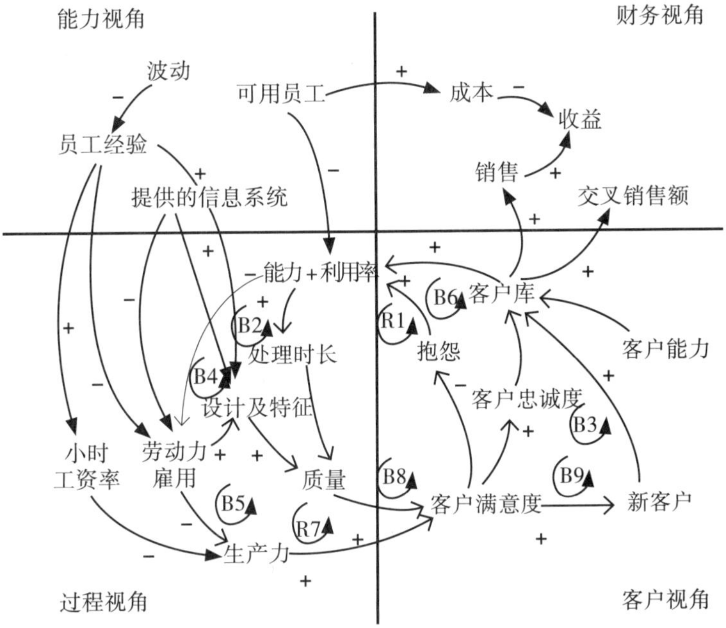

图 6-5　服务导向的平衡记分卡战略目标间的因果关系

当企业基于 BSC 选择服务化战略目标时，关键是要聚焦于有限的重要目标。以能力方面为例，高的"波动"会对"员工经验"产生负面影响，后者进一步影响过程方面的"小时工资""劳动力雇用"和"设计及特征"。大量的"提供的信息系统"会降低"劳动力雇"的需要，但同时提升"设计及特征"。"可用员工"会降低员工个体的"能力 + 利用率"，但会提升服务的"成本"。其他三个方面也可以进行类似的分析。但是，在收集指标数据时，企业需要确保数据成本尽可能地低。

图 6-5 也显示出若干控制循环，可分为"平衡循环"（B，负反馈）和"加强循环"（R，正反馈）。前者触发一个平衡效应，后者触发一个加剧效应。可以使用适当的系统动态模型进行仿真分析，但这超出了本章讨论的范围。我们采用务实的方法，先识别关键指标，再收集相关数据，这一过程对形成具体的措施很有必要。选择测度需要灵活处理，我们将战略目标与运作规划相联系，就可以以可行的方式达成目标。

在选用测量指标时，企业可以借助因果关系链。画因果关系链的主要目的是明确战略目标的效果。此外，图中正向或不被期望的负向影响机制，特别是与 BSC 财务目标相关的部分，需要尽可能地透明，以帮助我们尽快明了战略目标的控制机理，而在战略目标确定之后，也要刻画有限的目标效果，这样总体图形才会比较简洁，也比较容易解读。

因果关系链的分析也有助于回答以下问题：扩展的 BSC 是一个较好的目标交互方法吗？其使用的瓶颈是什么？服务提供的驱动因素是什么？服务化中负面的不利于生产率的因素对服务影响的重要性表现在哪些地方？本节给出的范例显示出了 BSC 在产品相关服务的目标和战略控制中的应用潜能及其可视化的表达特长，可见 BSC 是产品相关服务的一种有用管理会计方法。

第四节 构建产业组织同盟网络

产业组织同盟是指具有战略同盟关系的企业群。这些企业在产权上相互独立，但因共同利益约束而结成同盟。它们可以是前向一体化同盟，也可以是后向一体化同盟；它们之间的联系可以是紧密的，也可以是松散的；它们之间可以互相控股，甚至可以隶属同一集团公司。因此，产业组织同盟将包括集团母公司与子公司之间、战略同盟公司之间的合作，也可以说是核心企业与具有紧密性和半紧密性的合作企业、控股企业以及处于松散关系的协作企业之间的合作。

在激烈的市场竞争环境下，企业保持持续的竞争优势变得越来越困难，同盟中处于核心地位的企业在不断扩张与发展，这要求合作企业要根据总体战略目标制定适应性的发展战略，形成产业共生圈。合作企业在制定保持自身发展战略的同时，也要处理好与核心企业的战略关系。

迈克尔·波特从价值链的角度进行研究认为企业是一个综合设计、生产、销售、运送和管理等活动的集合体，其创造价值的过程可分解为一系列互不相同但又相互关联的增值活动，总和即构成"价值系统"。不同的企业在不同的环节上拥有各自的优势，它们通过合作同盟，促使彼此核心专长得到互补，相互在各自价值链的核心环节上展开合作以达到双赢目的，同时可以在整个价值链上创造更大的价值。

产业组织同盟将产品空间的分化与市场空间价值链一体化有效地连接在一起，将价值链市场渠道、销售队伍、生产设备和技术成果等相关业务单元的活动进行共享，可以有效地降低业务活动的成本。

产业组织同盟可以将知识、人力资源、技术资源、有形资源、渠道资源、货币资源、组织结构、文化资源作为合作的关键要素。核心企业通过协调、共享、转移、组合、创造等形式对知识、人力资源、技术资源、有形资源、渠道资源、货币资源、组织结构、文化资源8个关键要素进行协调，使核心企业与合作企业战略相匹配，各职能部门战略相衔接。合作企业就联合使用商标签署协议、联合开拓市场、联合开发新项目，为了共同的经济利益对多个企业的资源要素进行整合，形成多赢。

同盟中的核心企业在为自身制定战略时，也会为合作企业量身定做战略，使其为同一个战略目标努力。核心企业可能会为了自身发展忽略甚至淘汰某一个合作企业，合作企业为了获得更好的发展空间可能会无视甚至摆脱核心企业的控制，因此会出现战略反协同的情况。为了防止以上情形出现，核心企业在实施战略协同时还应与合作企业加强交流，增强合作企业的认同感和归属感，努力打破合作企业间的"信息隔阂"，协调各利益主体，从而达成"多赢"的局面。

以中关村产业技术联盟联合会（以下简称"联合会"）为例，该联合会是中国首家以产业技术联盟为会员单位并且具备社团法人资格的科技创新型社会组织，是中关村示范区重点扶持的两大"枢纽型"社会组织之一。联合会是在中关村管委会指导和支持下，由活跃在中关村的十余家产业技术联盟自发组织成立的。截至2016年底，联合会拥有会员单位172家。这些会员单位关联了近万家企业（包括小米、百度等世界一流的高科技公司）、数百家大学和科研院所（包括清华大学、北京大学等著名学府，中国科学院、中国工程院等著名研究机构）及其他社会组织。在前沿信息、生物健康、智能制造和新材料、生态环境与新能源、现代交通、新兴服务等中关村重要优势产业领域，都具有极大影响力。

作为中关村唯一以产业技术联盟为会员的社会组织，联合会围绕中关村示范区创新发展的中心任务，构建了联盟与政府、联盟与联盟之间跨界融合的生态系统，并成了联盟与其他社会组织之间沟通的桥梁。联合会可以促进联盟参与国家重大项目顶层设计，提升联盟的全球竞争力和影响力；发挥联盟技术龙头作用，参与地方建设；推动联盟利用科技金融工具，开展产学研用合作、产业链协同创新，培育优势产业集群；推动联盟信用评价体系建设，树立联盟品牌形象；指导新联盟成立，规范联盟发展，提升联盟运营服务能力；全面做好行业服务和政府支撑工作，为中关村产业技术联盟和重点产业集群创新发展贡献力量。产业技术联盟是通过搭建科技服务管理平台，形成产学研多机构的协同创新与跨界整合，是技术型的产业组织同盟。

第五节　加快制造业服务化政策创新

一、组织实施制造业服务化科技专项

面对制造业服务化的趋势，包括发达国家在内的许多国家开始加快组织推进制造业服务化工程。美国将制造业服务化称为基于服务的制造，从2002年开始，美国国家自然科学基金把针对服务工程的ESS项目作为重点领域；欧盟在第六框架中把网络化环境下的协同设计与制造作为重点业务进行研究；日本将制造业服务化称为服务导向型制造，并开始资助相关智能制造系统方面的研究。面对全球制造业发展的新趋势，我国应把推进制造业服务化作为一项重要内容全面部署。

在制造业服务化转型过程中，企业面临着一系列重大科技问题，这些问题既涉及制造业本身的产品和技术创新，又涉及交付、运营、维护等活动，具有多学科交叉、多技术集成、多因素响应等特点，制造服务技术已成为许多国家科技布局的重要领域。当前，国家和地方在制定科技发展规划时，在经济领域仍从传统三次产业分类体系的角度思考和布局重大科技任务和重大专项。在当前制造与服务加速融合、制造企业不断拓展服务业务的背景下，我们需要调整和转变科技领域重大任务安排的思路，把制造业服务化面临的重大科技和产业化问题当作重点领域。在基础科学研究领域，我们要把握全球服务科学刚刚兴起的机遇，把服务科学作为重要研究领域而加强前沿部署，加快建立中国的服务科学理论体系。国家重大科技专项涉及制造业和服务业发展领域，所以企业要充分考虑制造业服务化转型所面临的重大科技问题。在国家重大科技基础设施建设布局中，要围绕制造业服务化转型的重大技术问题，瞄准世界科技发展前沿，加快重大科技基础设施的部署，掌握一批拥有自主知识产权的高端、核心技术。

进入21世纪以来，国家对制造业服务化相关的技术进行了布局。根据当前全球制造业服务化转型的趋势，在国家科技发展战略布局中，应设立推进制造业服务化转型的重大科技专项，围绕制造业服务化转型中的在线维护、电子商务、物流配送、系统集成等领域，支持相关企业开展重大技术研究、商业模式创新、标准规范试点、行业区域示范，探索重点制造业的服务化转型模式，加快我国制造业服务化转型的步伐。

创新能力建设是国家创新体系的重要组成部分，我们要通过构建一批能够整合创新资源、聚集创新人才、支撑创新能力建设的国家创新平台，夯实我国自主创新的基础。当前，我们要结合我国制造业转型升级的要求，围绕制造业服务化的重大和关键技术瓶颈，以企业为重点，建设一批国家制造业服务化转型的创新基地，建立商业模式创新与服务创新工程试验室。另外，我们还要结合国家区域发展总体战略，围绕制造业城市向服务业城市转型的目标，建设一批国家制造业服务化示范区和示范城市。

二、构建科学反映产业发展的统计和分析新体系

关于当前经济统计问题，法国前总统萨科齐说："我坚信，除非我们改变衡量经济表现的方法，否则我们不会改变自身的行为。"对三次产业分类体系的统计及据此对产业结构的演变规律和趋势的分析始于 20 世纪 30 年代，"配第—克拉克定理"是这一时期有关经济发展同产业结构变动关系的经典理论。三次产业的划分是在对各国经济发展历史研究的基础上提出的，它将人类社会生产活动的发展划分为三个阶段：第一阶段以农林业生产活动为主要特征，第二阶段以工业化（制造业、矿业）为主要特征，第三阶段以大量资本和劳动力流入服务业为主要特征。当前，随着制造业与服务业加速融合，这一传统的分类体系和基于这一分类体系所形成的分析方法正在阻碍人们对产业结构演变规律的认识。其局限性主要表现在以下几方面：首先，三次产业划分法将整个人类活动中的非直接物质生产部门统一归集于第三产业，近年来第三产业快速扩张，其内容过于宽泛。随着从事物质生产的制造业分工细化，辅助提升制造业生产效率和发展水平的相关生产性服务业（涉及金融、物流、维护和系统集成等）不断从制造业剥离，被纳入第三产业统计范畴，这样就在统计上弱化了制造业作为物质生产部门在国民经济（GDP 和就业）中的地位和作用，不能系统反映物质生产部门的真实状态。其次，产业划分应当以人类生产活动的阶段性和层次性发展规律为基础，阶段性反映产业更新，层次性则表现为产业升级。但是自 20 世纪 80 年代以来，全球主要发达国家以三次产业划分法来反映的产业结构表现出了显著的稳定性和趋同性（三次产业比例大约为 75 ∶ 20 ∶ 5），而经济发展的真实情况是不同国家第三产业内

部的结构已发生深刻的变革，这种变革代表了不同国家产业发展的不同阶段，但现有的三次产业分类体系却难以体现，不能反映各个国家产业结构的内在差异性。例如，第三产业的不同行业差别很大，包括了技术要求最为简单的劳动密集型产业（餐饮、娱乐）、技术要求最为复杂的知识密集型产业（会计、咨询）等，这种传统产业分类法已经很难适应当今经济发展的需要。最后，三次产业分类是建立在对物品和服务进行分类的基础上的，随着制造业与服务业加速融合，服务与制造的界线越来越模糊，传统的三次产业分类不能反映这一新的趋势，面临产业融合的巨大挑战。我们需要建立新的统计体系和分析体系，以帮助我们认识产业结构真正演变的趋势和产业竞争的格局。

建立新的产业分类体系的核心是对现有三次产业分类体系中的第三产业进行细化，这种细化应当遵循两个原则：一是能够反映一个国家经济结构，包括服务业内部结构的变化；二是能够反映不同产业部门的经济性质。不同的服务部门在不同的经济发展时期有不同的增长趋势，这反映了它们与整体经济增长的关系和对经济增长的贡献，对它们进行研究有助于制定正确的产业政策。根据经济发展的新特点，综合其他学者已有的分类并考虑到国际和国内对服务业的分类标准，我们可以考虑把现有三次产业划分为五类，除了传统的以农业为主的第一产业和以工业为主的第二产业外，把生产性服务业划为第三产业，把公共服务业划为第四产业，把个人消费服务业划为第五产业（如表6-8所示）。生产性服务主要是指金融、保险、物流、电子商务、会计、法律等中介和专业咨询服务等。公共服务包括政府的公共管理服务、基础教育、公共医疗和社区服务等。个人消费服务包括娱乐、旅游、商品零售等服务。

表6-8　五次产业划分方法

	产　业	内　容
第一产业	农业	林业、畜牧业、水产养殖业等
第二产业	工业	采矿、制造、建筑等
第三产业	生产性服务业	运输、仓储、通信、商业、金融、咨询、法律等
第四产业	公共服务业	医疗、教育、政府、社区等
第五产业	个人消费服务业	家庭服务、旅馆和饮食业、修理服务、娱乐和休闲等

如果用新的五次产业分类体系重新分析各国产业结构的演变，将会得到不同的产业结构演变的规律和趋势。尽管发达国家的工业在其国民经济中的

比重（GDP 和人口）有所下降，但支撑工业发展的生产性服务业的比重（GDP 和人口）在持续上升。工业和生产性服务业作为物质生产部门最核心的组成部分，是观察各国产业结构演进规律的重要基础，只有从这个角度切入才能减少对发达国家产业发展规律的误读和误判。按照三次产业分类体系，在过去的 30 年里，美国物质生产部门（工业）在 GDP 和就业人口中的比重是在不断减少的；而按照五次产业分类体系，其物质生产部门（工业和生产性服务业）在 GDP 中的比重则是在不断增长。

世界潮流浩浩荡荡，面对世界制造业发展的大变局，企业或故步自封，不为所动；或挺立潮头，振臂高呼；或困惑彷徨，不知所措。我们看到了转型时期观念上的激荡交锋、政策上的激烈辩论、理论上的百家争鸣。然而，各国的实践和历史的经验表明，只有准确把握历史前进方向的国家，才能引领时代大踏步地向前发展。21 世纪，随着信息化浪潮席卷全球和产业之间加速融合，新的产业组织形态不断涌现，竞争格局持续调整，各国面临的最大挑战是有可能丧失最难得的发展机遇，跨越的机遇与掉队的风险并存。观念决定结果，思路决定出路。客观判断形势，准确把握趋势，积极应对挑战，是正确决策的前提，是积极行动的基础，是引领发展的保障。面对全球制造业转型的新趋势，每个决策者将在引领与跟随、变革与固守、跨越与渐进之间，做出艰难的选择。

三、推动产品附加服务的互动创新

在运营过程中，大部分制造企业致力于向市场推出符合消费者需求的产品。然而，近年来，制造领域内市场争夺战激烈，企业产品多缺乏差异化的特征。制造行业的利润空间被逐步压缩，部分擅长经营的企业开始推出优质服务，围绕产品输出，向消费者提供配套服务，从而增加自己的利润，并逐步形成完整的发展模式。

制造企业在运营过程中将产品与服务结合起来，能够使企业更加从容地应对现阶段激烈的市场环境。具体表现为以下 3 个方面。

第一，企业不再仅仅依靠产品开展运营，而是能够将产品与服务连接起来，精确瞄准目标消费者，从产品销售中获得更多收益。

第二，企业可涉足与产品相关的服务领域，突破传统发展模式的局限性，增加利润来源渠道，并通过这种方式提高企业运营的安全性。

第三，在向消费者提供产品配套服务的过程中，企业可以获取消费者的需求变化信息，明确消费者对当前产品的接受度，使自身与消费者进行深度沟通，增强用户黏度，进而及时感知市场需求的变化，并迅速采取合理有效的应对措施。

（一）产品附加服务创新模式

产品附加服务创新模式的典型实践代表为汽车 4S 店，如大众、丰田等汽车生产企业，不仅为消费者提供汽车产品，还要求其服务人员接受公司的规范化培训，并开设标准一致的门店，根据消费者需求，为其提供汽车检修、保养等多种服务。

国际商业机器公司是计算机产业的领军企业。如今，该公司在保留主机与高端服务器生产的市场地位的同时，在多个产品业务上降低了投入，转而加大了对服务部门与科研部门的投资力度，聚焦于信息技术服务及方案的提供，并在世界范围内成了首屈一指的企业。这个传统制造企业一直通过上述方式保持蓬勃向上的发展姿态。

海尔公司也是产品附加服务创新模式的实践代表。海尔通过向消费者提供优质、周到的服务，在与同类企业的竞争中处于优势地位。

（二）产品服务融合创新模式

产品服务融合创新模式与产品附加服务创新模式不同，后者指运营方通过为用户提供相关服务提升其消费体验，助力于产品推广与销售，前者则是将产品与服务融为一体。其中，高品质的产品可以为消费者的服务获取提供平台支持，与此同时，高品质服务可以进一步促进产品价值的体现，从整体上提升消费者体验。企业通过将产品与服务融为一体，逐步建立起闭环生态体系，提高了消费者对自身产品及服务的依赖性，降低了用户流失率，通过持续进行产品与服务的创新，积累了自己的优质粉丝客户。

该模式的最佳实践代表当属苹果公司。苹果在早期发展阶段持续推出新产品，其中不少产品在概念上十分前卫，然而，这种发展模式给用户留下的印象仅停留在苹果擅长的科技研发层面上。后来，苹果推出 iPod 多媒体播放器，其音乐软件 iTunes 也随之面世，该软件的推出彰显出了苹果 iPod 的差异化特征，苹果的知名度也大大提高。苹果的应用软件商店 App Store 为用户的应用下载与安装提供了极大的便利，增加了苹果手机的附加值，不仅如此，其还通过推出高质量的 App，提高了消费者对苹果产品的黏度，也确立了苹果的优势竞争地位。

四、推动服务附加产品互动创新

(一) 服务附加产品创新模式

采用服务附加产品创新模式的企业早期是通过输出优质服务发展起来的，运营获得客户认可并与客户达成长期合作关系后，部分企业就以平台优势为基础推出自己的产品。以沃尔玛、家乐福为代表的流通企业是该模式的实践者。此类企业围绕服务提供开展运营，第三方品牌企业的产品通过它们的平台化运营面向消费者，而在销售之外，这些企业还承担了产品包装、配送、售后等一系列服务。这类企业的运营得到市场认可后，它们便可推出独立品牌的产品。例如，沃尔玛销售的产品中有许多是由企业自己推出的。

(二) 服务产品化创新模式

近年来，越来越多的服务企业开始向垂直方向延伸自己的业务，服务产品化成为众多企业的选择。

在采用服务产品化创新模式的众企业中，具有代表性的为信息技术企业。以谷歌推出的安卓系统为例，该系统为世界各地的程序开发者提供了接口，经过长时间的运营，逐步形成了完善的服务生态。与此同时，外部的设备制造商也可在该平台上推出产品。因此，谷歌的安卓操作系统成了许多终端产品的服务平台，其系统应用也越来越普及。

同样具有代表性的例子还有亚马逊，该平台上线电子书出售服务后，又推出了电子书阅读产品 Kindle，用户可通过该产品搜索并下载来自多种渠道的电子书资源。通过一段时间的服务运营，亚马逊在电子书市场居于优势地位。其 Kindle 阅读器因拥有较高的性价比而得到消费者的广泛认可，与此同时，Kindle 用户也增加了对电子书的购买量。

产品服务化与服务产品化之间存在共性，二者都能创建开放性的完整生态体系，在这个生态体系中的服务及产品提供者、同类竞争企业，以及用户群体等之间存在不同的利益关系，而在这个生态体系中占据主导地位的企业则能从中收获诸多益处，从而获得长远发展。

经过简单的梳理，我们即能够对服务与产品组合形成的多元化商业模式有总体的了解，不过，经营者不仅要把握当前的发展情况，还要对未来的发展趋势有所认识。

一方面，近年来，国内经济发展与改革日渐深入，消费者开始掌握更多的选择权，同时对产品与服务的附加价值提出了更高的要求。在这种情况下，企业仅靠传统的业务发展模式，显然无法适应市场需求的变化。因此，企业要提高内部资源利用率，突显自己的竞争优势，就必须对原有模式进行创新，从而提高整体效益。

另一方面，企业在产品与服务创新上体现出如下发展趋势。

第一，"产品互动创新模式"趋向"产品服务融合创新模式"，由于产品的生命周期越来越短，而且不同企业间产品的差异性逐渐模糊，企业难以通过壮大自身经营规模、简单增加产品种类来突显自己的竞争实力，实际产品的运营无法再彰显企业的品牌特色，相比之下，服务的提供更能提高企业的产品价值。在此趋势下，传统制造业开始认识到服务的重要性，引进更多的服务内容，提高服务质量，灵活采用服务方式，从而推动自身的转型。

第二，"产品服务融合创新模式"趋向"服务产品化创新模式"。该模式的实践集中体现在互联网领域。很多互联网企业在当前以服务创新为主导业务，这类企业面向市场迅速推出各类服务，然后通过第三方制造企业的终端设备触达用户。随着互联网的高速发展及普遍应用，前者的服务提供及作用发挥受终端运营的局限越来越明显。当企业的服务获得消费者的高度认可时，它们便可顺势推出自己的独立产品。产品的推出也能助力企业服务的推广与销售。

未来，采用"产品服务融合创新模式"和"服务产品化创新模式"的企业将在市场上占据主导地位，届时，产品与服务之间的分割状态将被打破，企业在壮大自身经营规模的同时，会进行模式上的创新，企业之间的竞争将聚焦于细分领域。如此一来，消费者就能够获得与自身需求相对应的高品质产品及相关服务。

第六节　加强制造业与生产性服务业的互动融合
——以河南省为例

一、河南省制造业与生产性服务业互动发展的影响因素

（一）政府行为

政府在市场经济中扮演着重要的角色，政府行为极大地影响着一个地区、一个国家甚至全球的经济发展，那么自然也会影响到制造业与生产性服务业

的互动发展。政府可通过制定相关的政策法规，积极培养引导优秀人才，为生产性服务业与制造业的互动发展创造出良好的外部环境。遵循市场经济规律的政府行为可以强化市场监管责任，严厉打击违法乱纪、弄虚作假行为。另外，实行更合理的、支持两者互动发展的财税政策可以更好地发展生产性服务业，提高其服务水平和专业化水平，促进制造业企业的良性发展，最终促使生产性服务业与制造业顺利互动发展；实行违背市场规律的政策则无法对两者的发展给予积极的支持，甚至会阻碍生产性服务业与制造业的发展，最终影响经济的发展。

目前河南省对生产性服务业发展没有充分重视，发展生产性服务业的制度性障碍较大，部门垄断严重。目前河南省的交通运输仓储、邮政业、金融业等仍以国有资本为主，而且生产性服务商还无法享受制造业外资企业的优惠待遇，导致工业园区内的配套生产性服务业不够完善，不能及时地为制造业提供服务，严重阻碍了制造业的发展。

（二）资本

制造业的发展为服务业提供了丰厚的资本、先进的技术，有助于其高效地开展业务。例如，通过计算机网络，在世界范围内开展的金融业务能够在几秒钟内完成，改变了整个金融业的面貌。各种知识、信息在产业之间扩散，服务业可以借鉴先进制造业的运营管理知识，如准时生产、标杆管理、流程再造等，这些管理知识有利于提升服务业的服务质量和服务效率，进而为制造业提供更专业、更优质的服务。另外，服务业中的金融业可以为制造业提供丰富的资金，满足制造业部门发展过程中的资金需要，有助于制造业企业的人才培养以及企业的技术研发和自主创新，最终促进制造业的改造升级。

河南省三次产业固定资产投资上升速度最快的是第一产业，其次是第三产业，第二产业较低，但第二产业的固定资产投资比重最高。另外，从河南与全国的比较来看，河南第三产业的投资增长率水平低于全国的平均水平，说明河南目前仍以制造业投资为主，第三产业的投资偏少。河南省金融业快速发展，但河南短期工业贷款占短期贷款总额的比重低于全国平均水平，河南省制造业的外部资金来源比重较低，制造业企业可以利用的资金有限。

（三）市场需求

随着经济的发展、市场竞争的加剧，制造业为了降低成本，不断将其内部非核心活动外包出去，或者把制造环节外迁，留下生产和运营总部，这些外包出去的活动则引发了制造业对金融业、技术服务业、信息服务业等生产性服务业的需求。根据投入产出表的数据对生产性服务业与制造业的关联性进行研究可知，制造业是生产性服务业的主要需求部门，而且其他服务业对生产性服务业也存在大量需求。因此，如果没有制造业和其他服务业对生产性服务业的需求，生产性服务业的发展也就失去了存在的基础。同时，发展起来的生产性服务业又反过来支撑制造业的发展和升级。金融、信息技术等知识技术密集型生产性服务业支持制造业走资源消耗低、环境污染少的发展道路，如信息技术的发展不仅催生了大量生产信息产品的制造业，还改造了传统制造业的生产经营方式和管理理念，从而增强了制造业的综合竞争力。正是生产性服务业与制造业之间的相互需求推动了两者的发展。

河南正在走出低端制造业，向高端制造业和现代服务业领域进军，这诱发了大量河南省发展生产性服务业的需求。目前河南省各个地区围绕工业基地纷纷建起了产业园区，而园区内的各种生产性服务业也逐渐发展起来，推动了制造业与生产性服务业的互动发展。

（四）劳动力资源

正是由于上述需求推动了生产性服务业与制造业的发展，制造业即开始由劳动密集型转向资金技术密集型、由传统转向高新技术类型。在这些转化过程中，制造业转型升级所需的人力资源主要依靠培养和引进，这就使制造业对能够提高劳动力素质和科技文化水平的服务部门的依赖性增强。克拉克认为，随着国民收入的增加，产业结构会由"一二三"转向"二一三"，最后转向"三二一"，这就是我们所认为的服务经济时代，同时在产业结构转变的过程中，劳动力也在不断流动，首先是工业的发展带动劳动力由农业流向第二产业，进入服务经济时代后，从农业中游离出来的劳动力又逐渐流向第三产业。正是随着工业化进程的加快和服务业的发展，对服务业的中间需求和最终需求的增加带来了新的就业，引起了劳动力的流动。尤其是高层次服务人才进入制造业和服务业后，促进了制造业的研发和服务业的发展，目前对高级生产性服务业人才和专业性人才的需求逐渐增加。因此，劳动力资源的合理流动一方面反映了生产性服务业与制造业的互动发展，另一方面也促进了两者的发展。

从河南省近几年的就业结构来看，农业的就业比重有所下降，第二产业和第三产业的就业比重有所上升，这说明从农业流出的劳动力已经转移到了第二产业和第三产业；但第二产业的就业比重高于第三产业，这表明河南目前尚未进入服务经济社会。同时，这也说明河南省制造业依赖于劳动密集型的工业，而服务业的就业带动作用不强。

但目前河南省高层次服务人才短缺，知识、技术密集型服务业的就业人员远远低于全国平均水平，更远远低于上海等发达城市，那么制造业所需的人力资源、资金、高新技术就很难获得，导致制造业的升级改造只得缓慢进行。因此，劳动力资源的整合将大大促进生产性服务业与制造业的互动发展。

（五）信息技术

信息技术是生产性服务业的核心产业，其发展水平不仅影响生产性服务业的发展规模和结构，还影响着制造业的效率和交易成本。从信息技术本身看，其可以分成两类：一类是承载信息技术的载体，即能够使用信息技术的产品，这属于制造业的范畴；另一类是能够供消费者使用的信息技术，也就是说消费者使用该产品所享受的服务。这些消费者既可以是普通消费者，也可以是企业消费者，这属于服务业范畴，可以说每提供一种信息技术的服务，都有一个使用信息技术的载体，信息技术服务业的发展带动了制造业的发展。信息技术的发展极大地促进了生产性服务业与制造业的互动发展。首先，生产者通过生产性服务业提供的便捷的信息传递和发达的网络技术，能够在生产前更深入地了解市场供求状况，准确把握消费者的需求特征，及时调整生产信息，从而提高企业的生产效率；其次，信息技术的普及有利于企业大大降低交易成本，促使企业之间和企业与客户之间的沟通更加方便快捷，从而促进企业提高整体运营效率，如金融、物流、咨询等服务业领域；最后，信息技术的发展促使形成了更多新兴行业和带来了更多的就业机会，如网上银行、网店等，这些新兴行业为中小企业提供了大量的信息、便捷的服务，极大地促进了企业的发展。目前河南省的信息技术发展较为落后，大多数生产企业自身研发能力依然薄弱。

二、河南省生产性服务业与制造业良性互动的政策

（一）建造促进生产性服务业发展的政策环境

河南省需要做的内容有以下几点：首先，对妨碍生产性服务业发展的法律法规要加快清除，清理现有服务业法律法规中不适应形势发展要求的内容，取消各种歧视生产性服务业发展的有关政策，同时健全生产性服务业发展的标准体系，可以借鉴美、日等发达国家的服务业标准，制定市场准入标准、服务标准和信用评价标准等行业技术标准；其次，积极引入竞争机制，加快

对垄断行业的改革，合理引入民间资本和外资等非公有资本，使其参与到国有生产性服务业企业中进行重组改造，提高服务业的竞争程度，推动产业升级，同时要建立公平、公开、公正、透明、高效的市场监管体制，完善行业的自律机制，减少和避免无序的竞争，以免造成资源的浪费，形成政策限制少、各产业之间共同发展、不同所有制公平竞争的良性发展环境；最后，对有利于制造业升级、增加就业的企业给予税收优惠、放宽审贷标准、设立产业投资基金等，积极促进生产性服务业的发展。

（二）不断加大生产性服务业的开放力度

生产性服务业的适度开放对其发展可以起到重要作用：有利于学习和借鉴发达国家生产性服务业的发展经验，引入先进的管理方法和市场营销手段，逐渐与国际接轨；引入国外生产性服务业发展理念，改变企业对生产性服务业的传统观念，从而提高制造业对生产性服务业的需求层次；可以为河南省相关产业的竞争注入新鲜活力，从而提高河南省服务业质量和整体水平；有利于为专业服务领域培养高级专门人才，提高生产性服务业的整体人才水平。

河南省要积极把握入世的机遇，不断完善政策措施，合理扩大生产性服务业的投资领域；大力吸引国外先进生产性服务业企业来河南投资建厂，设立采购中心、销售中心、研发中心等，提高河南省服务业市场的竞争力，为制造业提供更专业的服务；通过开放市场，引进国外先进企业的管理经验、技术水平、服务品种，提高河南省服务业水平，促进生产性服务业的快速发展。生产性服务业的开放需要有层次，而不是一次性全部开放，可以将一些传统的生产性服务业优先开放，原因是它们发展时间较长，有一定的基础，如交通运输仓储业。另外，河南省可以借鉴国外先进经验、引入竞争机制，发展现代物流业，从而提高其生产性服务业水平。

（三）优化产业布局，鼓励生产性服务业集聚发展

河南省要合理引导制造业向城市周边集聚，围绕先进制造业基地建立一批生产性服务业园区，引导物流业、信息服务业、金融业等具备比较优势的产业聚集，增强辐射功能，大力发挥产业集群优势；消除对生产性服务业的政策性歧视，在用地、用水、用电等方面给予生产性服务业集聚区与工业开发区同等的政策扶持；打破现有以行政区来划分经济区的格局，围绕中原城市群，合理引导金融业、文化创意产业等现代服务业的集聚，提高中心城市的产业集聚度，增强中心城市的竞争力。目前，河南郑州已经建立起了郑州高新技术开发区，区内有高新区创业中心，新材料产业园，郑州光机电产业

园，中部软件产业园，省、国家大学科技园及郑州生物医药产业园，园区内"985"国家大学科技园为企业发展提供了各种信息服务产品。同时，该开发区内有政府银行、担保公司、物流等各种服务部门，为园区内的企业提供了各种服务，可以说该高新技术开发区已成为一个较为成功的典型案例。

根据河南省地理条件、资源条件和服务业发展状况，可以将河南省服务业划分为优先服务区、配套服务区和特色服务区三个服务业区域。

优先服务区是指经济发展基础好、服务业比重大、区域辐射强、城市人口密集及交通便利的区域。郑州作为省会，有发达的交通优势，是河南省的政治、经济、文化中心，城市化水平较高，因此可将郑州作为河南省的服务业重点发展区域，要鼓励并引导现代服务业集聚，提升传统服务业档次，大力发展金融业、物流业、计算机软件业、文化产业等现代服务业，鼓励发展绿色生态休闲产业。积极引导郑州现有工业园区内高新技术研发机构聚集，提高河南省科技水平、服务成果转化水平，为制造业提供先进技术，促进制造业升级。通过中央商务区、商贸中心、文化旅游中心、会展中心和信息服务基地，提升城市服务化水平。

配套服务区是指人口条件较好、资源环境承载能力较强、具有一定工业基础、能够与郑州地区形成良好发展格局的区域，主要是除郑州之外的中原城市群以及豫北经济区的部分地区，包括开封、洛阳、许昌、平顶山、焦作、新乡、漯河、济源和安阳。该区域具有较强的经济基础，并且各地区也具有当地的经济发展优势，但它们的经济与郑州相比差距较大，尤其是服务业的发展水平，远远低于郑州。为推动郑州现代服务业发展，促进当地制造业转型升级，这些地区应发展与当地制造业配套的生产性服务业，并根据当地经济发展水平有层次地发展金融、文化产业等现代服务业，与郑州服务业形成走廊式发展格局。

特色服务区是指除优先服务区和配套服务区之外，工业基础薄弱、区位人口优势不甚明显但具有其特色产业发展基础的区域。主要包括信阳、周口、驻马店、商丘、南阳、三门峡、淮阳和鹤壁，这些地区经济与其他地区相比较为落后，而且地理位置、交通条件较差，但这些地区近年来依据当地资源优势，大力发展起了旅游业、文化产业等，大大推动了当地经济的发展。

（四）加快制造业产业升级，推动生产性服务业发展

1.抓住产业转移机遇调整产业结构

河南省要牢牢抓住产业国际转移的机遇，既要积极发挥固有的劳动力成本优势，发展就业，带动能力强的劳动密集型产业；又要积极承接发达国家和地区新兴产业的转移，特别是在纺织服装、汽车及零配件、食品、装备制造业等河南省传统优势产业方面，要积极承接国际先进技术，认真学习大型跨国公司的管理经验，不断提高河南省传统优势产业的技术管理水平，推动河南省制造业产业升级。同时，河南省可承接通信设备、新材料、医药制造业等具有高成长性的行业，不断提高河南省制造业的整体水平，促进河南省制造业由劳动密集型向劳动—技术资金密集型发展，推动河南省制造业的改造升级。

2. 延长制造业产业链，促进制造业与生产性服务业相关联

河南省一方面可将制造业产业链向上游延伸，投资原材料生产，加大研发投入，降低企业生产成本，培养比较优势；另一方面可将制造业向产业链下游延伸，积极拓宽营销渠道、培养现代物流业，实现工贸联动发展。引导企业管理创新、业务流程再造，以将其非核心的生产性服务活动逐步分离出来，推动制造业企业内部辅助活动市场化、社会化，延伸制造业产业链，从而促使更多的生产性服务业衍生出来，加强生产性服务业聚集，更好地为制造业服务。基于此，河南省即可逐步将其发展集中于技术研发、市场拓展和品牌创造等活动，培养企业的核心竞争优势，整合配套企业的服务，最终提高制造业与生产性服务业的关联度。

3. 提高制造业自主创新能力，培养大型制造业企业

目前河南省的制造业还处于加工制造环节，缺乏自主创新能力，未掌握行业核心技术，因而难以形成对产品研发、设计、市场营销等关键生产性服务业的有效需求，与生产性服务业的关联性较弱。为了改变这一现状，河南省要加强制造业科技投入，实现科技投资主体的多元化，鼓励制造业企业自主研发和科技创新，掌握核心技术，提高制造业的竞争力，进而加大政府的科研支持力度，促使企业开发具有自主知识产权的产品，加强企业与高校的人才培养，建立"产、学、研"为一体的人才培养机制。同时，依据国内外产业发展形势，根据河南省实际，制定制造业产业发展政策，扩大制造业企业规模，提高市场集中度，推动制造业企业重组和产业结构调整。

（五）重点扶持行业

1. 现代物流业

现代物流业是以交通运输、仓储业和批发零售业为主体的新兴服务业，与其他生产性服务业相比较，该行业感应度系数和影响力系数都较大，可见其对河南省经济发展有重要意义。河南省有便捷发达的交通网络，京广、陇

海、京九、焦柳、宁西铁路通过河南境内，而且省会郑州正是京九铁路和陇海铁路的交汇处，商丘是陇海铁路与京九铁路的交汇处，潢川是宁西铁路与京九铁路的交汇处，还有多条公路线穿越省内重要城市。近年来，河南省还建造了四通八达的高速公路网，这些都为河南省发展现代物流业打下了坚实的基础，可见河南拥有发展物流业的区位优势。

要把现代物流业打造成河南经济的新的重要增长点，需从以下方面着手：在政策上，强化政府对现代物流业发展的引导，打破行业和地区界限，实现物流设施资源的整合和有效联动，建设郑州国际物流中心，发展冷链、粮食、钢铁、医药、邮政等行业的物流，建立集中统一管理的物流协会，努力提高物流服务水准，规范物流业行为；在管理上，加大物流领域的对外开放，积极引进国外先进物流企业的管理经验，提高河南省物流企业的管理水平，并吸引国际知名物流企业来河南省投资建设物流基地；在结构上，通过兼并、重组等多种方式对规模小、设备落后、服务差的物流企业进行整合，组建一批大型物流企业，并努力培育出国内、国际品牌；在装备上，提高物流企业信息化水平，示范性地建设河南省物流联网工程，支持各地建立一批物流行业公共信息平台，将自动分拣系统、自动化货物传送装置、无人车等先进技术应用到仓库建设中，不断提高物流技术和设施的标准化，提升河南省物流业的核心竞争力。

2. 科学技术业

科学技术业包括科学研究和综合技术服务业。其中，综合技术服务业主要是为企业和个人提供管理、法律、会计、咨询、调查、广告、知识产权、职业介绍等方面的中介服务。

制造业要培育比较优势，必须要有科学研发技术的支持，同时辅以配套的综合技术（如法律、会计、咨询等中介服务）。具体而言，通过发展科学研发产业，以信息化带动服务业，以服务业促进信息化；加大对制造业发展具有带动作用的技术产业投入力度，大力发展科学技术服务业，推动制造业改造升级；加快建立以社会研究机构、高等院校研究机构、企业研究机构为主体的服务业生产体系，通过产学研联合，促进科技成果转化和技术交易市场发展，并且以产业政策和专利制度等激励和保护措施推进科学技术业的发展；发展综合技术业，要积极发展科技市场，培育法律、会计等中介服务市场，制定严厉的法律法规，规范市场行为，更好地为企业提供专业化服务，并且积极培育法律、会计等专业人才，成立专业的培训机构，为企业不断输送专业人才。

3. 软件业

据有关数据统计，从20世纪末开始，美国就有大量企业将其软件开发业务外包到国外，印度承接了相当大一部分，河南省也应抓住国际产业转移的机会，积极争取相关业务。目前，郑州市高新技术开发区的"863"软件孵化基地已经成立，丰富了河南的软件市场，但其还在初级阶段，成果尚不明显，所以应给予高度重视，积极发展软件业。河南省应在现有软件业的基础上，鼓励现有企业自主研究并承接软件外包业务；依托高校和现有的人才优势，培养大量专业软件人才，为发展软件业提供强有力的人力资源支撑；建立各种软件学习专业培训机构，培养更多的优秀软件人才；鼓励软件企业以兼并、合资、合作等方式实现快速发展，争取培养出具有国际竞争力的软件企业。

河南省产业结构调整及制造业的升级离不开生产性服务业的发展，而发展生产性服务业反过来又必须强化与制造业的互动。只有制造业分工更加专业化，才能产生更多的生产性服务需求，才能更有力地推动河南省生产性服务业的增长；只有生产性服务业不断发展壮大，才能为河南省制造业提供更多的科技投入和智力支撑。生产性服务业与制造业互动发展既是当前经济结构调整的需要，又是今后经济健康持续发展的基石，因此河南省必须把握全局、高瞻远瞩，只有这样，才能大力促进生产性服务业与制造业的互动发展。

4. 金融业

金融业是一个消耗小但影响力系数相对较高的行业，对河南省经济的发展发挥着重大作用，而且该行业受投资的影响非常明显，可以说是一个投资驱动型的生产性服务业。自20世纪90年代开始，随着国家对金融业管制的逐步放松，河南省的金融业获得了较快的发展，培育出了郑州银行、城市农村合作信用社以及许昌银行、洛阳银行等各个地市级的城市商业银行，而且它们的规模还在不断扩大，已经开始在省内其他城市建立分支网点。

但是，目前河南省金融业的开放程度仍不够高，外资银行较少，而武汉已经有十几家。河南省金融业在贷款、服务品种和服务手段上还是难以满足制造业发展的要求，尤其是大多数中小企业和风险投资行业，它们在贷款融资等方面可选择性很小。河南要进一步发展金融业，应从以下几方面着手：加快推进金融机构的股份制改造，参与市场竞争，优化金融市场，不断探索建立面向中小企业的专门金融机构；在遵守国家有关政策法规并有效防范金融风险的前提下，鼓励民间资本积极投资各种金融机构和金融中介组织；合理整合地方性证券机构，组建综合性的大型证券公司；大力推进金融手段和业务的创新。

（六）增加人力资本投入，增强人才支撑

河南省应依托现有高等院校科研院所和各种社会机构，合理设置服务业相关专业学科教育，发展各种类型、各个层次的服务专业教育，增设紧缺专业，积极培养人才；吸引海外高端服务业人才，针对紧缺的高素质专业人才和经营管理人才制定优厚的激励政策；不断完善企业激励机制，积极推进技术入股、管理人员持股和股票期权等激励方式，为企业引入各种先进入才；发展相关职业培训和岗位技能培训项目，建立健全职业资格标准体系，强化专业能力水平资格认证；不断建立和完善公平、公正、公开的人才选拔机制，甚至还可以通过重奖等措施留住关键性人才。

下篇　经典案例篇

第七章 产品＋运营服务模式

第一节 远景能源科技有限公司
——基于云平台的运营服务

一、企业介绍与产品特征

（一）远景能源科技有限公司

远景能源是目前国内装机规模最大和业绩时间最长的智能风机设备提供商，累计装机超过 2.4×10^6 千瓦。远景能源以"为人类的可持续未来解决挑战"为使命，致力于成为全球最具竞争力且备受尊敬的智慧能源企业，一个代表中国和人类智慧的企业，一个能激发员工创造力、激情和梦想、责任和使命的精神家园。目前在该公司中，国际员工占20%，硕士和博士超过60%，研发及技术人员达到80%。2012年8月，央视新闻联播专题报道了远景能源的智慧创新发展模式。2013年，远景能源位居全国新增风电装机排名前四。2013年12月，远景能源总经理张雷被中共中央宣传部选为"中国梦"创业先进典型人物，《人民日报》、新华社和央视新闻联播等对其进行了持续报道。2014年，全球权威的商业杂志《哈佛商业评论》（英文版）以"下一代人才管理革命"为主题，专题报道了远景能源独特的以解决挑战为导向的人才发展模式。2014年，张雷被《福布斯》杂志评为中美年度创新十人。

远景能源对自己的定位是全球化智慧型企业，目前已陆续完成在丹麦、美国、墨西哥、英国、日本以及我国无锡、上海、北京、南京等地的全球战略布局，研发能力和技术水平处于全球领先地位。远景丹麦全球创新中心是中国风电企业在丹麦最大规模的研发机构。

（二）产品特征

控制技术是各种技术的集成运用。远景能源认为，智能化是未来风机性能与可靠性提升的核心抓手。远景能源针对特定细分市场及特殊客户需求，提供量身定制的风电解决方案，为客户定制高性能风机。远景能源通过将产品和技术分离的异步开发模式，建立了载荷控制设计平台、有限元分析平台等相关的核心技术平台，并且在这些坚实的技术平台支撑下，在很短的开发周期内，就可以完成满足特殊定制需求的产品研发。基于此，远景能源已成功推出了包括1.5兆瓦、2.3兆瓦和3.6兆瓦在内的适用于不同风区和满足不同客户定制需求的风力发电机组产品系列，并获得了市场的广泛认可。

远景能源系列风电机组设计采用的是自上向下的风机研发设计，主要包括系统概念设计、叶片气动设计、动力学结构设计、机械功能设计以及电气系统与控制系统设计。

近年来，通过应用远景能源的技术，风机发电效率提升了15%～20%。据中电投江苏滨海风电场的数据显示，2014年1—8月，该风电场月平均风速仅为5.3米每秒，但远景能源2兆瓦智能风机在1—8月累计利用小时数达到1 608小时，2014年，风电累计可利用小时数超过2 700小时，这个数字不仅在江苏省数一数二，在全国看来也是一个令人羡慕的数字。若要去掉1—2月的调试阶段数据，其结果更令人惊叹。

在场址地形越来越复杂、投资商越来越关注投资收益水平和长期运营风险控制的情形下，智能风机的选用是效果体现最为直接的方式。远景能源产品开发工程副总裁刘曙源说："远景能源智能风机不仅有先进的硬件传感器，还有大量的软件传感器和在航空航天以及汽车行业成功应用的先进控制算法。相比传统风机几万行的控制软件代码，远景能源智能风机控制系统搭载的软件系统代码超过200万行。远景能源智能风机控制系统的价值在于个性化地满足各种风资源的要求，通过提供定制化解决方案促进业主的投资收益最大化。"

远景能源为使机组准确地感知自身的状态和外部环境条件的变化，通过优化调整控制策略和运行方式，其始终运行在最佳工况点。"这也是为什么远景能源在智能风机上采用了先进的测量技术、数据分析专家系统、主动性能控制和基于可靠性的决策算法以及智能控制等多项技术的原因。"远景能源的智能控制技术与先进的激光雷达测风技术相辅相成，让传统的基于"点风"的控制升级为基于"面风"的智能控制。这样不仅能在空间上识别多变的风，还能预测风在未来时间上的变化趋势，加快机组的响应速度。对于桨距角和偏航角的积累误差，智能风机能够自动补偿和寻优，还可以不受瞬时风速波动的影响，使电能的转化贴合风能的实际变化，即使遭遇高风速的载荷波动冲击，也可以自行将其卸载，而且做到高风速持续运行发电。

二、远景能源科技有限公司服务化转型的动因

（一）风电场业主缺乏相应的服务能力

风电机组的正常运行关系到风电场的运营发展问题。风电机组造价高，属于大型复杂装备，其内部的齿轮箱、变流器、控制系统等都十分复杂。风电机组的设计使用寿命超过20年，而保修期一般仅为两年。保修期过后，当风电机组出现叶片断裂、齿轮箱损坏、主轴断裂等故障时，由于这些故障具有一定的专业性和复杂性，因此只有经过系统培训的专业技术人员使用专业工具才能有效地加以解决。并且，随着风电机组运行时间的增加，维护的次数也将增多，维护的工作量变大，维护的成本也会增加。但风电场业主一般缺乏相关专业知识，而且从经济学角度讲，由风电场业主自己培训专业的维护人才并不合理，所以风电场业主往往不具备相应的维护能力。

（二）风电设备制造商具备服务化转型的条件

经过近年来的高速发展，大批风电场建成并进入运营阶段，风电服务市场前景广阔。如前所述，风电场业主往往不具备相应的维护能力，而需要将具有专业性与复杂性的服务业务进行外包。这些庞大的服务需求为风电设备制造商提供了新的利润来源。目前，我国已构建了以内资企业为主导、外资与合资企业共同参与的风电设备制造体系。从风电产业链的视角来看，风电设备制造商的技术研发、设计、制造、售后服务能力有了明显提升，甚至少数风电设备制造商在开发供应适合国内风资源特点的新产品以满足国内风电市场需求的同时，开始向国际风电市场拓展业务。因此，风电设备制造商要想具备相应的服务能力，可以尝试在风电产业链的上游与下游开发多样化的服务业务内容。

三、远景能源科技有限公司服务化转型的模式

要进行服务化转型，就需要了解在整个风电产业链中有哪些环节可以进行服务化的延伸。远景能源就是在深入分析了整个风电产业链后，对关键环节进行针对性的渗透，逐步完成了自己的服务化转型。

风电产业链贯穿于与风电相关的项目前期分析规划、施工建设、运营维护的全过程，涉及风资源测量、风电技术研发、风电设备制造、风电产业服务体系、风电并网等多个方面。其结构错综复杂，构成了一个庞大的系统集合体。从前期的风资源勘测到风电并网，这一过程需要不同的责任主体协同设计、实施细化解决方案。

风电项目准备期包括从项目可行性论证到风电场建设前期诸多环节，主要由风资源勘测与评估、风电场项目建议书、项目可行性论证及风电场规划设计等构成。风电场项目建议书包括项目提出的必要性和依据、投资估算和资金筹措设想等内容。风电场项目可行性论证主要由风资料处理、地质勘查、风力发电机组机型选择、机位优化及发电量估算、风电场接入电力系统及风电场主接线设计、土建工程设计、工程管理、施工组织设计、环境影响评价、工程投资概算、财务评价等构成。此阶段的参与方有风电场业主，设计单位或工程咨询单位，风电设备制造商，国家发展和改革委员会、地方发展和改革委员会等政府部门以及科研机构。在这个阶段，风电场业主的服务需求包括风资源勘测与评估、风电场项目建议书、项目可行性论证、咨询设计服务、风电场勘察及其宏观与微观选址、风电场规划设计等。

风电场建设期分为施工前期准备、工程施工、工程验收三个阶段。其中，风电场建设施工前期准备工作包括项目报建、编制风电场建设计划、委托建设监理、项目施工招标、签订施工契约、征地、现场"四通一平"、组织设备订货、员工培训等。工程施工包括现场工地勘探，基础混凝土浇筑，钢筋绑扎，风机基础环安装，升压站建设，沥青道路建设，组装平台建设，技术施工，风机调试，塔筒、轮毂、叶片、机舱运输（要运抵现场），组装与接入系统，铁塔建设，电气设备安装调试，变电站建设，输电线路铺设，电控系统，风电场调试并网发电，接入电网，以及风电场工程施工过程中的工程施工许可证、工程施工管理、工程施工监理、工程施工质量管理、工程施工安全管理，等等。工程验收包括风电场试运行与验收。此阶段的参与方有施工单位、风电设备制造商，并由监理单位监理。在这个阶段，风电场业主的服务需求主要有工程施工，风电设备选型、采购、运输、安装、调试、检测服务等，以及技术培训，等等。

风电场运营维护包括风电场并网后的日常运营管理、维护等，期间需要保证风电场的正常运营。电力公司主要负责风电场入网、监督与管理投产的风电机组，以及执行并网协议规定的低电压穿越能力承诺。要想实现并网运行，风电场应满足接入电力系统的技术规定，风电机组必须具备低电压穿越能力，否则容易引起大面积脱网。并网运行风电场无功容量配置和有关参数整定应满足系统电压调节的需要，配置的无功补偿装置要切实运行可靠。电力调度机构要加强风电场二次系统监督管理，开展涉网保护定值（电压、频率保护）的核查和备案工作，指导风电场按电网要求进行涉网保护定值整定。

这个阶段的参与方包括风电场业主和电力公司。在这个阶段，风电场业主的服务需求包括风电设备检测检修、报废、回收等资产运营维护管理，备品备件供应、存储，风电机组关键部件监控及故障诊断，并网，等等，其借助它们完成了整个价值链和产业链的运作。

通过分析风电产业的全产业链，远景能源发现，在每个阶段都可以进行服务化渗透，而在产品的整个生命周期内满足服务需求所产生的利润要远远高于销售风电设备本身带来的利润。此外，随着信息技术在风电设备制造商中的广泛应用和风电设备制造商对客户重视程度的不断提高，风电设备制造商已经不再仅仅关注风电产品制造这一个阶段，而是开始将业务范围延伸至产品的全生命周期服务。在为风电设备及项目全生命周期服务的过程中，风电设备制造商不仅可以最大限度地满足客户需求，还进一步拓展了自身的价值增长空间。于是，远景能源提出了"全生命周期服务模式"，从硬件到软件，为客户提供全生命周期一揽子的智慧能源管理解决方案：首先致力于研发高质量的智能风机设备；其次推出基于云平台的 Wind OS™ 智慧风场管理软件，为客户的风机提供实时的在线监控；最后强调基于云平台的风电场设计优化，推出了管理投资风险的"格林威治"云平台。

向产业链下游延伸，远景能源研发的智慧风场软件可以实时监控风机的运行。实时在线服务是指利用现代计算机技术全天候远程实时监控风机运行状况，在风机出现故障前及时预警，以避免客户不必要的损失。该系统能够实时对风电机组的远程状态进行监测，及时诊断故障，这有利于实现对风电场接入机组的远程状态监测与故障诊断，实现对风电场接入机组数据的监测、查询、调用等。通过该系统，一方面，客户可实时了解机组的运行状况；另一方面，远景能源也可以对项目现场的每台机组进行远程实时监控，对一些不安全因素提前做出判断，以便对客户的需求快速做出响应。

向产业链上游延伸，远景能源研发的"格林威治"云平台可以从风资源勘探时就介入整个风电产业，基于与国家高性能计算资源的强强联手，将超过千万亿次的高性能计算资源引入风力发电行业，实现高精度流体仿真和气象模拟，并且基于大数据架构和云服务模式，可以使之分享到整个行业，帮助风电投资商实现全过程掌控项目投资风险，优化资产投资方案。

四、"格林威治"云平台

远景能源开发的基于云平台的风电场设计和投资分析软件——"格林威

治"已经顺利通过了测试，且有了成功的应用案例。与传统的风电场设计软件相比，除了充分利用高性能计算、大数据和云服务等现代化信息手段外，远景能源的"格林威治"旨在基于风电场的全过程不确定性管理，依靠气象模式、计算流体动力学（CFD）仿真模拟和优化发电机的核心技术，为风电场投资评估和风险管理提供了一套标准化的工具方法，为风电产业的发展开启了一个新的时代。

"格林威治"的开发得益于远景能源在全球低风速技术领域的领先探索。这家因为低风速技术突破而改变中国风电开发格局的企业在对低风速风电场项目进行的后评估中发现，在风电场设计过程中，0.1 米每秒的风速误差对应 4% 的发电量误差；相当一部分机位发电量实测值与可研预计值的误差超过30%，风电场的尾流实测误差超过 50%。这让远景能源对传统风电场设计工具的风险有了深刻的认识。通过对国内多个风电场项目进行调研发现，无论是测风管理还是微观选址，无论是机组选型还是机型排布，每家企业使用的工具和方法都各有不同，这也是同一个风电场由不同设计院做出的可研电量会相差 10% 左右的原因。更严重的是，可研发电量和实际发电量的差距更大，有的相差达 20%，部分机位误差甚至超过 50%。这会造成严重的投资失误。

针对风电项目投资无法有效管控风险和有效优化设计的现状，远景能源的总经理张雷决定开发一款类似格林尼治之于航海意义的风电场软件产品，让风电场的设计和投资更精准，为风电行业的投资评估和风险管理找到准绳，也让此产品的平台成为行业利用知识和积累知识的大平台。

于是，远景能源在 2012 年年初启动了"木星计划"。正是这个计划的实施，创造了"格林威治"云平台。有意思的是，当时即便在公司内部，"木星计划"也显得有点神秘。木星是太阳系中一颗巨大的气态行星，覆盖星球的风暴一直在演变。木星的流体模型最为复杂，是云也是大平台，此代号与远景能源开发的风电场设计软件产品比较贴切。为开发这款软件产品，远景能源集团作战，下设风电场解决方案、气象与流场基础研发、软件研发三个团队，值得一提的是，风电场解决方案团队仅在 2013 年就为客户完成了 300 个与风电场设计相关的项目。这些项目均借助远景能源的软件系统完成，而客户会拿远景能源的方案与设计院的方案以及实际运行数据进行比对。这些客户有的已是远景能源的客户，有的还不是，但无论是哪种情况，远景能源都会用心对待。如此多的实际应用给远景能源风电场设计软件提供了多次迭代优化的机会。

中国广核集团有限公司（以下简称中广核）是 2013 年中国新增装机量第一、效益第一的风电开发商。远景能源利用从风场的前期设计管理到智能风机，再到智慧风场的全生命周期管理体系，为中广核提供服务。2013 年，中广核从发电性能、可靠性、检修运维成本等六个维度对所有风机厂商进行了综合评价，其中远景能源超过全球第一大风机厂商维斯塔斯，排名第一。不仅如此，远景能源还帮助了一些风电开发商优化现存的风场资源，让原本效益一般的风场大幅度提升了效益。例如，中国电力投资集团江苏公司一个资源一般的风场经过优化后，成了全省收益最高的风场之一。

2014 年 3 月中旬，远景能源的"格林威治"云平台进入内部测试流程，中广核枣庄山亭 300 兆瓦低风速复杂山地风电场成为其在线测试的重点项目。值得一提的是，这个低风速风电场是中广核精心打造的风电项目，这家公司倾其所有力量来解决这个项目面临的挑战，使其获得了最优的投资收益率。

但实际情况却是，这个项目在设计方案上的不断演变远出乎人们的意料，而"格林威治"是促其演变的直接动因。正是由于高性能的计算能力，其得以首次在复杂大型山地风场采用可以充分反映地形变化的 7 米分辨率高精度 CFD 仿真模拟，识别出了全场 150 个机位中有 48 个机位出现风的负切变现象，而这是最初用传统软件计算没有发现的一个潜在载荷安全漏洞。

枣庄山亭 300 兆瓦风电场项目等于 6 个 50 兆瓦常规项目的体量，工程场址位于低山丘陵，地形复杂，项目设计难度较大。在最初进行的风电场设计中，使用的是业内常用的传统软件，并没有发现机位风的负切变现象。远景能源的发现引起了设计方山东电力工程咨询院的高度重视，这是必须要搞清楚的问题，否则会对风电场的寿命造成严重影响。同样，这也引起了中广核的高度重视。其实，在项目设计阶段，中广核就力邀远景能源深度介入这个项目的解决方案中来，正是看中其在低风速领域提供整体解决方案的能力。但中广核对"格林威治"发现的 48 个机位风的负切变问题还是"半信半疑"，毕竟业内对传统风电场设计软件的计算结果相当认可，而且这类风电场软件出自世界知名的专业软件公司。

远景能源感到了压力，但仍相信"格林威治"的发现及其解决枣庄山亭风电场设计风险的技术能力。在场址地形越来越复杂、投资商越来越关注投资收益水平和长期运营风险控制的情形下，风电场项目投资和设计风险也变得越来越难以掌控，而"格林威治"基于覆盖全过程的完整技术支撑，可以让复杂的事情变得简单。远景能源借助超级计算中心的支持，在中国自主研发的 CPU 阵列上，为枣庄山亭这样一个 300 兆瓦的风电场配置了两种风力发电机。"格林威治"可以在 32 秒内完成电场宏观选址规划，在 30 分钟内完成高分辨率的流体仿真，在 10 分钟内完成支持多机型混排高精度的高度定制优化微观选址；并且可以将远景能源的智能风机特有的风电场协同控制策略融入风机的微观选址排布方案，实现了超过 10% 的发电量提升和用户指定经济性指标的最优化。在一个风电场设计专业人员的控制下，整个风电场设计过程在 1 小时内全部完成。基于格林威治平台规划设计的全过程管理可以将风资源数据误差控制在 0.5% 以内，将机位风资源误差控制在 5% 以内，可以有效规避常见的 12% 的发电量评估错误。

但是，中广核和山东电力工程咨询院并不十分关注"格林威治"的技术水平，而主要关注它究竟能给这次合作带来什么价值。从山东电力工程咨询院的角度看，考虑到在风电场设计上对已有经验和传统软件的信赖，其对"格林威治"计算结果的认同相当谨慎。在这一点上，中广核的想法更坚定一些，那就是要对"格林威治"仿真的结果进行专家评估，绝不能为 48 台风电机组埋下安全隐患。

2014 年 5 月 19 日，中广核组织山东电力工程咨询院、中水顾问集团中南院、法国美迪公司、维斯塔斯、远景能源等 6 个单位的专家齐聚上海，对远景能源"格林威治"发现的 48 个机位风的负切变现象进行评审。在这之前，远景能源已将相关文件提交给了参加评审的专家。最终，评审专家一致认可了远景能源的结论。参加评审会的中广核专家释然了，但也感到后怕：如果不是"格林威治"的发现，后果不堪设想。由此，他们还产生了一个重要的联想：在有些地形复杂的风电场，风机叶片小批量开裂以及叶片打筒的现象是否与机位风的负切变有关？而要回答这样的问题，现在只需在"格林威治"云平台上计算一下，就会一目了然。

再回到枣庄山亭项目，单体 300 兆瓦的风电场位于低山丘陵之中，在已确定的 150 个机位区域，风速范围为从 5.4 米每秒到 7.2 米每秒。这样的条件对机组选型以及风电场设计和经济性带来了挑战，这也是中广核在这个项目中将机组选型作为选择综合解决方案重要参考因素的原因。而 48 个机位风的负切变问题也意味着正在形成中的项目设计方案需要不断调整和完善。需要提及的是，远景能源风电场设计团队针对这一问题进行了深度载荷计算，为枣庄山亭项目匹配了适应负切变载荷的适用性机型。

第二节　富士胶片商业创新有限公司——制造商管理设备服务

一、富士胶片商业创新公司概述

富士胶片商业创新公司是日本富士胶片株式会社与美国有限施乐公司成立的合资企业，到 2021 年，富士胶片商业创新已经有 58 年的历史。自成立之初，公司便确定了其基本哲学——通过更好的交流促进客户和社会的相互理解。它利用静电复印技术，使信息可以在纸上复制，此举革新了办公室工作和信息分享的方式。它不但建立了一项创新性的商业模式——通过租赁服务提供效用，而非提供设备，而且提供了大量的产品和服务以支持客户的沟通和价值创造。富士胶片商业创新的销售和服务区域覆盖日本、中国和其他亚太国家及地区。

二、富士胶片商业创新公司产品特征

依靠强大的产品线及在文档服务和沟通领域的专业知识，富士胶片商业创新致力于帮助客户改进业务流程的效率和沟通质量。不同商业领域的客户有着不同的需求。富士胶片商业创新通过提供不同的产品帮助客户解决了其在文字材料印刷和沟通中存在的问题，这些客户里有中小企业、大企业乃至跨国公司。另外，富士胶片商业创新利用其按需印刷和工作流技术，为数码印刷行业开发了强大的产品组合，这些产品包括单页和连续打印系统。

软件是提供解决方案的另一种重要方式。富士胶片商业创新的软件产品线涉及文件处理、文件管理以及 IT 与硬拷贝设备管理。最近，富士胶片商业创新开始提供基于云计算的服务交付和移动设备应用程序，这主要针对偏好使用先进技术的客户。

三、富士胶片商业创新公司服务化措施与商业模式

（一）复印服务

富士胶片商业创新自从创业伊始便推出了复印机租赁模式，为客户提供复印服务。复印服务具有良好的复印质量、更少的问题、意外情况发生时的

迅速响应、短时间内解决问题等特点。富士胶片商业创新建立了服务架构来实现这项复印服务，具体包括以下几点：①针对定期回访客户的定期维护服务；②开发维保服务，使服务人员能够对客户来电迅速响应；③针对客户的实际使用情况定期提供易耗品，如复印纸、墨粉；④指导和支持客户使用复印机的服务咨询台。复印服务的价值在于提供了一个让客户可以在工作中舒适地使用复印机的环境。它的价格是基于价值的价格而非基于成本的价格。

（二）打印机商业模式

打印机是用于打印纸张上信息的设备，成本包括打印机本身、碳粉和纸张。由于办公打印机提供简单的打印功能，其价值取决于其能降低多少打印成本。基于成本的定价模式被客户广为接受。

（三）分布式打印管理服务

当复印机成为多功能设备并连接到客户网络时，它与打印机共存于网络中。复印机和多功能设备通常由客户的不同部门进行管理，这就导致同厂商的不同产品安装在同一网络环境中，而管理上并未做出相应调整。

文件和耗材成本的增加已成为企业运营中最严重的问题之一，个人计算机和网络的日益普及引起了纸张输出量的增加。为了降低成本，企业有必要弄清楚所有输出设备的成本和数据，如输出设备的数量、输出设备的页容量、输出设备的运行速度和消耗品的费用以及隐性成本，即这些输出设备的IT运营成本、耗材的采购流程，此外，设备的非运营时间也包含在内。对这些设备实施集成管理并降低成本不太容易，原因是企业一般使用的是由不同厂商提供的输出设备。

为了降低成本和有效利用包括复杂输出设备的环境，公司提出了一项新的输出管理服务，它从一个中立的角度优化客户全部的输出环境，这就是"打印管理服务"。今天，许多供应商都提供打印管理服务。自2004年以来，富士胶片商业创新一直为客户提供办公文件管理服务。这项服务是对输出环境下的设备实施全生命周期管理和流程管理，主要包括策略制定、设备选型、设备运行和报废处置。

（四）数字化和网络化的复印机

20世纪90年代，数字技术被引入复印机，其演变是革命性的。多功能化是复印机最显著的变化。也就是说，传真和打印功能被集成到复印机。复印机对传真功能的集成意味着复印机可以通过电话线与外部环境连接；对打印功能的集成使复印机能够连接到网络。复印机不再是任何意义上的独立设备，而成为客户网络环境中的一员。从那时起，复印机就一直被称为多功能设备。

这场革命通过通信线路带来了基于多功能设备的新服务活动。设备制造商远程监控设备状态就是一个使用电话线路的例子。富士胶片商业创新在1995年开始通过电话线提供远程服务，称为电子合作伙伴服务。它可以监测复印机的状态，自动读取每月账单和耗材消耗情况。这种电子合作伙伴服务既是保证复印服务质量的方法之一，也是基本复印服务合同的一部分。从低速的电话线向高速的宽带连接网络的转移使多功能设备和供应商之间的通信成本不断降低。这种变化使实时服务成为现实，如多功能设备的监控和管理。

四、富士胶片商业创新公司服务化过程分析

制造企业的公司文化和员工的心态一般都是努力为客户生产和销售优质的产品。制造业的基本竞争力是开发高水平技术和生产卓越的产品。制造业服务化最近正被关注和讨论，最重要的问题是如何从传统的以产品为导向的公司文化和思维方式转向以服务为导向的公司文化和思维方式。目前，已经有很多关于制造企业服务化水平及其演进方面的研究。根据这些研究可知，富士胶片商业创新的服务化水平较高。

（一）关于服务化水平的几点思考

一些学者从不同角度定义了制造业的服务化水平。图7-1从客户和供应商界面的角度概括了不同的服务化水平。

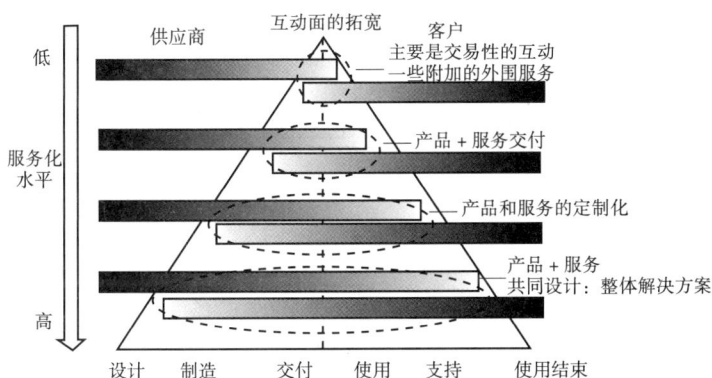

图 7-1　不同服务化水平

图 7-1 顶端的服务化水平最低，供应商和客户之间的互动主要是交易性

的，此时有一些外围服务附加到产品上；图 7-1 底部的服务化水平最高，此时集成产品和服务的整体解决方案是由服务商和客户共同设计完成的。

此外，表 7-1 使用四个指标评估服务化水平，分别是活动的价值基础、资产归属、交付物类型和生产策略。

此外，根据调查得到的结果，制造业服务化有五个重要方面：嵌入式产品服务文化；集成产品的交付；内部流程和能力；战略联盟；与供应商的关系。

表 7-1　四个服务化水平评估指标

指　　标	高服务化水平	低服务化水平
活动的价值基础	基于关系	基于交易
资产归属	资产使用	资产拥有
交付物类型	全面服务集成（客户信任）	物质产品＋外围服务（保养）
生产策略	完全定制／大规模定制	大规模生产

（二）服务化过程中的思考

奥利瓦和卡伦伯格阐明了图 7-2 中所描述的制造业服务化的进展。有形的商品在服务化初期是比较重要的，此时的服务是"附加"在产品上的。随着服务化的推进，服务变得越来越重要，有形产品开始"附加"在服务上。也就是说，从服务作为"附着物"转变成了产品作为"附着物"。

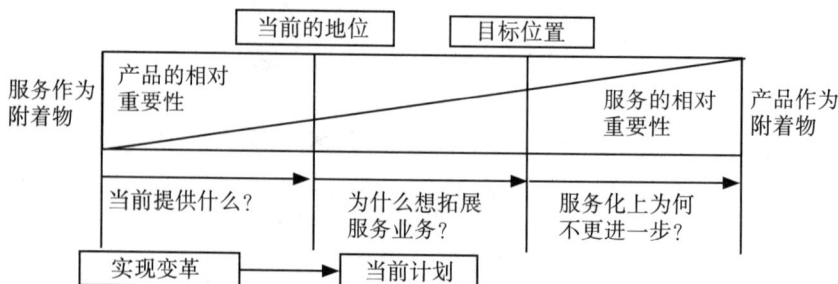

图 7-2　服务化过程

此外，通过在纵向上考虑基于交易的服务和基于关系的服务，以及在横向上考虑产品导向的服务和终端用户流程导向的服务，得出表 7-2。表 7-2

列出了服务空间中的各种服务。产品导向的服务和基于交易的服务是服务化初始阶段的主要服务类型。随着服务化进程发展，终端用户流程导向的服务和基于关系的服务逐渐成为主要的服务。此外，如果以流程为导向的服务成为公司的业务，应对知识管理和人际关系管理给予重视，以便改善公司的业务流程和业务沟通。

表7-2　服务空间

	产品导向的服务	终端用户流程导向的服务
基于交易的服务	基本安装服务 文档服务 运输服务 安装调试 产品导向的培训 热线或帮助台 诊断 维修或备品备件 产品更新或升级 翻新 回收或设备代理服务	专业服务 流程导向的工程 （测试、优化和模拟） 流程导向的研发 备件管理 流程导向的培训 业务导向的培训 流程导向的咨询 业务导向的咨询
基于关系的服务	保养服务 预防性保养 视情检测 备件管理 全面维护合同	运营服务 保养功能管理 运营管理

（三）富士胶片商业创新的服务化水平

通过对富士胶片商业创新案例的研究可以发现，为了提升服务化水平，公司完成了从"产品附加服务"到"服务型产品"的过渡。为了优化针对客户的业务流程，富士胶片商业创新对业务流程中的知识管理问题也进行了研究。基于服务化组织管理，富士胶片商业创新所提供的服务促进了客户价值的创造。

第三节　索尼公司——面向客户的价值创造

一、索尼公司概述

索尼公司于 1946 年 5 月在日本创立，经营电子类产品。其主要业务涵盖电视（液晶电视）、数字影像（如视频和数码相机）、视听（如蓝光光盘播放机 / 录像机、DVD 播放机、家庭音响和汽车音响）、个人计算机和其他网络产品（如个人计算机和移动音频）、半导体器件（如图像传感器等半导体器件）、电子元器件（如电池、视听 / 数据记录介质、数据记录系统）和医疗设备等。索尼公司还有一些附属财务公司，如索尼银行、索尼保险，以及索尼集团附属的娱乐公司，如索尼音乐和游戏公司。

索尼公司的照相机业务是其核心业务领域之一，涉及图像传感器、高清照相机、摄录机和存储介质。针对普通消费者和专业人士的 4K 摄像机是索尼公司的重要业务领域。

二、索尼公司产品特征

（一）4K 摄像机产品

进入 4K 时代（超高清视频数据时代）后，在全球照相机市场，索尼公司采用超高清摄像技术的摄像机产品一直被公认为是其代表产品。

（二）高清摄像技术的进步

针对专业市场的摄像机硬件技术已经比较先进了，而以前面向消费市场的摄像机技术一直紧跟其后，广播电视行业专业人员使用的摄像机技术与那些用于消费市场的摄像机技术越来越接近，如图 7-3 所示。图 7-3 描绘了摄像机技术的转变，其中横轴表示时间，纵轴表示核心技术的复杂性。

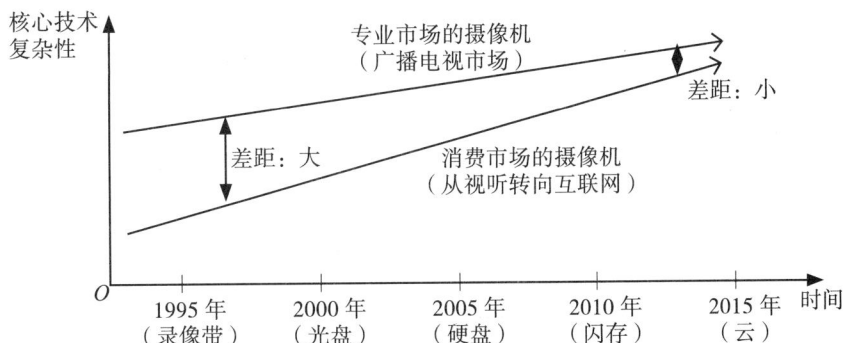

图 7-3　摄像机技术的转变

由此可知，专业用途和消费用途的摄像机技术只有细微的差别。摄像机是采用两种技术制造的，即数字数据处理技术和光学技术。专业摄像机和消费用途的摄像机的主要区别仅在光学技术上，而数字数据处理技术几乎是相同的。随着半导体技术，尤其是图像传感器和数字数据处理相关技术的进步，专业应用和消费应用技术之间的差异得以减少。图 7-3 还显示了内容存储介质从录像带到光盘、硬盘、闪存的转变。如今云计算变得越来越流行，未来更多的内容将在互联网环境中存储。

（三）视频数据格式的转变

图 7-4 揭示了图像和视频数据存储介质的转变。最初，用磁带记录视频数据；之后，能随机存取的光盘、半导体存储器或便携式硬盘也被用来记录视频数据；现在，网络逐渐成为最终的存储介质。由于这种存储介质的转变，视频数据应用也发生了大幅改变。大的转变发生在光盘时代和半导体存储器时代，也就是说，使用视频数据的应用程序已经从视听设备转移到个人计算机的外围设备。在光盘时代，视频数据被绑定在存储设备中；但在半导体存储器时代，视频数据从中解放出来——存储在半导体存储器中的视频数据可以通过互联网共享或交互，而不再依赖于媒介设备。互联网上的内容的存储和传播能够诱发网络效应，所以独立于存储介质的统一的视频数据格式就显现出了重要性。

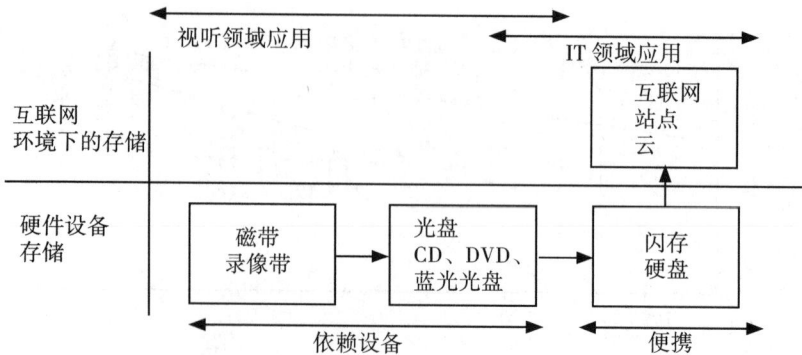

图 7-4 图像和视频数据存储介质的转变

1. AVCHD 文件格式

曾经有几个流行的视频数据格式，如数字多功能影音光盘（DVD）、蓝光光盘（BD）以及与蓝光光盘兼容的高清视听压缩格式（AVCHD）。DVD主要用来处理标清视频数据。蓝光光盘和 AVCHD 用于处理 DVD、硬盘驱动器（HDD）和闪存上的高清视频数据。与此类媒介相关的视频摄像机被称为MPEG-2 系统，它将视频数据存储为广播格式（如 AVCHD 格式）。图 7-5 中给出了 AVCHD 文件格式，每个视频数据单元由若干个文件组成。当人们使用与电视机兼容的视频磁带播放设备时，采用广播格式是合理的。

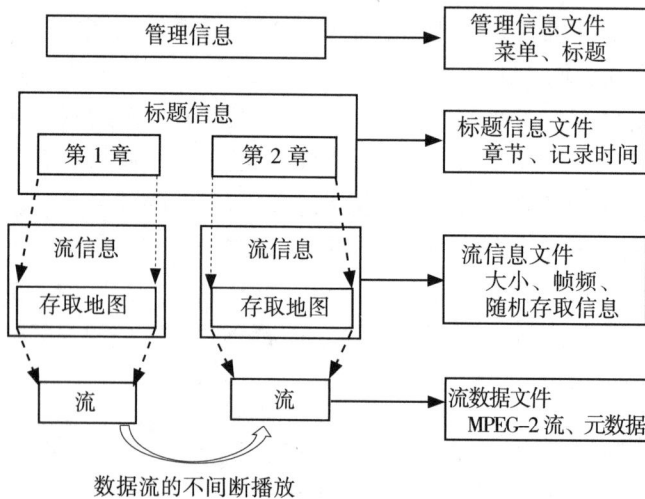

图 7-5 AVCHD 文件格式

然而，基于数据流序列的广播格式处理与电视机兼容的视听设备是比较困难的，特别是在个人计算机或互联网环境中。这是因为 IT 系统中的设备或软件并不需要与视听（AV）播放设备相关的特殊条件或广播数据格式。

2. MP4 文件格式

近期主要的存储设备是半导体存储器或硬盘，它们已经发展成为个人计算机的外部设备。摄像机拍摄的内容利用某种文件格式存储起来，并通过独立于存储媒介的网络其与他人分享。建立在 Quick Time 电影格式基础上的国际标准 MPEG-4（MP4）已成为加速这种活动的关键数据格式。Mac 操作系统、Windows 操作系统、ios 系统和 Android 系统都采用了 MP4 格式，并提供免费播放器支持 MP4 内容的播放。许多视频数据的分享服务都是基于 MP4 文件格式的。图 7-6 描述了 MP4 文件格式。一个镜头的所有数据被打包成一个文件，这对实现不依赖媒体设备的数据自由交换是非常有利的。

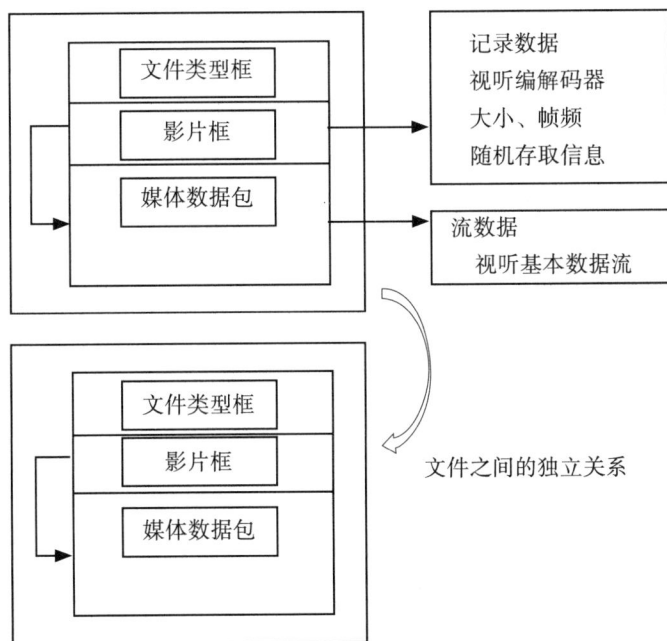

图 7-6　MP4 文件格式

三、索尼公司服务化变革步骤和商业模式

（一）目标客户的改变

由于摄像机技术的进步，数字资料处理和图像传感器技术已被应用于消费类摄像机上。消费类摄像机已成为具备高性能、低成本特点的产品，如克

里斯坦森在《创新者的窘境》一书中的建议，摄像机的低端用户在需求上已经赶上高端用户。因此，由于技术的进步，面向高端用户的产品价格一直下降到低端用户可以接受的程度就不难理解了，如图 7-7 所示。摄像机的性能不断提升，并且专业摄像机的功能已经被添加于普通消费者使用的摄像机上。这意味着专业人士使用的摄像机吸引了新客户，这些客户主要是想在网络环境下享受高清图像和视频的消费者。

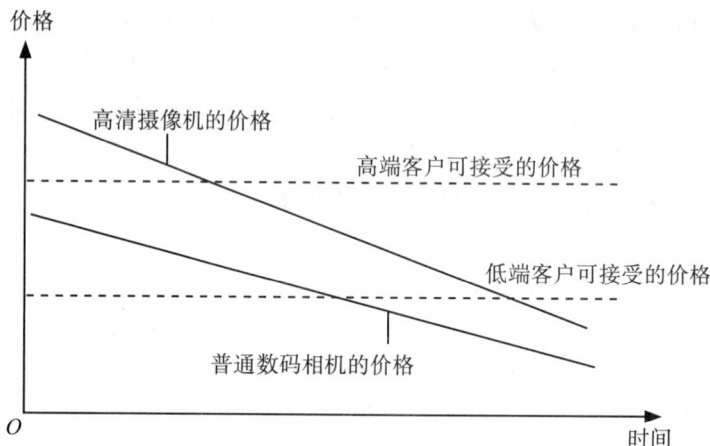

图 7-7　价格的降低导致摄像机目标客户的改变

根据图 7-7 中的趋势可以判断，摄像机的客户一直在变化。20 世纪 90 年代，技术层面可以划分出三类摄像机用户，即广播电视行业专业级别的高端用户、中端企业或行业用户和消费类用户。然而，在 2000—2010 年间，专业摄像机和普通数码相机技术水平的差异一直不断减小。自 2010 年以来，同样的技术开始被应用到专业摄像机和消费类的数码摄像机上。然而，专业客户和普通消费者对摄像机的需求完全不同。广播电视行业的专业高端用户在已创建好的广播电视系统环境中使用摄像机，他们不想改变自己的数据格式或系统环境。另外，新客户想在网络环境下享受高清图像和视频。通过图像或视频共享网站，这些新客户可以相互分享图像、视频内容，交流用户体验。服务提供商应当为这类新客户提供一种环境，让他们可以在其中通过高清视频分享各自的体验，从而通过客户满意来实现价值创造。

然而，企业面对的主要问题是如何预防由技术进步带来的市场化和价格降低现象的出现，这与其他电子产品企业是相同的。如何在网络环境下通过产品和服务的结合维持较高的利润是企业面临的最重要的问题。索尼公司将

XAVC 作为超高清数码摄像机的标准文件格式，就是要解决互联网时代图像、视频业务领域的客户创造价值问题。

（二）互联网时代的客户服务价值

大多数新客户之所以使用摄像机，是因为喜欢在互联网环境中共享和处理高清视频数据。IT 产品在视频播放、数据处理、共享图像和视频数据方面具有更多的灵活性。因此，产品和服务供应商需要审视客户创造价值的工作流程，如视频拍摄、处理和分享流程。这包括对两种类型用户流程的关注，即专业用户和普通消费应用用户。在此分析基础上，供应商需为客户提供产品和服务以支持其价值创造。在互联网时代，消费者可以通过在网站上分享图像或视频，表达他们的体验和态度。所以，针对类似摄像机的产品以及面向消费者的服务应该支持此类价值创造活动。基于以上所述可知，在互联网时代，影响摄像机的三个重要因素分别是互联网的开放性、基于文件的内容传播和基于视频内容的客户体验。

（三）视频格式的标准化对服务价值创造的重要性

使用一种支持多款产品和不同公司的主要视频格式是有利的。MP4 就是这样一种格式，它来源于前面章节中所描述的 Quick Time 电影格式。这是 Mac 操作系统、Windows 操作系统、ios 和 Android 操作系统等都在使用的一种国际标准格式，而且诸多操作系统都提供免费的播放器软件。此外，许多视频分享网站都采用了这种格式。这一事实表明，为了在互联网上创造客户体验价值，从"视听领域传统的视频格式"转向"IT 领域基于文件的视频格式"对摄像机产品来说是很重要的。

从客户服务价值的角度考虑视频格式标准化的重要意义。如果视频数据能够以 MP4 文件格式传播和自由分享，客户就可以随时随地使用视频数据。这可以使客户根据自己的需要使用自己喜欢的视频，从而为其带来乐趣，即"使用中的价值"。标准化的 MP4 文件格式提供了一个共同的平台，以保证所有视频数据在互联网上都能被自由地分享和交换。因此，这种标准化的文件格式可以促进用户价值的创造。标准化的文件格式有助于用户社区创建，而社区活动可以创造服务价值或体验价值。通过 MP4 文件格式，针对消费者的摄像机超高清视频数据格式可以支持互联网上的客户价值创造活动，进而促使视听数据共享和交换平台的快速形成。

从服务主导逻辑的观点看，"使用中的价值"是重要的，它取决于客户的需求和体验。视频数据的标准格式可被视为连接技术和客户服务价值的桥梁，它使客户可以利用视频相互交流体验，以此来支持客户的价值创造。在价值创造中，标准格式可以螺旋式地提升用户体验，即使用价值。所以，数据格式的标准化是一种提升用户体验的服务方式。

（四）4K摄像机高清数据格式的标准化——XAVC

索尼公司开发了一种面向4K摄像机的新的视频数据文件格式，称为XAVC。XAVC是在研究技术进步、客户变化和视频格式转变的基础上开发出来的。这种格式考虑了两类客户，即普通消费者和专业客户。XAVC为那些想在互联网环境中欣赏视频的客户提供了MP4文件格式，MP4文件格式与互联网兼容，并被用在普通消费者使用的摄像机上。另一种文件格式MXF——当前广播电视行业使用的素材交换文件格式是为摄像机的专业客户所准备的。图7-8概述了XAVC背后的一些概念。

XAVC 视频格式族

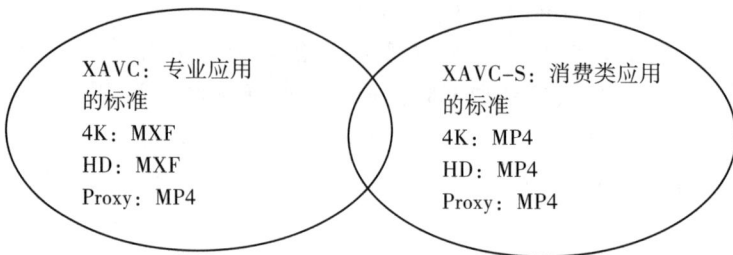

XAVC：专业应用的标准
4K：MXF
HD：MXF
Proxy：MP4

XAVC-S：消费类应用的标准
4K：MP4
HD：MP4
Proxy：MP4

图7-8　XAVC 背后的概念

专业客户使用的摄像机利用MXF文件格式生成4K内容，同时MP4文件格式被用于记录视频数据。因此，面向专业客户和消费类客户的文件格式都与互联网兼容，专业应用和消费类应用之间的协同效应也有可能实现。面向消费类客户的XAVC格式标志为XAVC-S，而MP4文件格式被应用于所有的视频格式中，如4K（超高清视频）、HD（高清视频）和Proxy（代理视频）。XAVC有望满足消费者在互联网上体验质量（QoE）的需求。

四、案例分析

（一）苹果公司案例和索尼XAVC案例中客户总价值的对比

图7-9从客户总价值的角度，对苹果公司案例和索尼公司XAVC案例进行了比较。这两种方法都考虑了基于标准格式集成产品、服务及基于用户体验的附加值。这似乎是消费类产品行业进行服务化的一种流行的方法。

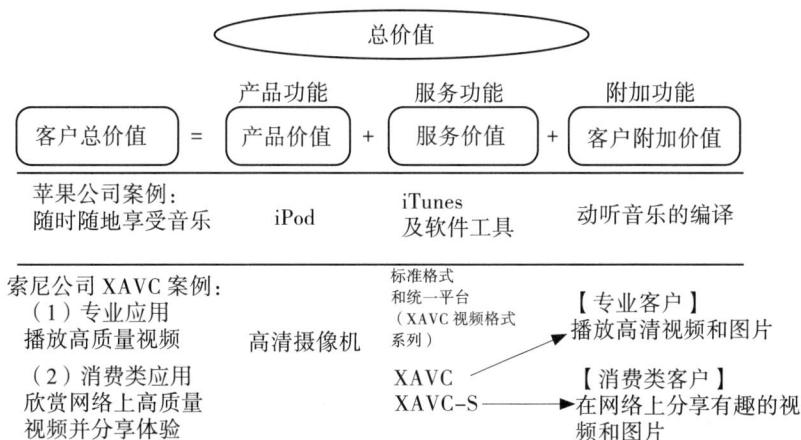

图7-9　苹果公司和索尼公司XAVC的案例对比

（二）服务化对企业的贡献

超高清视频数据格式的主要作用是通过为客户提供一个在互联网上分析和处理视频数据的平台，提高他们未来的体验质量。客户可以借助这个平台创造不同的体验价值。为了形成这样的平台，XAVC格式需要得到许多公司的支持，由这些公司负责提供基于XAVC的各种软件和服务，从而使客户觉得使用这些面向未来的服务和软件能够增加乐趣。现在，许多与软件相关联的视听设备提供商已经同意将XAVC格式作为4K视频数据的标准格式，这一事实推进了4K视频数据在互联网上的使用。

（三）后续发展

创造客户体验价值的4K视频数据生态系统可以自由地处理4K视频数据的播放、编辑和存储工作，这应该得到索尼公司或其他供应商的支持。4K摄像机应与其他以XAVC为标准格式的视听设备相配合。4K视频数据生态系统应通过播放、分享和处理超高清视频数据，提供一个客户体验价值创造的平台。XAVC是在互联网环境下提高客户"使用中的价值"的一个关键因素。

第四节 Ductair 公司——附加价值服务创新

一、Ductair 公司概述

Ductair 公司是一家位于澳大利亚南澳大利亚州阿德莱德市的私人公司，拥有超过 30 年的空调管道、通风设备及配件的制造和销售经验，产品销往当地和全国各地，目前总共拥有 35 名员工。Ductair 公司在柔性管道技术、碳减排活动以及环保产品领域处于领先地位（该公司本身是一个关注环保的无碳公司）。该公司提供 200 种不同的产品，其中大部分是空调系统中的小部件。同时，它也制造定制化的管道和配件，这类产品占总产量的 20%～30%。

Ductair 公司的主要产品包括不同类型的管道、分区控风板、格栅、配件和排水口。管道分不同的等级以满足不同客户的需求。Ductair 公司提供了一系列优质的分区电机和分区控制系统。分区电机和分区控制系统采用跨国公司（搏力谋和西门子）的制动器。Ductair 公司的排水口和格栅均拥有现代化的设计，适合 Ductair 自然空气（DNA）过滤。其所有产品表面粉饰了一层铝，从而方便清洁，并有许多不同的尺寸和颜色可供选择。此外，该公司对零件提供 20 年质保。对于配件，Ductair 公司有自己的专利，称为"Y 环"技术，可以使气流高效流动。利用这些主要产品，Ductair 公司建立了四种系统，即反循环管道、蒸发式空调系统、管道燃气系统和智能节能系统，以适应澳大利亚的气候和降低温室气体排放。

二、Ductair 公司的服务化模式

（一）综合业务系统模式

Ductair 公司的核心业务是针对本地客户的家用和轻型商用空调管道和管件产品制造与供应。基本上，该公司将自己定位为制造商和商品供应商。然而，由于目前的空调系统市场已经变得更加商品化，因此提供与产品互为补充的额外服务就成了一个关键的差异性因素，能巩固其在市场上的领先地位。这样，Ductair 公司就将更多注意力放在了客户本身以及客户使用产品的体验上，而不仅仅是产品本身。塔克认为，这意味着一个纯粹的以产品为中心的业务与以服

务为中心的业务之间有根本区别。Ductair 公司的定制服务、性能测量服务以及滤芯更换提醒服务的关键要素和流程如图 7-10 所示。

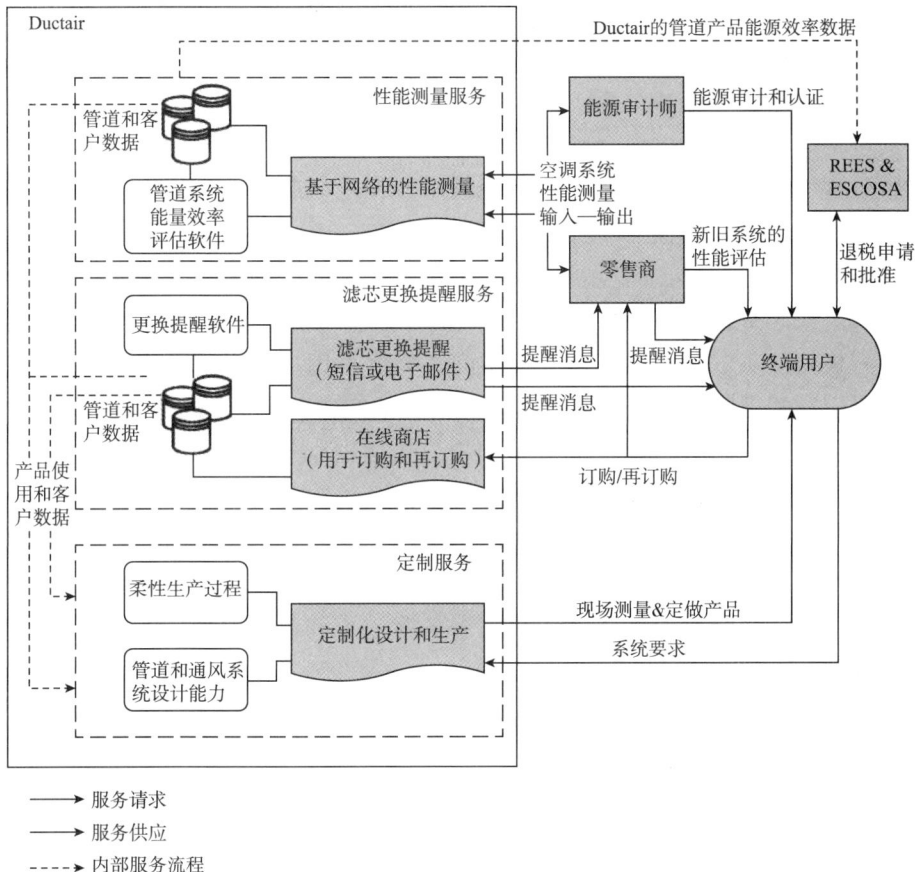

图 7-10 Ductair 公司的服务和一个集成系统

在内部，针对三项服务，Ductair 公司利用不同的平台、机制和资源进行操作。基于网络的性能测量服务和滤芯更换提醒服务是由管道系统能效评估软件和提醒软件分别提供的。同时，订单、合同、产品和系统、客户，以及管道系统的性能评估和更换滤芯的数据都被整理成了相应的客户数据库，用来支持相关的服务活动。尽管使用不同的软件平台，但是这些任务的关键数据和信息通过共享访问得以集中管理。定制服务由公司的柔性产品加工以及管道和通风系统的设计提供支持。该操作还充分利用从其他两个服务过程中得到的产品和客户数据，从而有利于定制化设计和生产决策。因此，尽管为了不同的目的引入了单项服务，但是这三项服务的运营和交付其实有大量的内部信息共享，进而衍生出了涉及不同利益相关者的综合服务体系和连贯的服务解决方案。

在公司之外，终端用户（如房主或轻型商业用户）、本地零售商（或经销商）、能源审计部门和南澳大利亚州基本服务委员会（ESCOSA）都是Ductair公司服务体系的利益相关者。他们既是服务的使用者又是推动者，与服务过程紧密相关。终端用户是Ductair公司服务的直接使用者，同时也通过参与使用服务这一环节，帮助服务达到预期效果。在定制服务的过程中，终端用户可以提出自己的设计方案或所需的系统规格，让Ductair公司生产定制化的管道和通风产品。同样，房主也参与到了过滤系统的维护中：首先通过自助的方式确定滤芯是否需要更换，之后按照提醒信息中的说明在Ductair网上商店购买替换用的新滤网。零售商及经销商在为终端用户提供的性能测量和滤芯更换提醒这两项服务中起着关键作用，而且他们自己也是Ductair公司这两项服务的使用者，Ductair将免费为他们提供这两项服务，并帮助他们更为专业地服务于自己的客户。能源审计部门对空调系统的能源效率和节能效果进行评估，并向业主核发能够获得州政府退税的证书。期间，他们也是Ductair公司的用户——通过使用Ductair公司的免费在线性能测试软件为客户提供更好的审计服务。通过将服务终端用户与服务第三方利益相关者（即零售商、能源审计部门和ESCOSA）联系起来，Ductiar公司保证各方能更好地了解和参与使用服务这一环节。因此，Ductair公司的客户可以获得更好的服务体验，可以使用公司产品的附加功能。

从对Ductair公司服务模型的分析可以反映出，Ductair公司是在提供商品的同时提供伴随服务，或附加服务，而不是对其产品本身提供服务。整个公司的服务模式有一个共性特点，即直接针对客户和其他外部利益相关者的需求，而不是实物产品本身来促进业务运行，改善用户体验。这些特性都属于以用户为导向、产品服务一体化的模式。

（二）服务解决方案和价值焦点

目前，Ductair公司的销售市场主要有两类：改造市场和新居／安装市场。公司认为，其节能管道和通风产品在改造市场中的潜力更大。在激烈的市场竞争中，Ductair公司的"服务伴随产品"模式有效地代表了一种新策略，即将总价值而非采购价格作为导致其产品差异化的因素。

根据价值工程学，物品或服务的价值可以用它们的相对价值定义，即其质量和功能的重要性与它们的费用负担之比。基于这样一个概念，Ductair 公司在高端产品方面与其竞争对手的优、劣势可以通过图 7-11 表示。

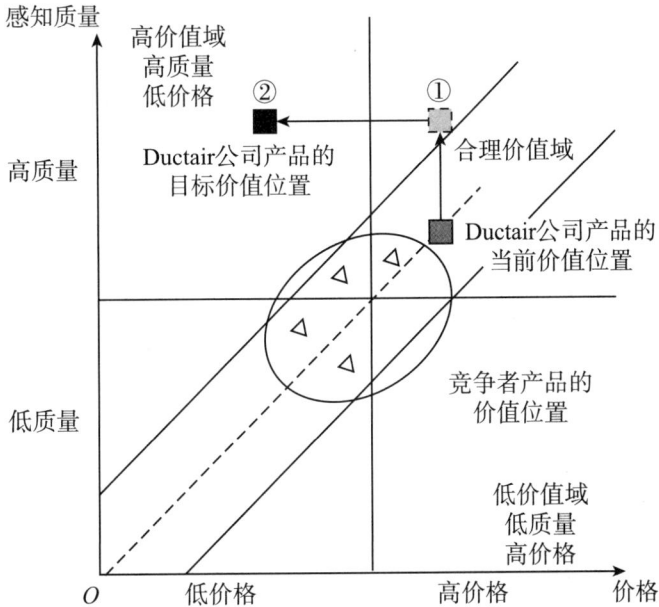

图 7-11　Ductair 公司及其竞争对手的产品价值位置

如图 7-11 所示，产品的价值是由购买价格和感知质量（由客户定义的质量）来定义的。高质量低价格和高价格低质量分别代表了高价值域和低价值域。当感知质量水平与价格水平不相上下时，产品定价是合适的。

（三）有服务的情况

自 Ductair 公司对外提供滤芯更换提醒服务和性能测试服务以来，公司与零售商和终端用户形成了更有效的连接，并能够量化和论证安装他们的产品所达到的实际节能减排效果。这些测试能够帮助现有和潜在的客户更好地认识和了解 Ductair 公司产品的质量和性能，特别是 Ductair 公司是当地市场上唯一能够提供这种产品服务一体化功能的供应商。这样，当购买价格相同时，产品的感知质量变高了，产品价值位置就会上升到一个更高的水平，如图 7-11 中位置①所示。此外，通过网上的性能测试软件、向能源审计部门提供性能数据采集服务等，Ductair 公司可向 ESCOSA 展示其产品达到的节能减排效果。在"住宅能源效率计划"的框架下，这些功能使公司的客户能够通过安装 Ductair 公司的产品而获得可观的政府退税，有效地弥补所付初始费用与其他产品价值之间的差额。这样可以进一步推进 Ductair 公司产品的价值定位进入高价值域，如图 7-11 中位置②所示。此外，所使用的 Ductair 公司管道产品节能效率越高、过滤性能越好，在空调系统的使用期间能节省的运营成本越多，那么用户的感知价值就越高，同时对于有改造需要的房主吸引力也就越大，原因是他们如果知道现有系统的运行费用高，就会想要更换耗能低的系统。

由于采取了这样的服务模式，Ductair 公司在 2013—2014 年的营业额增长了 15%，表明该模式的增值能力是可观的。由于性能测试软件和滤芯更换提醒服务都是免费的，所以它们不直接为公司产生效益，但 Ductair 公司确实因为这些服务扩大了销售，从而间接获得了经济收益。另外，据公司称，开发和提供这两项服务的实际成本相对于产品价格是很低的。这些免费服务只用很低的业务运营成本就带来了可观的市场效果，为公司和其高端产品打造了良好的业界口碑。

（四）无服务的情况

与一些竞争对手的产品相比，Ductair 公司的高端产品价格明显较高。尽管 Ductair 公司在当地被认为是高质量管道产品的供应商，但客户往往不知道 Ductair 公司产品的节能减排效果在管道式循环空调系统中与类似产品的差异是什么和差异有多大。由于市场中普遍存在对产品质量的虚假声明，许多房主都认为来自不同供应商的管道产品／系统的性能水平都差不多。因此，若把购买价格作为定价主导因素，对 Ductair 公司的产品在市场上的竞争地位是不利的。

（五）服务创新的逻辑和潜在的方法

集成的产品服务解决方案是服务化的核心，它代表了以服务为中心的逻辑思想。而以服务为中心的逻辑思想在本质上和改革逻辑是一致的，而且两者互相支撑，即产品服务一体化是服务化的服务创新过程的结果，专注于解决当前那些传统的、完全以产品为中心的商业模式的问题。这种创新的关键是引入综合的增值服务链接以及补充实体产品的属性，以帮助客户提高生产效率和系统的性能。

基于这样的理念，Ductair 公司的服务化模型清楚地揭示了服务创新的本质。正如前面所讨论的，在 Ductair 公司案例中，实施服务策略是为了解决价值改进的困境。价值改进需要降低与竞争对手之间的产品价格差距，同时也需要通过使产品拥有更多的内容来提高产品品质的认知度。根据传统的生产逻辑，这两方面的要求实际上会自相矛盾：当增加产品内容时，无可避免地会产生更高的成本。在这种情况下，公司需要识别和解决存在于产品服务中不同形式的矛盾（技术的或物理的），从而探索创新性的解决方案。依据服务逻辑，Ductair 公司可通过基于网络的软件和信息服务解决价格—质量矛盾。这两个服务解决方案的目的在于通过吸引客户和提高客户体验来抵消价格差异并强调公司产品的质量不会增加实体产品的成本。事实上，在这种情况下，解决问题的基本思路与创造性解决问题的方法论（TRIZ）在理念上所提及的改革哲理非常一致。

作为解决产品开发创新问题的一种有效方法，TRIZ 为设计者开发创新方法提供了一套工具和方法，用来描述系统流程以及具体的指南。TRIZ 的主要优势是一旦识别出来矛盾，它就能解决这个问题。利用矛盾矩阵可以解决技术上的矛盾，其中 40 个发明性的问题解决原则是 TRIZ 里用得最多的部分。问题的解决过程如图 7-12 所示。

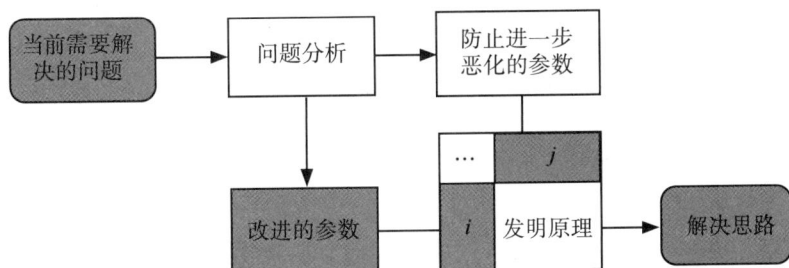

图 7-12 利用矛盾矩阵解决创新问题的过程

分析现在的问题可以识别出产生这个问题的所有矛盾。两个属性之间的冲突矛盾一般表示为 TRIZ 中 39 个通用工程参数中的两个参数（i 和 j），如表 7-3 所示。参数 i 代表需要改进问题的各自的属性；而参数 j 是应该避免由于参数 i 的提高而产生的使这个问题进一步恶化的另一面。因此，在这两个参数中存在一个矛盾，而其需要得到解决。解决之后，设计人员可以使用矛盾矩阵确定推荐的发明原理。在矩阵中，每一对参数（i, j）都可以从能解决矛盾问题的 40 个发明性的问题解决原则中找到一系列相对应的原则。从这些原则中，设计师可以选择最合适的原则，在最后一步生成解答问题的解决思路。

表7-3 TRIZ通用参数分类

属性类型	相应的 TRIZ 通用参数
类型1：物理和几何特征	运动物体的重量；静止物体的重量；运动物体的长度；静止物体的长度；运动物体的面积；静止物体的面积；运动物体的体积；静止物体的体积；形状
类型2：数量和状态	物体的稳定性；运动物体的耐久性；静止物体的耐久性；物质损失；信息损失；物质总量；设备的复杂性
类型3：运行能耗	运动物体所消耗的能量；测量精度；能量损失
类型4：客户或供应商的劳动力/时间消耗	速度；时间损失；测量精度；控制的复杂性；自动化程度
类型5：功能能力	力量；张力/压力；压力；.能量；制造精度；生产率
类型6：生命周期特征	可靠性；可制造型；可修复性；适应性
类型7：相关的有害影响	温度；作用于物体的有害因素；物体产生的有害副作用

虽然最初是为了设计实体产品而开发了 TRIZ，但最近也有人将 TRIZ 用于服务创新和解决管理问题。这种创新的设计方法可以应用到描述 Ductair 公司的服务化解决方案的开发服务创新逻辑中。

1. 性能测量软件和服务

据了解，在传统的产品销售模式中，Ductair 公司的高端产品和完善的价值定位处于不利地位，原因是质量水平越高，商品价格也就越高，同时高价格会导致市场接受率降低这一对矛盾的存在。依据 TRIZ 流程，这个问题可以被解释为两个参数之间的技术矛盾，即提高"物质总量"（$i=26$）并且避免"作用于物体的有害因素"（$j=30$）。通过查找 TRIZ 矛盾矩阵中这两个参数，我们可以将最佳创造性原则定义为对产品属性来说能够激发创造性的解决方案，使产品"与他人有更多的互动"和"某些或部分功能或者性能以一种柔软的方式展现"，从而使所希望的结果能在"没有物理介质的情况下更灵活、敏感地生成和传递"。因此，使用某些"软平台"与来自客户端的输入相互配合，并证明产品的质量和性能，是一个合乎逻辑的解决思路。这基本上能促进基于网络性能测试软件和服务的开发。

2. 过滤器更换提醒服务

过滤系统状况对室内空气质量和空气传导系统的功效具有直接影响。为了维持在一个高水平状况，保持过滤系统性能的稳定，定期更换过滤器是必需的。然而，对 Ductair 公司来说，面临的挑战是在过滤器更换中，要确保操作过程快速（它与参数9"速度"对应）并及时行动（由参数25"时间损失"表示），而不要往系统中引入额外的监视和控制设备（对应参数37"控制的复杂性"以及参数 36"设备的复杂性")。要在过滤器更换中减少时间损失并提高处理速度，往往需要在系统操作中加入更多的监测和干预，但这与降低控制和系统设计复杂性又存在着技术上的矛盾。最后，通过探索 TRIZ 矛盾矩阵和检查已确认的发明原理，公司可以得到新的解决方案，从而解决矛盾。

要确保及时更换，需要的是"可以服务多个用户的非机械机制"，以及依据"预先确定的计划"来"激活定期的信号传输"以实现服务目标。同时，为了提高服务过程的速度，顾客可以"在线获取""提前准备好的低成本替换件"，这种方式提供"个性化的 / 可区分的结果"。由此，客户可以"部分参与到服务流程中来"。

将这两种解决方案与过滤器更换内容联系起来，实际上表明：①基于客户的采购信息和过滤器消耗的时间表用软件生成并向目标客户发送提醒信息；②所有需替换的部件在网上都可以很容易找到，客户可以依据自己的需求下订单并自己替换这些部件。这些与当前 Ductair 公司的过滤器替换提醒服务的特征十分相似。

从分析可以看出，Ductair 公司的服务是从解决一系列的技术矛盾开始发展的，代表了一种创新过程。事实上，这样的服务创新的基本思想与 TRIZ 的问题解决逻辑不谋而合。尽管 TRIZ 的服务解决开发工具，如矛盾矩阵和创新发明原则，仍需要接受更多严谨的研究，但 TRIZ 在服务一体化中对支持创新产品服务的集成确实是一个很有前途的方法。

（六）挑战和进一步改进

由于是在当地市场提供能效测量软件和服务的第一个也是唯一个管道产品供应商，Ductair 公司的新服务商业模式和差异化战略更代表了"供给推动"而非"需求拉动"。而服务解决方案确实使 Ductair 公司受惠，使它可以在激烈的竞争和商品化的市场环境中吸引更多的新客户，创造更高的营业额。但是，这种服务交付形式仍面临一些重大挑战。

Ductair 公司的产品—服务组合面对的持续挑战是许多最终用户和制造商对高品质的管道产品和他们能从中得到什么好处缺乏一定的认识。房主经常只需要廉价的进口产品，因此市场就提供此类商品。此外，制造商经常选择廉价的空调系统进行安装，因为这部分是不可见的，并且制造厂是由成本驱动的。另外，它还需面对的挑战在于零售商。然而，Ductair 公司恰恰认为这可以成为他们主动营销的机会。通过积极与经销商和能源审计师合作，Ductair 公司能更好地实现其软件功能，使客户更好地认识它们的服务特征，更有效地为客户创造并传递服务。这有助于公司在市场上吸引更多关注增值服务和优质产品的顾客，尤其是更关注节能产品和服务解决方案的顾客，其更具有"需求拉动"的潜力。

政府方面开始并没有制定能效标准，但接下来短时间内就创立了许多相关法规，这带来了很多问题。例如，对老房子的管道质量没有实际监管，而对空调系统管制很严，应用标准相当高。因此，对于Ductair公司而言，增加客户对高质量管道产品的兴趣是有难度的，而这就使"住宅能源效率计划"提供的退税显现出了关键性。若零售商和房主了解了退税的情况，将有助于提高能效索赔的可信度和收益。然而，退税的结构也需要重新考察。根据政府政策，所有电力零售商都有义务购买一定数量的能源证书。问题是当市场上能源证书泛滥时，退税就失去了它的市场价值，并且不能起到很好的刺激作用。因此，需要更多和更严格的要求来提高获取退税的标准。通过ESCOSA和能源审计师的工作，Ductair公司进一步改善了性能测量软件和"智能能源系统"，可以为其现有和潜在的客户提供更好的退税服务。

此外，虽然按照服务化路径制定并实施了服务模式，但公司的业务仍主要是产品销售并附加服务，而服务部分的出现则成了业务增长的新动力。图鲁尼和芬尼认为，服务化商业的特征是提供可辨识的和可供出售的服务产品，从提供的服务中获得定期收入，并具有专用的内部资源以进行开发和提供服务。从这个意义上说，目前Ductair公司被认为只有部分服务化，并且它需要从自身的基于服务的产品中开发更多、更直接的收益。基于网络的能源效率测量软件和数据库，公司可以吸引更多的建筑设计师，使他们认识到"信息是一种服务"和"应用软件是一种服务"，可以成为附加的业务组合和利润中心。同时，Ductair公司的"智能能源系统"能更进一步发展以结果为导向的"智能能源服务"，以此为支付费用的客户提供所商定的产品。例如，房主不是为管道系统付费，而是为由Ductair公司的产品和服务提供的能源效率改进结果付费（如商定的能耗水平和成本降低的程度）。

第八章 智能化服务模式

第一节 翼卡车联网——"车联网大数据"智能化服务

一、翼卡车联网服务有限公司概述

广东翼卡车联网服务有限公司（以下简称"翼卡车联网"）成立于2011年5月，注册资本4 100万元，注册地在佛山，是一家大数据的行车安全服务运营商。翼卡车联网是一家通过链接车厂、后装、车主产生人车行为大数据，为智能网联汽车行业的UBI（汽车里程保险）车险、高精度地图、汽车消费金融、自动驾驶等提供基础支撑的平台型公司。在智能网联汽车的大时代背景下，翼卡车联网凭借成熟的人工服务基地、多年丰富的服务经验、强大的技术后台支持、社会各界的认可、夯实的客户基础，利用"人工＋智能"的方式专注行车安全服务，守护车主每一次的行车安全，现在拥有的核心战略产品"视客相伴——行车SOS"是通过真人视频陪伴以及强大的人工服务后台，实时进行紧急救援，时刻守护车主安全。翼卡车联网取得了一系列荣誉，如2015年被认证为高新技术企业，2017年获得第六届中国创新创业大赛的三等奖、第十九届中国专利优秀奖，等等。

二、翼卡车联网服务有限公司服务化表现

翼卡车联网集自主研发、系统集成、服务运营、产品销售于一体，竭力为客户提供安全、便捷、舒适的车联网技术应用与"互联网＋产品"服务。图8-1为翼卡车联网商业生态图，可以看出翼卡车联网主营业务涉及"互联网＋"制造行业，致力于实现制造业服务化转型智能化，研发车联网大数据场景应用解决方案，充分利用"车联网大数据"及移动互联网的发展大势，针对车载厂商与车主用户的需求，提供灵活、可控、稳定的车联网大数据解决方案。

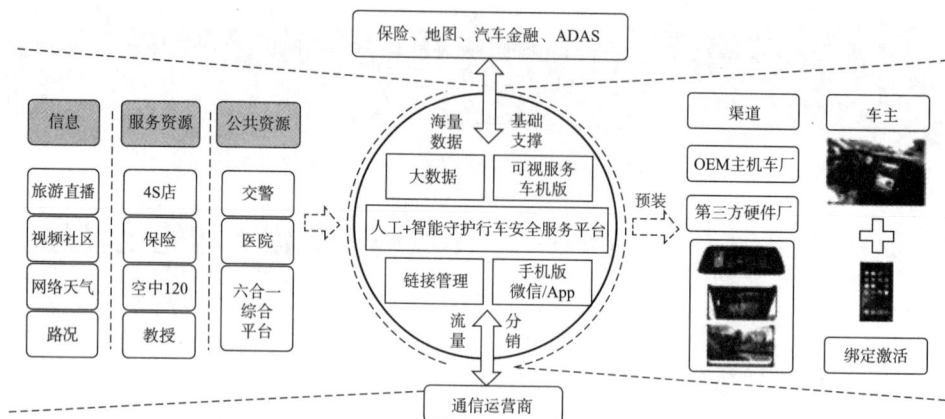

图 8-1　冀卡车联网商业生态图

（一）冀卡车联网具有强大的智能服务化平台

冀卡车联网在行业沉淀多年，用户数已突破 500 万，就平台、服务、用户及资源而言，是国内最大的车联网公司之一。冀卡车联网拥有行业领先的智能化驾驶服务平台，具有 300 亿次/月场景计算、每年超过 500 T 的数据收集、端到端全数字化运营、OEM 主机厂成功案例平台数据支撑等优势；呼叫中心 300 多个座席、1 000 万次年语音服务、5 万多车主救援服务经验构成了成熟强大的人工服务后台；并且用户月活跃数达 150 多万，拥有市场 225 家战略合作伙伴的支持；用最低成本的流量资源打造了平台 + 服务 + 用户 + 资源的核心竞争力。

（二）为车主提供系统性解决方案

冀卡车联网积极推动智能化分支车联网大数据的普及，让冀卡车联网在线场景服务应用使更多的车主受益，让更有效的解决方案在汽车电子行业中得到广泛的应用，提供有价值、有体验感的服务给广大车主用户。冀卡车联网的战略规划分为 4 方面：车主（行车全周期的安全服务）、行业（增值配套，助力产品升级）、产业（增值变现，推动产业发展）及社会（优化驾乘环境，安全护航）。从产品服务着手可划分为 4 类：行车 SOS、轻奢翼族服务、蓝牙一键通和 TSP（旅行商问题）平台定制。从业务体系着手可划分为 4 类：后装智能硬件类（翼卡 + 智能后视镜 + 大屏机）、OEM 业务类（以数据应用为着力点，以增值运营为核心，与车厂深度合作双赢）、金融保险类（保险公司与冀卡车联网联合成立项目，冀卡车联网为保险公司特别定制服务与合作）、用户运营类（改革运营方式，精细化运营，提升用户粘性）。

（三）为车厂提供整体解决方案

翼卡车联网还为保险公司、高精度地图、消费金融等提供海量数据基础支撑，为 OEM 车厂提供 TSP 整体解决方案，进行合理的价值变现。另外，针对车主端，其通过用户运营提供车主续费率，并引导车主小额消费，打造个性化 VIP 安全小额增值会员包。

三、翼卡车联网智能服务化历程

翼卡车联网实施服务化转型的原因是发现只有通过服务才能同 B2C 端用户进行连接，只有通过通信端连接拉取用户大数据，才能产生更多精准服务及营销，共联更多的商业模式。翼卡车联网服务化转型经历了以下三个阶段。

（一）初创期（2010—2015 年），简称 1.0 阶段

翼卡车联网在服务化转型 1.0 阶段，主要是对标"安吉星"模式，建立后台呼叫中心以提供后台的安全服务、一键导航、道路救援等，在此期间还创新了蓝牙一键通发明专利，借助用户手机低成本地解决了车机通信导航不能承载硬件通信费用成本的难题。具体而言，此阶段的翼卡车联网第一靠服务，第二靠为硬件产品销售增加溢价及卖点，第三靠抓住智能手机未替代车机导航的时机。翼卡车联网用户对一键导航的依赖性使翼卡车联网通过用户续费产生利润增长，当时续费率在 20% ～ 25%，因而其自然能在初创期生存下来，坚持下来。

（二）业务拓展期（2015—2017 年），简称 2.0 阶段

2015 年，随着智能网联汽车时代的初现，翼卡车联网发现这是一次重要的商业机会，于是接入了三大电信运营商（电信、移动、联通），构建共享流量池，利用多年运营形成的渠道业务分发能力，将流量分发到联网的设备厂家，降低了制造厂家的成本及销售难度，引领网联汽车的发展。翼卡车联网以"安全服务后台＋安全连接"形成了两个刚需的服务产品，并积极推行会员服务，把这两个服务能力打包成了会员特权，进而通过无限流量的特权及无限次安全服务的提供，为企业打造出了人工加智能的安全服务，使自身得到了很大的发展。

（三）智能网联风口期（2017 年至今），简称 3.0 阶段

依附于传统制造业给翼卡车联网带来了发展束缚、难以拉入资本投资进行运作等问题，以此为转型的契机，2016 年 9 月，翼卡车联网从好帮手制造业体系内剥离，翼卡车联网从此成为独立运营公司，迎接智能网联风口期发

展的新机。2017年6月，翼卡车联网获得4 000万人民币A轮投资，而现在的翼卡车联网拥有了一个由"资本＋产业机会＋自有核心服务沉淀的大规模市场"形成的商业模式。在这个阶段，翼卡车联网完成了用户会员付费的转化，续费转化率达到了47.5%。翼卡车联网从送流量转化成用户付费，提高了经济收益，使现金流达到持平并能持续运营。

四、翼卡车联网服务化成功的因素与经验教训

（一）服务化成功转型的因素分析

翼卡车联网服务化成功转型的原因是其具有灵敏的市场嗅觉、强大的技术团队、发展的时代契机，而其在未来也将继续坚定不移地深化服务化。随着智能网联汽车的出现，基于车主安全的服务和产业链价值已经很清楚，所以在服务化深化的过程中，翼卡车联网能通过更多的人、车驾驶行为的大数据，连接金融、保险、二手车、内容电商等一系列无限空间的智能未来商业。

翼卡车联网进行智能服务化转型的契机出现在2009年，这年好帮手集团在进行五年战略规划时，对苹果跟诺基亚的商业模式进行了深度分析，得出了以下三个硬件商发展痛点。

第一，智能硬件普及，但纯粹靠硬件盈利的模式比较单一，竞争壁垒比较低，对技术要求很高，企业只有不断开发新技术，才能产生新的高利润。随着行业发展的成熟，技术周期越短，意味着纯粹硬件的利润越低。

第二，竞争的压力特别大，竞争压力的背后就是低价，把利润拉低，打价格战，同时质量与品质杂乱单一，缺少特色。

第三，随着汽车电子的装配越来越精密，市场规模越来越大，显然会有更多的企业加入，导致竞争日益加剧。好帮手越来越认识到不能单靠纯粹硬件盈利，必须在强调硬件销售的同时，给车主提供更多的服务，形成一个可持续盈利模式。2009年12月18日，好帮手战略规划会议决定，转型的任务落在翼卡车联网身上，由其来实现。

（二）服务化的经验与教训

翼卡车联网在服务化转型的过程中有以下三个突出的问题。

第一，互联网和移动互联网的思维在车联网及其产业思维上并不完全适用。翼卡车联网需要不断通过行业认知积极加入互联网圈子和论坛活动，融入逻辑思维，保持与车厂、保险公司的密切联系，只有这样才能融进产业圈子。

第二，产业硬件思维与互联网融合，面临成本、渠道、用户感知等意识困难问题。在这方面，翼卡车联网还需要通过引进专业人才，吸纳来自互联网、通信、保险、车厂等领域的高管的加入。

第三，在跨界时期，对跨界内的产业价值不能尽快地融合识别。翼卡车联网需要通过外聘行业顾问进行深入研究，针对车主服务的触点，深度了解车主的使用场景，进而基于用户使用需求拉动构建商业逻辑。

（三）深化服务化转型的主要障碍

目前存在跨界的产业异构毋庸置疑。产业互联网的特征是互联网纯粹地大规模发展用户，通过长尾效应去获取利润。由制定政策的行业机构关注智能网联下的生态玩家、生态企业，这样能更好地推动产业发展。

第一，政府层面要多出鼓励性政策加以支持，包括但不限于引进人才的激励、产业集群的扶持、土地厂房和办公场所租赁的税收优惠。服务产业的创新周期比较长，在贷款、产业资金扶持等方面应得到一些支持。

第二，研究机构更多鼓励创新产业深化的典型标杆，在各类研究报告、政府场所和行业盛会中大力推广典型标杆，使其引领产业做出贡献，获得政府及公众的认可，让团队更有信心及动力前行。

（四）启示

1. 制造业服务化标杆企业的借鉴

随着制造业服务化的发展愈来愈深入，其他企业显然很需要借鉴制造业服务化的标杆企业。翼卡车联网是行业典型的服务化转型企业，将被更多企业借鉴和学习。

2. 敢于创新的魄力

制造业公司转型需要从以下两个维度去思考：第一，需要深化自身制造硬件的核心能力，敢于跨界将自己的硬件作为基础去引进产业生态玩家，共同把智能硬件作用发挥到最大化；第二，需要更加开放，在保护硬件的核心能力价值基础上，更加大胆创新。

第二节　米其林轮胎——一体化售后服务

一、米其林公司概述

米其林公司自 1889 年发明首条自行车可拆卸轮胎与 1895 年发明首条轿车用充气轮胎以来，在轮胎科技与制造方面的发明不断。作为全球轮胎行业的领导者，米其林致力于提高货物及人类的可持续移动性，其制造及销售的轮胎被广泛应用于飞机、汽车、自行车/摩托车、工程机械、农机设备以及卡车等多种交通运输工具中。同时，米其林还通过官方网站提供了出行方面的电子移动支持服务，并出版了旅游指南、酒店和餐饮指南、地图及道路地图集。米其林总部位于法国克莱蒙费朗，目前在全球 17 个国家拥有 70 家工厂，在超过 171 个国家中共有 114 000 名员工。米其林设有技术中心，并在欧洲、北美和亚洲各地设有多个研发运营机构。

米其林除了生产轮胎外，还生产轮辋、钢丝、移动辅助系统（如 PAX 系统）、旅游服务（如 GPS）、地图及旅游指南，其中地图与指南出版是该领域的领导者。米其林集团还负责生产及推广包括米其林在内的一系列产品。

二、米其林公司服务化的表现

（一）统一的店面形象和服务标准

米其林的发展策略之一就是将服务视为销售的新动力。近年来，随着产品售卖渠道的日益丰富，引进驰加店是米其林的服务策略之一。这是米其林在全球推出的专业汽车维修品牌，拥有统一的店面形象和服务标准。

在整洁明亮的维修店中，不仅摆放着米其林的轮胎和润滑油，还配有改装件、蓄电池、车内装饰、驾驶眼镜等多种与驾车相关的产品。它完全颠覆了传统的路边轮胎店概念：统一的米其林店面形象，码放整齐的设备和工具，统一着装、训练有素的员工都传达着安全、值得信赖的信息。在硬件服务方面，米其林卡客车专业店除了提供轮胎拆装、充气、检查、换位等全方位基础服务外，还提供专业的刻沟、翻新、修补、动平衡、车轮定位等服务，全面满足卡客车用户对轮胎安全和效益的需求。米其林卡客车专业店还为客户提供了加入米其林无忧行俱乐部的机会，为客户的安全和效益又增添了保障。

（二）售后服务的延伸

米其林引入驰加店实施制造业服务化战略。驰加汽车服务网络以其专业化、标准化的理念闻名于世，服务围绕轮胎、机油、制动三大核心内容展开。消费者能在驰加汽车服务中心免费体验 31 项车辆安全检查，除了多项专业的轮胎服务外，如高质量的多品牌轮胎产品选择、四轮定位检测、充气、轮胎修补、动平衡等，还有车辆快速检测和更换轮辋、润滑油、刹车片、电瓶等 20 多项轮胎之外的汽车增值服务。

（三）引入安全管理技术方案，守护公交安全

米其林与国内外领先机构合作开发的安全管理技术方案包括 ARIS-V 商用车辆巡检机器人，其可帮助车队在夜间进行轮胎检查，提升巡检频率，实现车队资产数字化、远程智能管理；还包括疲劳驾驶预警系统，其通过人工智能算法，实现声音报警提示，将疲劳驾驶数据实时同步至云端。

另外，米其林深知车队安全、经济、环保的重要性。所以，米其林将物联网、移动互联网和大数据引入公交行业安全管理，期望让更多公交车队体验工作的便利和效率的显著提升。

（四）共推头盔刹车灯，提高道路交通安全

2018 年 4 月 4 日，米其林与 Cosmo Connected 公司签署了一份为期 4 年的许可协议，面向中国和泰国市场推广智能摩托车头盔刹车灯和自行车头盔刹车灯。两款产品的设计理念简单精妙。头盔刹车灯固定在普通头盔后方，位置与后车驾驶员视线平行，刹车灯亮起时十分醒目。一旦发生交通事故，它能侦测到碰撞，并向亲友、急救人员发出救助信息。自行车头盔刹车灯专为自行车骑行者打造，其闪烁模式能够帮助其他道路使用者更准确地预判骑行者的路线，有利于各方安全通行。

（五）为车队提供全新且全面的解决方案

2017 年，在法国里昂的重卡及专用车辆展览会上，米其林发布了四款创新数字应用程序，旨在帮助驾驶员和车队经理获得车辆最佳性能和最低使用成本，同时大幅简化车队的日常管理作业，实现了资产和运输活动经济效益最大化。米其林提供的是有针对性的服务项目，为客户量身定制个性化服务，车队经理可选择并整合最为相关的项目，并最终实现某一管理目标。这四款创新数字应用程序大幅革新了以下车队管理的几个方面：一是最佳路线，帮助运输行业的专业人士选择最佳路线；二是车辆检查，帮助实现车辆检查的数字化和标准化，能针对任何车辆建立简单便捷的适用程序；三是培训课程，

促进和实现驾驶员培训的数字化，便于培训师快速有效地训练驾驶员，并逐渐提高他们的驾驶技能；四是道路挑战，该应用程序提供了一个有趣的界面，每天、每周对同一家公司驾驶员的日常驾车习惯进行排名，鼓励良好的驾驶行为，以此激发他们的积极性和职业认同感，从而提高整个车队的行车安全。

三、米其林公司服务化成功的经验分析

米其林承诺安全性、耐用性、省油性、舒适性等。米其林服务化成功的最重要因素是其全能表现科技，致力于为用户提供能够展现全面性能的轮胎，消费者无须再从这些看似相悖的性能中做出取舍，如图 8-2 所示。具体内容为以下两点。

图 8-2　米其林的全能表现

（一）全力以赴，直面挑战

米其林全面把握客户需求，提供安全可靠的轮胎。在行车过程中，轮胎起着几个关键性的作用：车辆抓地、动力传送和方向控制。通过米其林全能表现科技，米其林持续不断地对轮胎各个方面的性能进行优化，并且不做任何妥协。凭借着对用户需求的深刻理解、卓越的创新能力以及对于领先技术的实践能力，米其林直面挑战，将相互牵制的性能最大化地集合到一起，并植入米其林的每一款轮胎中，从而更好地服务客户。

（二）资深的专家提供保障

为确保用户安全以及促进可持续发展，米其林配备了优秀的综合性专家。

米其林对消费者、专业车手以及研究机构的承诺表现在以下几点：一是深入了解驾驶者的期望以及汽车制造商的需求；二是通过和轮胎领域内一流研究机构的通力协作，致力成为意外防范处理专家；三是以强大资源分析轮胎的生命周期、每个周期内为了提升性能表现需要的条件及因素，并据此不断提升轮胎整个生命周期内各方面的表现；四是拥有超过 350 个领域的专家和一座国际化的研究中心，这些在研发上的重大投入无不广泛而持续地推动着米其林研发的能力。这同时也加强了用户对米其林的信任与支持，让米其林获得了长远发展。

四、启示

米其林是全球轮胎科技产业的领先企业和全球轮胎三巨头之一。米其林不仅有品质安全可靠的产品，还有优质的售后服务，从而赢得了用户的信任与支持。米其林服务化转型成功主要源于米其林以客户为本，高度关注客户的需求，以及以推动社会安全发展为己任。

（一）关注客户需求

米其林（中国）投资有限公司作为全球轮胎科技领导者，始终致力于通过不断创新，满足中国消费者日益增长和多样化的需求。为了更好地应对中国市场日益增长的数字化传播需求以及提升中国消费者用户体验，米其林对其中文官方网站进行了全新的改版。米其林新版官方网站是米其林在全球统一设计制作的全新数字平台，它将全方位地触达终端用户并给所有用户带来全新的数字化体验。

（二）具有大格局，履行社会责任

米其林的使命是为人和货物的移动性进步做贡献，更广义地讲就是为社会的进步做出贡献。米其林的所有业务活动都是围绕这一使命开展的，如技术创新轮胎产品和移动性辅助系统、为司机和旅行者提供帮助的地图和指南、通过探索新能源和新技术来推广人类可持续发展移动性的"米其林开拓前行"、推广使用"绿色轮胎"和回收废旧轮胎等环保行动以及促进道路安全等各种安全活动。

第三节 奔驰汽车——"新零售"数字化服务

一、奔驰汽车公司概述

戴姆勒 – 奔驰汽车公司（以下简称"奔驰"）是世界上最成功的高档汽车厂商之一，其完美的技术水平、过硬的质量标准、推陈出新的创新能力以及一系列经典轿跑车款式都令人称道。戴姆勒 – 奔驰汽车公司除了拥有梅赛德斯 – 奔驰品牌外，还拥有迈巴赫、Smart 这些品牌。目前，奔驰三叉星已成为世界上最著名的汽车及品牌标志之一。

奔驰资产超过 500 亿美元，每年的净利润达 12 亿美元，雇员约 40 万人，奔驰年产汽车近百万辆，其中轿车只限量生产 55 万辆，这是为了保证高质量和"物以稀为贵"。奔驰的总部设在德国斯图加特，在总部内设有庞大周全的接待设施，为客户提供温馨细致的服务。

二、奔驰汽车公司服务化表现

作为 2016 年亚洲消费电子展（CES Asia 2016）的参展汽车企业之一，奔驰汽车公司在此次展会上不仅带来了最新的空气动力智能概念车，还展示了已在全球推广的"car2go"汽车共享项目。这表明，奔驰汽车正从一家单纯的汽车制造企业向提供解决方案的服务企业转型。

（一）IAA 空气动力智能概念车

奔驰在汽车展展出的"IAA 空气动力智能概念车"如同电影中的变形金刚，在时速超过 80 千米后，车辆的尾部、轮毂、进气格栅等部位就会自动产生变化，使整体车身更加符合空气动力学，可以使风阻系数降到 0.19 的超低值。除了外形上的变化外，这款概念车在智能化方面也有了质的提升，它搭载了"Car2X 智能云端交互系统"，在实现自动驾驶的同时，也能进行车与车之间的交互通信，这一技术为工业 4.0 时代的汽车未来指明了数字化、智能化的发展方向。

（二）智能化出行解决方案

奔驰还为客户提供了全面的智能化出行解决方案。2016 年 4 月 15 日，戴姆勒股份公司的全资子公司——戴姆勒智能交通服务集团的汽车共享服务品牌 car2go 于重庆正式上线并开放会员注册，400 辆奔驰 smart fortwo 可在重庆市区的运营区域内实现随时随地"自助取车"和"自助还车"。car2go 项目的具体内容为主要采用奔驰 smart 组成单程、自由流动式汽车即时共享体系，租车人无须在指定地点租车和还车，租车用车更为便捷、灵活。

car2go 不同于传统的汽车租赁，乘客只需用手机 App 寻找附近的可租车辆，用智能卡解锁汽车后即可按分钟租用。用完车后，人们不用开车回租赁指定点，而是将车辆开到市区任何一个合法停车点，即可用银行卡或支付宝完成付费，交还车辆。

三、服务化成功的因素分析

（一）注重售后服务

1. 上门取送车服务

"省时有道，分身有术"是奔驰一直推崇的宗旨，奔驰充分尊重客户的自由时间，为客户提供专门的上门取送车服务。客户只需关注车主官方微信服务号"Mercedes me"或支付宝 App 生活号内的"梅赛德斯－奔驰智能互联"，并按提示进行操作，即可轻松预约专业人员上门取车，让爱车保养变得更加便捷无忧，为客户省去更多时间。

2. 快修专享服务

奔驰主张把时间留给生活，提供快修专享服务。奔驰快修专享服务可以为客户提供更高效的基础保养，节省等待时间，妥善安排日程。通过电话预约，奔驰将提前备件，并在保养过程中配备双人快修技师，大幅度提升了工作效率，另外更有快修专属停车位、快修工位及洗车优先等专享服务，让基础保养全程畅通无阻。

3. 保修服务

奔驰为客户提供安心无忧的维修保障。奔驰授权经销商 / 服务中心，依照现行有效的当地相关法律法规、奔驰保修政策以及车辆销售合同及其附件的相关约定，对在新车保修期限内出现的缺陷或瑕疵，使用奔驰原厂配件（包括奔驰原厂再制造零件），依据合理有效的方法提供维修服务，并承担由此产生的相关费用。

4. 事故救援服务

奔驰为客户提供终身免费事故救援服务，从专业高效的救援团队、完善的保险理赔咨询，到高品质的原厂维修，奔驰一站式专业服务将保障客户的权益。客户可以享受以下服务：一是免费拖车服务；二是出险咨询；三是出租车费用报销。客户还可以享受以下贴心保障：复查式定损；优化的理赔方案并陪同办理理赔手续；有奔驰认证的维修技师、专业的维修设备和工艺以及纯正的原厂零配件；等等。

5. 道路救援

奔驰的宗旨是通过提供 7×24 小时全天候的紧急救援支持，为客户出行带来无后顾之忧的安心惬意，以全面提升客户的驾驶体验，确保了客户以下权益：家中或道路救援服务；拖车服务；租车、出租车等公共交通费用报销服务；维修完毕后车辆交付服务。

6. 开展售后服务调查项目

即时了解客户需求，关注提升客户体验。奔驰一直致力于改善售后服务水平，为此，北京梅赛德斯－奔驰销售服务有限公司聘请了专业的咨询公司进行售后服务客户满意度调研。

（二）注重客户体验与品牌价值

奔驰的工作重心绝非不惜代价地寻求数字增长，而是保持业务健康、稳定、有盈利能力和可持续发展，只有秉持这样的业务发展模式才能不断生成新资源，并继续将资源合理投入客户珍视的产品和服务之中。2016 年，除了 Mercedes me 三里屯体验店外，奔驰还在中国开设了全球首家 AMG & MAYBACH 专营店，并借由全新的数字化管理模式与创新化服务模式进一步满足了市场变化中的客户多样化需求。

在提升客户服务方面，2016 年，奔驰引入了全新服务子品牌 Mercedes me，并推出了一系列数字化客户体验试点项目，以满足数字化时代消费者对出行服务的专业化和多样化需求。通过建立便捷服务卫星网点项目，更多客户能够更为便捷地享受到奔驰的原厂高品质售后服务；推出了数字化营销展厅，在经销商店内为消费者提供无缝式数字化购车体验；在线服务预约与上门取送车服务使客户足不出户便可为汽车进行保养。不仅如此，2016 年，奔驰还对易损及重要零部件价格进行了调整，进一步降低了客户的用车成本。

四、启示

（一）提高客户体验，以客户需求为导向

奔驰旨在将"最佳客户体验"渗透到服务的方方面面，令广大消费者无论是通过线上服务还是线下体验都能够感受到奔驰的品质。无疑，智能化、

新能源等新变化正在改变着传统汽车产业的结构，以客户需求为导向开始成为汽车行业重要的关注点。

（二）提供健全的售后服务

奔驰注重为客户提供无微不至的全方位服务，仅在德国西部就有 1 700 个维修站，有 5 万多人从事保养维修工作。在公路上，平均每 25 千米就有一家奔驰维修站，买主只负责开车，一旦发生故障，打个 24 小时服务电话，一般不超过半小时，维修站就会赶来处理。"奔驰家族"的优越感就直接体现在周到的售后服务和终身保修方面，其在全世界 171 个国家和地区内设有 4 300 多个维修点，雇员达 7 万多人。高质量、高信誉正是"奔驰"这家百年老店所蕴藏的最宝贵的珍宝。

第四节 广电运通——高科技服务

一、广电运通公司概述

广州广电运通金融电子股份有限公司（以下简称"广电运通"）前身是广州广电运通金融电子有限公司，成立于 1999 年 7 月 8 日，是集自主研发、生产、销售及服务全产业链于一体的现代化高科技上市企业。广电运通聚焦从金融安全到城市大安全的战略布局，致力于成为全球领先的行业人工智能解决方案提供商，业务涵盖智能金融、智慧政务、智能交通与平安城市等领域，在生物特征识别、区块链、人工智能等前沿科技领域进行了大力研发并取得了成功。

目前，广电运通的智能金融装备解决方案已进入全球 80 多个国家和地区的 1 200 多家银行，在俄罗斯、土耳其、德国等国家设立分支机构，全球自动取款机（ATM）安装总量超过 25 万台，连续多年位居中国市场销售占有率首位，综合实力排名全球前 4 强。广电运通拥有全球领先的智能金融科技研究院及人工智能研究院，由 4 名院士领衔、12 名博士带头的近千人本科以上学历专业研发团队，还设立了国家级企业技术中心、博士后科研工作站等。在新一轮信息革命浪潮中，广电运通将持续打造基于公共安全的人工智能技术与服务的优势，以智能金融业务平台为主体，向高端服务和人工智能创新产业延伸。

二、广电运通公司服务化内容及服务化能力建设情况

（一）夯实传统制造业务的传统基础优势

广电运通始终坚持"全球视野，本土运作"的发展战略。在现金清分方面，广电运通的全资子公司中智融通开发出了系列业界领先的现金物联网解决方案与智能现金处理产品；在智能交通方面，广电运通旗下的运通智能在国内自动售票类设备市场占有率居榜首，在核心模块方面，占据 70% 以上的市场份额，设备及核心模块在中国超过 60 多条地铁线与 30 多条高速铁路客运专线得到了广泛应用，同时在港澳台地区及南美等国家批量应用。基于移动互联网技术，广电运通率先研发了互联网售检票设备，使广州、深圳等 6 个城市的地铁实现了线上运营，极大地推动了中国轨道交通的智能化进程。

（二）以服务为纽带建立协同共赢产业链

广电运通积极把握"中国制造 2025"，推进实施制造强国的发展战略，大力推动生产制造企业向制造服务企业转变，同时基于"互联网+"行动的机遇，构建了顺应技术发展趋势的"互联网+"自助设备服务平台，充分发挥出了广电运通在金融自助设备外包服务领域的龙头企业优势。依托坚实的技术基础和强大的技术创新能力以及服务能力，围绕银行客户对自助设备运维服务快速响应的需求，广电运通创新性地将互联网技术应用于自助设备服务领域，致力于打造自助设备服务生态圈。

截至目前，广电运通旗下的广电银通、广州穗通、广电汇通、汇通金融等专业化的金融服务外包企业已在全国范围内建立了一支近 20 000 人的专业金融服务团队。广电运通用现代化科技运营手段承接和整合银行传统业务，帮助银行实现了智能化转型升级。在金融武装押运领域，广电运通旗下的广电安保已在全国并购、建立了约 40 家武装押运及金融外包、安防服务企业，以"技术+安防"模式打造了中国金融科技智慧服务平台。

（三）引导企业围绕核心技术优势加速创新转型

围绕着"行业同心多元+技术同心多元"的战略定位，在创新业务领域，广电运通与南航、百度三方联合建设了国内首个"人脸识别智能化登机系统"，集成了人工智能生物识别技术，实现了 App 装载、安检和登机全流程人脸识别，便于快速完成旅客身份的验证和识别。

在非现金领域，广电运通目前研制的 STM（超级柜台）、指静脉售货机、云购票机等智能化设备支持受理非接触、生物识别、二维码扫描等一种或多

种支付方式，未来还将不断推出智能时代市场所需的创新产品；在金融科技创新拓展领域，广电运通设立了 Fintech（金融科技）研究中心，针对区块链、金融智能、大数据等金融科技技术进行了立项研发。

三、广电运通公司服务化转型的历程

（一）服务化转型的动因

广电运通母公司广州无线电集团在 2008 年就积极提出了"高端高科技制造业、高端现代服务业"的战略定位，并通过掌握核心关键技术，实现了制造业的高端升级，为制造业向服务业转型发展提供了源源不断的助力。

1. 快速响应外部变化

广电运通具有敏锐的市场嗅觉，很早就判断出了金融机构对于全外包服务及解决方案的需求变化，结合对国家政策的理解，快速提供了适应市场需求的产品及服务。

2. 滚动进行战略调整

广电运通每年都会进行滚动战略研讨，对未来几年市场进行分析，对自我竞争力进行研判，而且还会对产品和技术进行预研，从而做到了战略与时俱进。

3. 保障创新的可持续性

广电运通通过成立研究院，每年投入占营收 8% 以上的费用用于研发，保障了创新的可持续性，从而为企业的转型升级提供了技术基础。

（二）制造业服务化转型的路径和方向

广电运通围绕金融自助设备一体化综合服务设备的全生命周期管理开展服务，解决了生产与服务脱节的问题，搭建了一个全国性的"全国金融自助设备公共服务平台"，只为提高我国金融自助设备的总体服务能力及服务水平，推动传统制造业和服务行业的转型升级，促进现代服务业快速发展。

1. 路径方向一

在保留原有生产制造的基础上，提供了基于产品的增值服务，从总体上提升了客户的产品使用体验，走"产品服务化路线"。

2. 路径方向二

从聚集产品生产的阶段出发向前端拓展，走"知识技术密集型的高端服务路线"。在保留广电运通原有的生产制造业务的同时，面向专业化市场或新的业务领域，基于拥有的核心技术、研发设计资源能力优势，向咨询策划、试验检测、标准制定和自主产权技术知识支持服务拓展，为客户提供了知识密集型、技术密集型的高端服务。

3. 路径方向三

从聚焦核心制造业务环节出发，同时向两端拓展，走"产品服务一体化路线"，提供给用户一整套的解决方案。

（三）制造业服务化转型的三个阶段

制造业服务化转型的三个阶段如图 8-3 所示。

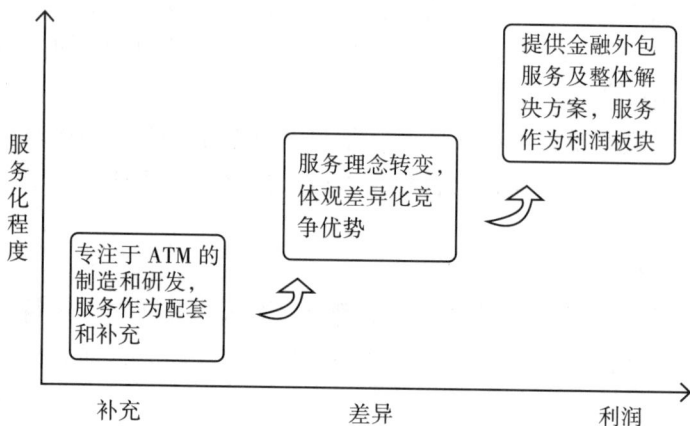

图 8-3 广电运通制造业服务化转型的三个阶段

1. 发展初期

广电运通在全国建立服务站，提供 ATM（自动取款机）售后的安装、调试、维修和保养服务，初步建立了服务网络。此阶段，广电运通专注于 ATM 的制造和研发，服务作为配套和补充。

2. 发展中期

2006 年，广电运通成立广电银通，开始对高端服务深耕细作。通过在全国建立服务中心，开始探索全外包运营项目，以及取得了北京 2008 年奥运会、2010 年上海世博会等大型活动的金融服务保障的完美成绩单，广电运通服务在这个阶段开始体现一定的差异性，同时本企业产品的附加价值也大幅提升。

3. 成熟期

在 ATM、AFC（自动售检票）等智能设备发展成熟后，广电运通提出了"高端制造＋高端服务"，以及"同心组合"的战略，成立了广州穗通突破金融外包服务领域，成立了中智融通提供清分流水线系统解决方案，并在全国范围内收购武装押运企业，布局全产业链。另外，基于过硬的产品核心技术和质量，广电运通近年来推出了国产 ATM 系统、远程视频银行、轨道交通互联网售票设备等解决方案，服务化进程向提供高质量金融外包及综合性解决方案演进，且高端服务作为新动力，推动了公司成长，成为了广电运通新的利润增长点。

四、成功经验与问题挑战

（一）服务化的成效

1. 产品构成

根据表 8-1 可以发现，广电运通的货币自动处理设备的收入占比呈明显的下降趋势，由 2015 年的 63.98% 下降到 2017 年上半年的 35.59%；而设备维护及服务业务的收入占比呈快速上升趋势，由 2015 年的 22.27% 上升到 2017 上半年的 43.23%；其他产品收入占比的变化不明显。以上数据说明广电运通服务化趋势加强，服务业务比重逐渐增加。

表 8-1　广电运通的主要产品名称及其收入占比

年份	主要产品名称及其收入占比		
	货币自动处理设备	设备维护及服务	其他
2015	63.98%	22.27%	13.75%
2016	56.72%	29.55%	13.73%
2017 年上半年	35.59%	43.23%	21.18%

2. 人员构成和服务业务收入情况

根据表 8-2 可以发现，在 2015—2017 年上半年间，员工总数由 11 957 人增加到 23 537 人，这表明广电运通的生产规模不断扩大。其中，服务业务人数占员工总数的绝大比值，由 86.07% 上升到 90.48%。另外，服务业务收入占主营业务收入的比重也呈现快速的上升趋势，在 2017 年上半年，其占比超过 50%，达到 52.78%。这同样也说明广电运通服务化效果明显，而且服务化趋势正在加强。

表 8-2 广电运通的员工构成和收入占比情况

年份	员工构成		收入占比	
	员工总数（人）	服务业务人数占比（%）	主营业务收入（万元）	服务业务收入占主营业务收入的比重（%）
2015	11 957	86.07	397 294	24.78
2016	20 521	90.27	442 365	32.66
2017 年上半年	23 537	90.48	152 995	52.78

（二）可借鉴的成功经验

广电运通通过"智造中心"和"全国金融自助设备公共服务平台"的相继建立，在国内率先实现了货币智能处理设备制造的数字化、网络化和智能化，提高产品质量的同时，提升了公司的生产率；结合远程运维服务应用模式，将金融自助设备资源集中智能管理，从而实现了风险可控；通过对设备管理的生命周期进行覆盖，减少了管理成本。广电运通在促进工业转型升级和发展方式转变的同时，在金融自助设备领域树立起了智能制造的行业标杆，具体有以下几点经验。

1. 循序渐进的发展模式

智能制造是具有综合性、系统性和整体性的系统工程，广电运通按照"整体规划、分步实施；效益驱动、突出重点；由易到难、逐步完善"的发展思路，分阶段完成，由局部到整体，逐步扩大应用规模，使广电运通的智能制造得以有计划、有步骤地推进。目前，广电运通通过对产品生命周期管理、客户关系管理、企业资源计划、制造企业生产过程执行管理系统等系统的建设，借鉴国内外先进的管理方法，理顺组织体系，逐步构建了统一、集成、共享的一体化企业级管理信息平台，使各方面资源配置更加科学、有效，增强了广电运通信息系统集成应用水平，使广电运通的智能化发展跃上了一个新的台阶。

2. 善于抓重点，破难点

广电运通的智能制造涉及智能产品、智能设计、智能装备、智能工厂、智能供应链、智能服务各方面。为实现真正的智能制造，广电运通抓住获取企业核心竞争能力这条主线，制定出了"关键环节技术应用、整体技术应用、运通智造"三步走策略，将智能制造作为主攻方向，从基础到高端、从单项到集成，由点到面，逐步铺开，拓宽应用范围，加深应用层次，最终实现了从"制造"到"智造"的转变。

3.运用高端信息化技术

广电运通将物联网、新一代信息技术等高端信息化技术与产业相结合，使金融服务外包产业逐渐转移到技术密集型产业。未来，广电运通必会努力将更多的新科技、新元素注入行业中，为储户创造一个安全的用卡环境和体验，为其他厂商生产的金融自助设备提供相应的维保等服务，帮助各银行的金融自助设备营运服务外包产业降低成本，提高企业的工作效率，为社会创造更多价值。

4.与时俱进，不断优化

广电运通坚持效益原则、实用原则、适用原则、系统性原则、可扩展性原则。广电运通坚持以经济效益和提高竞争力为目标，以"解决实际问题、产生实际效果"为追求，同时以"适用、够用、好用"为衡量标准，考虑整体发展需要，努力实现应用集成，这样就能适应不断变化的管理模式，并不断进行优化，逐步加以完善。

（三）遇到的主要问题与挑战

目前，广电运通正在布局农村金融网络，由于我国农村地区及基层社区支付结算环境存在"基础设施不到位、服务方式单一、服务手段落后"等瓶颈，普惠金融的发展受到了阻碍，目前存在的主要问题包括以下几点：农村地区支付结算服务供给不足；农村地区金融自助机具布设不平衡进一步加剧了供求矛盾；农村地区基础设施不到位，金融服务方式单一；最主要的现金存取款服务难题并没有得到有效解决。

五、启示

（一）注重创新研发是服务化的原动力

广电运通依托国家级企业技术中心、博士后科研工作站，与中国科学院和中国工程院"两院"院士等专家进行紧密的合作，成立了广电运通研究院。广电运通坚持研发高投入，每年的研发投入占公司总营业收入的8%以上，同时支持自主研发、自主品牌的技术创新，以市场为导向，不断开发新产品，逐渐完善核心技术，全面提升了综合竞争力。截至目前，广电运通有效专利总量超过2 000项，80%左右的发明专利应用在公司的核心产品上。

（二）混改转制搞活机制，保障服务化顺利开展

广电运通洞察外界环境变化与行业变革，通过资本运作、并购、投资孵化创新项目等形式，实现了产业链全面扩张与国有资产有效增值。2000年前

后，广电运通开始进行混合所有制形式改制，引入职工持股模式，要求经营班子带头入股，号召骨干员工积极入股，鼓励其他员工自主选择入股。2015年，广电运通实施定向增发和员工持股计划，通过持股将职工利益，特别是经营、管理和技术骨干的切身利益与企业利益结合在一起，有效建立起了企业的长效激励与约束机制，使企业与员工形成"利益共同体"，从而奠定了公司后续持续快速发展的制度基础。

第九章 面向产品的金融服务模式

第一节 中钢集团邢台机械轧辊有限公司
——基于功能定价的制造服务

一、中钢集团邢台机械轧辊有限公司概述

中钢集团邢台机械轧辊有限公司始建于 1958 年，是中国政府投资创建的国内第一家专业轧辊生产企业。其原名为"冶金工业部邢台冶金机械修造厂"，2006 年 4 月 19 日整体加入中国中钢集团公司，同年 8 月 1 日更名为"中钢集团邢台机械轧辊有限公司"（以下简称"中钢邢机"），是中国中钢集团的全资子公司。目前，中钢邢机拥有一家主体公司、五家专业子公司，厂区占地面积 128 万平方米，现有在岗职工近 4 000 人。中钢邢机占有固定资产 48 亿元，资产总额 89.4 亿元，已经发展成为世界上产出规模最大、市场占有率最高、资本实力最强的冶金轧辊专业研发与生产企业，是中国最重要的焦炉设备、连铸设备、干熄焦设备、风电设备和大型铸锻造件等冶金设备制造企业之一。中钢邢机已累计为我国钢铁工业生产各类高品质轧辊 50 余万支，累计轧制各类钢材超过 60 亿吨，为我国国民经济建设和国家钢铁工业发展做出了重要贡献。目前，中钢邢机轧辊年产能达 18 万吨，位居全球第一，超过世界排名第二的轧辊企业 50% 以上。中钢邢机轧辊国内市场综合占有率达 50% 以上，大型钢轧机用各类轧辊占国内市场份额达 85%，全球轧辊市场占有率达 20% 以上，位居世界同行业第一。目前，中钢邢机的主要用户包括宝钢、武钢、鞍钢、首钢等特大型钢铁企业，公司轧辊产品销售到欧洲、美洲、亚洲、非洲、大洋洲的 40 多个国家和地区。

中钢邢机拥有多个国家 863 课题和国家高新技术重点项目。中国金属协会轧辊学术分会和河北省铸造行业协会等学术组织挂靠在中钢邢机，还建立了全国冶金轧辊行业唯一一家博士后科研工作站和冶金轧辊研究所。近年来，中钢邢机荣获省部级以上科技成果 27 项，有 50 余项产品填补了国内空

白并替代进口，3项实用新型技术被国家授予专利权。其在国内率先研制的具有自主知识产权的热轧宽带钢轧机用大型高速钢轧辊已成功应用于国内 CSP 生产线，填补了国内大型离心复合高速钢轧辊的空白。中钢邢机的科研成果在国内轧辊行业中始终名列第一，引领了我国轧辊行业的技术进步与发展方向。我国所有的轧辊技术标准均出自中钢邢机，公司还制定了我国 6 米大型焦炉护炉装置的行业制造标准。自 2006 年以来，公司投资 23 亿元，进行了以冷热带锻钢轧辊、热轧板带离心轧辊和国家级技术中心为代表的"三大技改"工程建设和全资子公司的改扩建工程，3 150 吨油压机、8 000 吨油压机、国内最先进最大的卧式离心机、荒磨机等系列重大关键设备相继投产。目前，公司装备能力和技术为世界一流水平。公司拥有冶炼、铸造、锻造、热处理及机械加工等各工序的先进工艺装备，形成了完备的铸钢、铸铁、锻钢三大系列的板带轧辊、大型型钢轧辊、线棒轧辊、异型轧辊、小冷轧辊生产线，以及以方坯、板坯连铸机和干熄焦、焦炉设备为代表的冶金设备生产线。

二、轧辊产品特点

（一）种类多样

轧辊种类很多，也存在多种分类方法。在选用轧辊时，有些对轧辊的性能要求往往是彼此对立的，同时轧辊购置费和维护费用又很昂贵，所以企业应充分权衡技术和经济上的利弊，决定用铸的还是锻的，合金的还是非合金的，单一材料的还是复合材料的。常用的轧辊品种有铸钢轧辊、铸铁轧辊，这是按照材料不同划分的，另外在型材轧机上还有少量硬质合金轧辊。按照成型方法不同，轧辊可分为铸造轧辊和锻造轧辊，铸造轧辊是指以将冶炼钢水或熔炼铁水直接浇注成型这一生产方式制造的轧辊种类。铸造轧辊按材质可分为铸钢轧辊和铸铁轧辊两类，按制造方法又可分为整体铸造轧辊和复合铸造轧辊两类；锻造轧辊按材质可分为锻造合金钢轧辊、锻造半钢轧辊、锻造半高速钢轧辊、锻造白口铸铁轧辊。按照工艺方法不同，轧辊还可以分为整体轧辊、冶金复合轧辊和组合轧辊。整体轧辊是相对于复合轧辊而言的。整体轧辊的辊身外层与心部以及辊颈由单一材质铸造或锻造而成，辊身外层和辊颈的组织、性能通过铸造或锻造工艺以及热处理工艺过程来控制和调整。锻造轧辊和静态铸造的轧辊均属于整体轧辊。整体轧辊分为整体铸造轧辊和整体锻造轧辊两种。冶金复合铸造轧辊的铸造方法主要有半冲洗复合铸造、溢流（全冲洗法）复合铸造、离心复合铸造三种，此外还有连续浇铸包覆

（CPC）、喷射沉积法、热等静压（HIP）、电渣熔焊等特殊复合方法制造的复合轧辊种类。组合轧辊主要是镶套组合轧辊。

轧辊有多种分类方法。例如，按辊身形状进行分类，轧辊分为圆柱形和非圆柱形。前者主要用于板材、带材、型材和线材生产，后者主要用于管材生产。按是否接触轧件进行分类，轧辊分为工作轧辊和支承辊。直接接触轧件的轧辊称作工作轧辊；为增加工作轧辊的刚度和强度而置于工作轧辊背面或侧面又不直接接触轧件的轧辊称作支承辊。按使用机架进行分类，轧辊可分为初轧辊、粗轧辊、中间轧辊和精轧辊。按轧材的品种进行分类，轧辊可分为板带轧辊、轨梁轧辊、线材轧辊和管材轧辊等。按轧制时轧件的状态进行分类，轧辊可分为热轧辊和冷轧辊。按硬度值进行分类，轧辊可分为软辊、半硬辊、硬面辊和特硬辊。软辊的硬度为 30～40 尚式硬度，用于开胚机、大型型钢轧机的粗轧机等；半硬辊的硬度为 40～60 尚式硬度，用于大型、中型、小型型钢轧机和钢板轧机的粗轧机；硬面辊的硬度为 60～85 尚式硬度，用于薄板、中板、中型型钢和小型型钢轧机的粗轧机及四辊轧机的支撑辊；特硬辊的硬度为 85～100 尚式硬度，用于冷轧机。按轧机类型进行分类，轧辊可分为平面轧辊、带槽轧辊和特殊轧辊。平面轧辊即板带轧机轧辊，其辊身呈圆柱形，一般热轧钢板轧机轧辊做成微凹形，受热膨胀时，可获得较好的板形；冷轧钢板轧机轧辊做成微凸形，在轧制时，轧辊产生弯曲，以获得良好的板形。带槽轧辊用于轧制大、中、小各种型钢、线材及初轧开坯，在辊面上刻有轧槽使轧件成形。特殊轧辊用于钢管轧机、车轮轧机、钢球轧机及穿孔机等专用轧机上，这种轧机的轧辊具有各种不同的形状，如钢管轧制中采用斜轧原理轧制的轧辊有圆锥形、腰鼓形或盘形。轧辊的一些分类方法如表 9-1 所示。

表 9-1　轧辊的部分分类

轧辊分类方法	轧辊类型
成型方法	铸造轧辊和锻造轧辊
工艺方法	整体轧辊、冶金复合轧辊和组合轧辊
辊身形状	圆柱形和非圆柱形
是否接触轧件	工作轧辊和支承辊
硬度值	软辊、半硬辊、硬面辊和特硬辊
轧机类型	平面轧辊、带槽轧辊和特殊轧辊
材料	铸钢轧辊、铸铁轧辊和锻造轧辊

（二）功能性强

轧辊是钢铁行业的上游产品，功能性极强，其主要的作用就是轧钢。因此，轧辊的主要客户是钢厂。轧辊是轧钢厂轧钢机上的重要零件，企业利用一对或一组轧辊滚动时产生的压力来轧碾钢材。它主要受轧制时的动静载荷、磨损和温度变化的影响。锻钢热轧辊主要用于热轧开坯及型钢粗轧辊；锻钢冷轧辊广泛用作冷轧工作辊。由于冷轧板材要求质量较高，尤其是冷轧薄板广泛用于轻工、汽车、建筑及铁道等行业，因此企业要生产高质量的冷轧薄板，就必须要有高质量的冷轧工作辊做保证。轧辊主要用于板材、带材、型材和线材、管材生产，在钢厂中主要与轧机相连，进行钢材的轧制，如图9-1所示。

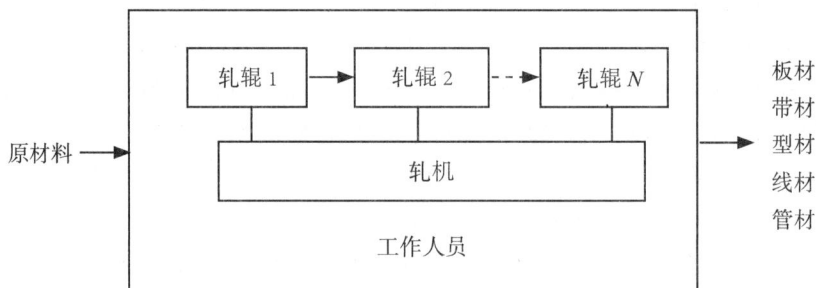

图 9-1　钢材生产流程图

（三）易消耗和破损

轧机部件中轧辊的工作条件最为复杂，使用过程中容易发生消耗和破损，甚至断裂。轧辊在制造和使用前的准备工序中会产生残余应力和热应力，使用时又进一步受到各种周期应力的作用，包括弯曲、扭转、剪力、接触应力和热应力等。这些应力沿辊身的分布是不均匀的、不断变化的，其原因不仅有设计因素，还有轧辊在使用中的磨损、温度和辊形的不断变化。此外，轧制条件经常会出现异常情况。例如，轧辊在使用后冷却不当，也会受到热应力的损害。所以除了轧辊除磨损外，还经常出现裂纹、断裂、剥落、压痕等各种局部损伤和表面损伤。好的轧辊的强度、耐磨性和其他各种性能指标之间应有较优的匹配。这样，其能在正常轧制条件下更持久耐用，也能在出现某些异常轧制情况时损伤较小。所以，在制造轧辊时，企业要严格控制轧辊的冶金质量或辅以外部措施以增强轧辊的承载能力。合理的辊形、孔型、变形制度和轧制条件也能减小轧辊的工作负荷，避免局部高峰应力，延长轧辊的使用寿命。由于轧辊的磨损机理很复杂，包括机械应力作用、轧制时的热作用、冷却作用、润滑介质的化学作用以及其他作用，因此还没有综合评定轧辊抗磨性的统一指标，这就要求检测人员具备一定的工作经验。

轧辊断裂也可能与温度不均匀造成的热应力有关。轧辊在上机使用过程中，由于与轧材紧密接触，轧辊表面温度迅速上升，而轧辊心部的温度上升较慢，这时轧辊面和轧辊心部之间的温差处于最大值，温差引起的轧辊热应力也处于最大值。如果轧辊的热应力和轧辊的残余应力相叠加，并且超过了轧辊心部的强度极限，就可能发生轧辊断裂的事故。防止断裂应该从减小制造残余应力、机械应力、组织应力和热应力四方面进行。一般情况下，大部分制造残余应力会在热处理过程中消除，并且会随着轧辊的存放时间延长而逐渐消除。因此，新轧辊存放一段时间再使用，能够降低轧辊断裂的风险。避免较大机械应力的方法主要是避免过冷钢。降低组织应力的方法是通过热处理将辊身工作层残余奥氏体含量控制在 5% 以下。减小热应力的办法是在轧钢过程中对轧辊进行良好的冷却。总之，制造残余应力、机械应力、组织应力和热应力是造成高铬钢轧辊断裂的主要原因，良好的热处理、轧制条件和冷却可以有效防治高铬钢轧辊断裂。

（四）需要定期检测和维护

轧辊的正常工作需要一定的条件。在保证轧辊材料以及制造质量的前提下，企业需要明确轧机、轧材和轧制条件，并且合理选择轧辊，而更为重要的是要明确轧辊的使用和维护制度。在常用的冷轧辊中，工作辊的材料有 9Cr、9Cr2、9Crv、8CrMoV 等。冷轧辊要求表面淬火，硬度为 45 ～ 105 尚式硬度。热轧辊常用的材料有 55Mn2、55Cr、60CrMnMo、60SiMnMo 等。热轧辊在开坯、厚板、型钢等加工中使用，会受强大的轧制力、剧烈的磨损和热疲劳的影响。由于热轧辊在高温下工作，并且允许单位工作量内的直径磨损，因此不要求表面硬度，只要求具有较高的强度、韧性和耐热性。热轧辊只采用整体正火或淬火，表面硬度要求 190 ～ 270 布式硬度。轧辊硬度是一个间接的物理值，它的高低受到轧辊本身内部组织状态的影响，如轧辊材料的基体硬度、轧辊材料中碳化物的种类和数量、轧辊的残余应力等。同时，由于轧辊硬度检测常用的肖氏硬度和里氏硬度检测均为反弹式硬度检测，受检测仪器的状态、操作者的心理因素等其他因素的影响较大，因此无论是轧辊的制造部门还是使用部门，都需要配备专人负责硬度检测工作。企业要注意硬度计的选型，同时要注意经常送检、校对硬度检测仪器和标准试块，有条件的企业可以推广利用标准轧辊来进行硬度计的校对工作。

三、中钢邢机的服务化转型——"功能定价，全线总包"

（一）"功能定价，全线总包"的内涵

"功能定价，全线总包"是中钢邢机应对市场竞争的一种新型的竞争模式和营销手段。中钢邢机销售轧辊曾经是按吨计价，如 2009 年轧辊的价格是每吨 1 万元。钢铁企业购买轧辊是用于轧钢，功能定价是将钢铁企业生产每吨钢消耗的轧辊统计量转化为价格。例如，轧钢线产出 1 吨钢需要使用 48 个轧辊，根据这 48 个轧辊的消耗量计算成本，即每吨钢消耗轧辊 0.8 千克，折算为成本是 12 元。钢铁企业生产 1 吨钢需要消耗 12 元的轧辊，因此轧辊为生产 1 吨钢贡献了 12 元的价值。这种根据统计轧辊所提供的功能计价的方式称为功能定价。功能定价外在表现为计价方式的改变，但其实质上是企业由提供产品向提供服务的转变，即中钢邢机由专业化提供轧辊转向为钢铁企业提供配套服务。在过去，轧辊按吨卖，在价格战的形势下，中钢邢机轧辊质量好的优势无法体现，而按功能卖则能够体现中钢邢机的技术优势和质量优势。

"功能定价，全线总包"模式的具体实施过程是轧辊的所有权归中钢邢机所有，中钢邢机的技术人员和营销人员到钢铁企业，依据企业的实际需求进行全线配辊，按照生产过程中轧辊的消耗量收取费用，同时技术人员提供全程的检测和跟踪服务。"功能定价，全线总包"的终极目标是将钢铁企业车间全线承包，租赁使用钢铁企业设备，弱化钢铁企业的作用，实现对轧辊市场的占领和垄断。中钢邢机能够生产所有的轧辊，并且配套更合理，可以全线跟踪指导，具备了实现"功能定价，全线总包"的基本条件。"功能定价，全线总包"的新模式是建立在中钢邢机雄厚的企业实力基础之上的，是企业技术优势、产品优势、管理优势和人才优势的集中体现。轧辊如何使用与使用效果存在直接关系，因此钢铁企业需要相应技术服务，需要专门的设备和技术进行技术测量。目前也有专门修复轧辊的企业，但由于其技术能力有限，它们主要针对中小企业。中钢邢机"功能定价，全线总包"的细分市场定位为国内大型高端企业。"功能定价，全线总包"要根据用户的实际需求进行轧辊的设计和配置，就需要企业具备强大的综合实力；同时，钢铁企业将整条轧线进行外包，也会面临较大的风险。这也需要提供全线总包服务的企业具有强大的实力和良好的声誉。中钢邢机具备生产轧辊最全面、最完整的生产线和最先进的技术，拥有全球最领先的设备和检测仪器，以及多年积淀的技

术和研发人员丰富的经验，这是实现"功能定价，全线总包"的必要前提。功能定价的旧模式和新模式对比如图 9-2 所示。

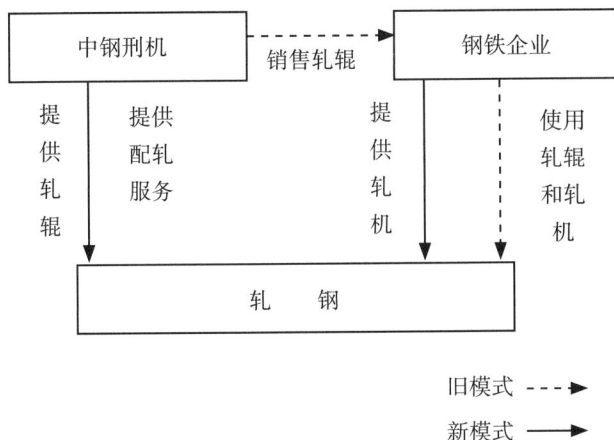

图 9-2　功能定价的旧模式和新模式的对比

（二）"功能定价，全线总包"的实施

中钢邢机于 2010 年正式开展"功能定价，全线总包"业务。中钢邢机负责配置轧钢线的全部轧辊。按照功能计价的原则，钢铁企业生产 1 吨钢需要消耗 12 元的轧辊，而中钢邢机向钢铁企业承诺，为钢铁企业生产 1 吨钢只收取 11 元费用。中钢邢机通过"功能定价，全线总包"的独特成本优势和服务优势赢得了客户。如果钢铁企业自己使用轧辊产钢，其需要消耗轧辊的成本为 12 元，同时还要花费购置轧辊的成本和轧辊库存成本。另外，由于轧辊的工作层就是最外层的 50～60 毫米厚度的部分，属于消耗品，一般进行 1～2 个班次就需要磨削，而功能定价垄断了功能辊和支承辊，实时进行跟踪和检测，具有排他性。通过功能定价，中钢邢机可以与钢铁企业确立 3～5 年的长期合作关系，保障了客户稳定性。到目前为止，中钢邢机已经为国内以下几家企业、几条线提供服务：2010 年实现的山东日照的 1 800 热轧，2012 年实现的柳钢 1 450 热轧、宝钢德盛窄带不锈、西南不锈 1 450 热轧，2013 年实现的吉林建龙 1 450 热轧和攀钢 2 030 冷轧等。

在激烈的市场竞争中，中钢邢机规避价格竞争，通过提供差异化的服务拓展市场，稳定了客户关系。钢铁企业从购置到使用轧辊的周期较长，一般为一年左右。具体表现为轧辊的生产周期是 3 个月，联系发货需要 1~2 个月，轧辊从上机到正式使用也需要一定的时间。采用功能定价模式后，由中钢邢机依据钢铁企业的需求配置适用的轧辊，技术人员进行现场跟踪和检测服务，钢铁企业则可以专注于轧制工艺的研制，而效率将显著提升。可见，采用"功能定价，全线总包"模式能够实现中钢邢机和钢铁企业的双赢。

（三）"功能定价，全线总包"的支持体系

当制造企业开始进行提供产品与服务组合的服务化活动时，企业投入的资源将发生变化，可能需要原来传统制造业所不具备的能力。因此，向服务化转变的条件也成为制造业服务化过程中需要研究的内容。中钢邢机采用功能定价模式，在企业核心能力的基础上实施服务化转型，企业的战略和发展模式与以往相比有所区别。功能定价模式只有在中钢邢机相对完善的支持体系下才能够实现，其成本核算与之前单纯销售轧辊相比也有所不同。

1. 技术和研发中心

中钢邢机以前专注于轧辊的生产，而采用"功能定价，全线总包"模式后，需要进入钢铁企业，使用钢铁企业的轧机和中钢邢机的轧辊进行轧钢。这需要中钢邢机了解相关轧机的工作流程和相关工艺，同时根据钢铁企业的个性化需求选择不同的轧辊，因此中钢邢机的技术和研发中心是保证功能定价模式长期发展的关键因素。中钢邢机的技术研发中心除了负责新产品的研发外，还负责中钢邢机与钢铁企业合作框架的设计，具体表现为服务结构的设计。由于钢铁企业的轧钢线是一个系统，需要几十个轧辊共同工作，同时在这个过程中，需要对轧辊进行磨削和更换，因此就需要技术和研发中心不断地优化轧辊的配置，促进轧辊消耗量最小化，不断提高轧钢的效率。

制造业企业有能力和设施培养服务是其实现服务化的必要条件之一，由此，制造业需要在服务设计方面进行相关的资源投入。以前没有提供服务的企业需要克服管理模式转变难题，保持与相关服务供应商之间的关系。帕约拉等提出，企业的经营运行能力和动态发展能力是其向服务化进行转变的重要条件。盖博尔等人提出，实现制造业服务化的关键是企业的组织文化和能力以及组织安排。布兰指出，向服务化转变的关键在于企业具备特殊的服务能力，并结合资源进行供给。与此同时，消费者也需要经历接受服务的过程。由于消费者对服务不了解，企业就需要利用以服务为中心的商业模式引导消费者的需求。

2. 信息化平台

中钢邢机自主研发和设计了网络信息系统，建立可生产和管理的信息化平台，保证了产品生产管理数据的实时和准确传送，再加上成本核算和工艺改进，同时与用户建立联系，这些都是中钢邢机采用功能定价模式的基本保

障。中钢邢机建设了公司园区网络系统，建立了一个信息中心机房和八个分布于各分厂的汇聚层设备机房，网络覆盖了公司每个部门，通过与设备的联网实现了加工程序和数据的传输。公司开发了应用针对各类生产设备的监控系统，全面提高了生产经营、工艺技术，为增强公司的竞争力提供了有效手段。信息系统由中钢邢机自主研发，目前已经形成了生产作业层系统和部门管理层系统。生产设备监控系统包括炉前测温自动采集系统、炉前成分光谱分析数据传输系统、电力和燃气远程实时监控系统、热处理炉和加热炉自动监控系统以及无损探伤数据自动采集系统等。生产作业层系统包括成本核算系统、生产工艺编制系统、产品生产跟踪系统和生产作业计划安排管理系统等。成本核算系统促进了公司管理水平的提升；生产工艺编制系统细化了产品生产的流程；产品生产跟踪系统可以追踪产品在任何时间所在的工序，为保证产品交货期进行了实时跟踪；生产作业计划安排管理系统可根据产品在线情况将生产任务具体分配到加工设备上，优化了生产节奏，有利于提高生产效率。部门管理层系统有物资超市供应系统和产品生产过程档案管理系统等。物资超市供应系统保证了物料单位需求与单位选择的自由度，有利于节约资金；产品生产过程档案管理系统为生产、技术和质量部门进行了质量分析，提供了全面、准确的数据，推动了工艺的改进。市场营销部六大营销处的16个办事处终端处理系统使网络系统延伸到用户身边，做到了供需双方信息快速、有效传递，从而能更好地满足客户要求。

3. 员工技能

员工技能是保证中钢邢机成功实现功能定价的重要因素。在功能定价模式中，衡量中钢邢机的标准不再是轧辊的质量和价格，而是服务质量。服务质量的范围较为广泛，既包括服务传递给客户的方式以及有形设施与组织设计的完善性，又包括客户在服务结束后的所得。中钢邢机的功能定价从本质上讲，服务的对象是轧机，而不是个人。因此，在现场进行跟踪和检测的人员的技术水平和工作经验就显得尤为重要了，员工需要掌握了解轧辊的工作状态、消耗程度和工作效率等基本技能，拥有处理故障等事件的能力。如果服务对象是人，员工通常要注意行为和言行方式等，从而提升客户的感知服务质量。

制造业服务化需要企业的高层管理人员意识到服务的作用和服务价值。因此，制造业服务化自身面临的挑战来自企业的高层管理人员，主要是企业能否将服务化的设计融合到企业的整体战略中。奥利瓦指出，制造企业向服务化转变的关键是企业的战略导向和具体的开发活动。盖博尔提出，制造商应向以客户为中心和价值共创的方向转变。企业应通过创新商业模式和发展技术促进产品和服务的融合，这都需要发挥企业高层管理者的作用。目前，国内仍有大部分制造业企业尚未将服务完全融入企业的竞争分析和战略设计之中。在传统制造业的发展过程中，服务曾经被认为是一种费用较高的活动。因此，当代高层管理者应意识到企业发展潜在的需求和风险，寻求通过服务化提升竞争优势的模式。

四、中钢邢机服务化的经济效益

（一）减少成本和资源消耗

中钢邢机积极进行以功能定价为标志的服务化转型，逐步实现了从以产品为导向的产品服务系统向以使用为导向的产品服务系统的过渡，这将为企业带来减少资源消耗和成本等方面的经济效应。尼利提出了服务化的五种选择，分别是整合导向的 PSS、产品导向的 PSS、服务导向的 PSS、结果导向的 PSS 和使用导向的 PSS。中钢邢机长期以来是在向钢铁企业销售轧辊的基础上提供附加服务，如安装和维修等，这属于产品导向的产品服务系统，即中钢邢机提供产品附加服务，产品仍然是主要的收益来源。实施功能定价的模式后，中钢邢机使用自己的轧辊为钢铁企业轧钢，提供服务的同时也提供轧辊，但本质上是提供一种为钢铁企业轧钢的服务，服务已经处于主导地位，因此是一种面向使用的产品服务系统。在向钢铁企业提供服务的过程中，中钢邢机实现了与钢铁企业的资源共享，即中钢邢机负责轧辊的安装和使用，钢铁企业提供轧机。

中钢邢机的这种面向使用的服务化战略减少了资源消耗和生产成本。轧辊属于消耗品，工作层很薄，需要及时磨削和更换。钢铁企业的轧钢线产出 11 钢一般需要使用 48 个轧辊，可见轧辊在轧钢过程中使用量很大。在功能定价的模式中，中钢邢机保留了轧辊的所有权，实现了轧辊的重复利用，并且能够有效地利用废辊，节省了轧辊的生产成本。同时，由于轧辊生产具备高能耗、高投入特点，中钢邢机就开始由以销售轧辊产品为主转向以利用轧辊提供轧钢服务为主进行转变，企业在生产方式上发生了重大变化，投入的能源和原材料大幅度减少，这对于传统制造业的转型意义重大。

制造业服务化主要的内部因素之一是提高企业利润。服务能够为企业带来高额利润和稳定收入。制造业企业增加值的绝大部分都由以知识为基础的服务活动产生。奥利瓦指出，制造业企业把服务整合到其核心产品提供中的经济理由是企业相当多的收益来自产品整个生命周期的客户，服务通常能比产品产生更高的利润，提供更为稳定的收益来源。因此，制造业企业可以将服务化作为提高企业利润的重要途径。

（二）提升竞争优势

中钢邢机的服务化转型能够提升企业的竞争优势，实现差异化，促进传统制造业竞争格局的转变。中钢邢机的"功能定价，全线总包"模式需要企业具备特定的组织结构和技术人员等相关核心能力，因此这将对其他企业的进入和模仿设置壁垒。根据迈克尔·波特的价值链理论，价值链是由基本活动和辅助活动构成的，而基本活动一般易于模仿。中钢邢机作为一家专业化生产轧辊的企业，基本活动就是制造轧辊，而这种加工制造环节较容易掌握。目前，国内存在若干家生产轧辊的中小型企业，这也导致长期以来轧辊行业一直以价格竞争为主。企业的辅助活动在制造业中表现为在制造基础上提供相关服务，包括设计、研发和售后服务等，而这些都不易于模仿，因此将为企业带来差异化竞争优势。奥利瓦认为，服务具有难以模仿的特点，因而是竞争优势的持续来源。

中钢邢机的功能定价模式实现了由提供产品到提供服务的过渡，依据客户需求进行配辊，并且逐步向依据客户需求设计和生产轧辊的方向发展。这可以使企业区别于竞争对手，通过服务增强竞争优势。目前，中钢邢机的功能定价模式正处于发展的初级阶段，存在极大的发展空间。中钢邢机通过采用功能定价这一模式，改变了轧辊行业的以价格竞争为主的格局。中钢邢机将通过提供差异化的服务锁定客户，保持与客户长期的合作关系，从而提升企业竞争优势，提高收益。

（三）创新效应

中钢邢机的服务化转型有利于企业创新，促使企业进入良性的发展循环。熊彼特的创新理论指出，创新是不同要素的组合，即生产要素的重新组合，而创新也是企业获得利润的源泉。中钢邢机的功能定价模式本身就是一种创新，中钢邢机与钢铁企业的合作则是一种全新的生产要素的组合。在这种模式下，中钢邢机将投入更多的技术和人力资本。中钢邢机根据客户需求进行轧辊的安装和使用，同时技术人员现场跟踪监测。在这个过程中，中钢邢机能够及时发现轧辊使用中的问题，了解客户需求，同时为新产品的设计和开发提供方向，促进企业的产品创新和服务创新，进而为客户创造更多的价值。

传统的制造业往往关注如何降低成本，而忽视了客户需求。中钢邢机提供的功能定价模式属于以使用为导向的产品服务系统，根据客户需求进行产品的设计和改良，通过客户需求不断促进企业创新，增强企业的核心竞争力。

创新是保证企业具备动态能力的关键。中钢邢机通过功能定价实现的服务化转型能够促进企业不断创新，进而增强企业的动态能力。动态能力是指企业整合、构建和重新配置企业内外的能力，以适应快速变化的市场环境的能力。市场环境和客户需求是复杂多变的，因此企业要想在竞争中长期处于不败之地，不仅需要具备在长期的经营过程中积累的知识等核心能力，还需要不断随外部环境的变化进行资源、组织和功能的整合，形成一种动态的能力。在没有采用功能定价模式的情况下，中钢邢机与钢铁企业只是签署单纯的轧辊销售合同，旨在实现轧辊所有权的转移，双方谈判的焦点仍然是价格。关于轧辊的选择和如何为轧机配辊，主要由钢铁企业决定，中钢邢机不参与钢铁企业的产品生产和制造，因而虽然中钢邢机能够提供安装等基本的附加服务，但是中钢邢机的技术人员并不了解轧辊在轧钢过程中的状态和变化。通过功能定价模式，中钢邢机将与钢铁企业建立长期的合作关系，负责钢厂整条轧钢线的轧辊供应，其中涉及轧辊选择和合理配置，以及轧辊的磨削等具体工作。中钢邢机了解到不同类型的轧辊的特点和性能后，能够解决买卖双方信息不对称的问题，并且有专业的技术人员全程跟踪指导。中钢邢机与钢铁企业由原来的买卖关系转变为一种合作关系，在轧钢设备的使用上体现了共享的形式。

（四）外部效应

中钢邢机属于中国轧辊行业的领军企业，由于强大的生产能力和较高的市场占有率，其在中国轧辊市场具有举足轻重的地位。中钢邢机通过功能定价模式进行的服务化转型将在国内制造业中起到良好的示范效应，引领轧辊行业生产方式的变革。中钢邢机的功能定价模式具有显著的外部效应，具体表现为环境效应、就业效应和产业升级效应等。长期以来，以高投入、高能耗、低产出为特点的粗放型生产方式一直制约着中国制造业的长足发展。目前，中国制造业已经进入转型的关键时期，目标是实现由制造大国向制造强国的转变。中钢邢机通过功能定价实现了由原来卖"产品"到卖"功能"的转变，所以能够有效控制轧辊生产量，完全根据客户需求进行生产，同时也避免了钢铁企业为保证生产持有大量的库存的现象，在轧辊的需求和供给方面能够实现信息对称。在这种情况下，中钢邢机生产轧辊的数量得到控制，必然会节约资源和能源的投入。

目前，中钢邢机的功能定价正处于发展阶段。由于这种模式与传统的销售轧辊的模式存在很大区别，中钢邢机除生产轧辊外，还需要一批具有一定经验的技术人员在现场跟踪和指导，这显然将催生一定的就业效应。目前，成功实施的轧钢线较少，中钢邢机的组织结构仍在不断调整和完善，致力于保证功能定价模式的有效运行。中钢邢机的功能定价模式也能够促进产业结构的升级。产业结构升级需要经历一定的演化进程，表现为不断提高服务业在国内生产总值中所占的比例。中钢邢机目前处于服务化的发展阶段，尽管企业性质属于制造业，但是随着服务化的深入开展，制造业与服务业的界限也将变得模糊。中钢邢机也将不断提升服务所创造的价值在企业收入中的比重。制造业服务化的最高阶段即实现由制造商向服务商的转变，因此中钢邢机的服务化转型将对我国的产业结构升级发挥一定作用。

中钢邢机的服务化转型也将带动国内相关行业的发展，如知识密集型服务业等。目前，国内其他生产轧辊的中小型企业不具备中钢邢机的技术优势和管理优势，只是单纯地进行轧辊的生产和销售。当中钢邢机逐步在全国范围内实施功能定价后，这些企业将面临新的挑战。因此，如果这些中小型企业希望获得一定的市场份额，可能会求助于知识密集型的服务业，为企业发展献计献策。另外，中钢邢机对钢铁企业实行全线总包，这种合同类型已经转化为技术贸易或者服务贸易合同，其中将涉及与以往不同的法律条款，关于索赔和纠纷的处理都将与以往有所不同。因此，这也将带动咨询公司和律师事务所等相关行业的发展。

第二节　同方节能工程技术有限公司
——能源管理合同服务

一、同方节能工程技术有限公司概述

同方节能工程技术有限公司（以下简称"同方节能公司"）的前身为成立于1993年的清华人工环境公司，目前是同方股份有限公司旗下的全资子公司，是提供能源投资解决方案的节能服务商。作为中国最早致力于热泵空调产业发展的引航者，同方节能公司在20多年内实施热泵项目超过3.5亿平方米，现已成为国内一流的建筑节能方案提供商、产品供应商及能源投资运营

与节能综合服务商，业务涵盖工业生产及建筑环境等诸多节能领域，2011 年入选国家发展和改革委员会节能服务公司名录，2013 年入选国家工业和信息化产业部节能服务公司推荐名录。

同方节能公司在项目实施方面采用国际上最先进的商务模式，依托清华大学先进的节能技术和清华同方可靠的资金支持，为客户提供了一站式、全过程、多元化的综合节能减排解决方案。同方节能公司拥有多项专利和科研成果，在区域能源规划、工业余热回收梯级综合利用技术、蓄能技术（冰蓄冷、水蓄冷、水蓄热）、热泵技术（吸收式热泵、压缩式热泵）、温湿度独立控制技术、变风量技术等方面处于国际领先水平。"科技、创新、诚信""心系天下冷暖，科技服务社会"是企业秉承多年的信念。同方节能始终坚守"承担、探索、超越、忠诚、责任与价值等同"的企业文化，担当起了企业公民的社会责任，不断引导能源投资事业向着更节能、更环保、更绿色的方向前进。

二、同方节能工程技术有限公司产品特性

（一）节能技术与产品

同方节能公司拥有 30 多项专利技术，包括中国与日本的多项专利，如余热回收型除盐水加热系统、余热回收型汽水换热器、燃烧器控制方法及装置等。

具体的节能技术可以分类为余热利用技术、蓄能技术、地源热泵技术。

1. 余热利用技术

余热利用技术对能量的回收、转移及提升作用符合国家目前倡导的"温度对口，梯级利用，因地制宜，多能互补"科学用能原则。该项技术是目前国际主流的用于降低建筑能耗的技术，其广泛应用可大大缓解目前供热与能源消耗、供热与环境保护间的矛盾，以及电力负荷冬季与夏季的矛盾。

同方节能公司在国内率先开展了热泵技术应用的研究，并应用于工程实践当中。同方节能公司拥有多项实用专利技术，从 1993 年以来累积实施热泵项目超过 6 000 万平方米。同方节能公司具有自主生产的清华同方高效地源热泵机组，其技术水平被业内权威机构定为"国际领先"级别；具有自主生产的清华同方高效高电压余热源热泵机组，其技术水平被业内权威机构认定为"国际领先"级别，可直接采用 10 千伏电源；具有独特的大温差小流量地下水采集与换热技术，与其他同类技术相比，可减少抽灌水量 30%，室外潜

水泵可节电 35%；具有清华同方专有的面向多种工况的土壤逐年温度变化模拟计算软件，确保系统长期运行可靠；具有清华同方专有的注灌技术，确保地下水 100% 回灌，无水资源污染和浪费。

2. 蓄能技术

蓄能技术是一项利用空调系统的制冷、制热设备，在夜间电网负荷低谷时段开启制冷主机制冷或制热设备制热，将冷量或热量储存在蓄能装置中，而在用电高峰时段释放能量的技术。蓄能空调一方面可起到平衡电网、"削峰填谷"的作用，有利于减少电站建设数量及二氧化碳的排放；另一方面可降低用户制冷、制热设备的容量和初投资，并可大幅度减少空调日常运行费用。因此，蓄能空调被各国和各级政府积极鼓励采用。

3. 地源热泵技术

同方节能公司所倡导的地源热泵系统技术是利用地源热泵空调机组，促使浅层土壤能量与室内空气进行冷热交换的空调系统。只需要使用同方节能公司精心选配的机组系统，就可以达到在房间内冬季供暖、夏季制冷的目的。地源热泵系统依靠浅层常温土壤进行冷暖交换，而浅层土壤的能量源于太阳能。它永不枯竭，是大自然赋予人类的馈赠，有利于真正实现能源的循环利用，此技术在带来清爽和温暖的同时，也将成为人们留给子孙后代的宝贵财富。

4. 产品

根据以上技术，同方节能公司开发出了以下一系列产品。

（1）吸收式热泵

吸收式热泵是基于余热利用技术研制开发出的一系列产品，主要作用是将工业生产及工业余热转化利用于民用领域。它通过消耗少量的高品位热源，从低品位的余热中吸收热量并使之提升为可以应用的中品位热能，变废为宝，提高了能源的使用效率，从而达到减排增效的目的。吸收式热泵工作需要满足三个条件：能够提供高品位热源，作为吸收式热泵的动力（主要是蒸汽或燃料燃烧的高温热能）；拥有较低品位的余热作为低温热源，提供吸收式热泵的热源来源（各种需要冷却的工艺冷却液）；存在需要中品位热能资源的用户，作为吸收式热泵的热源输送（工艺过程内部使用或转化为民用采暖及洗浴所用能源）。

吸收式热泵可应用于具有大量余热源的热电联产、冶炼、石油化工、纺织等工业领域，产品系列包括第一类吸收式热泵（直燃型、蒸汽型、热水型）与第二类吸收式热泵。

第一类热泵应用的三要素如下：高温驱动热源（蒸汽、高温热水、天然气、煤气、燃油等）；低温余热源（高于15摄氏度的循环水、乏汽、冲渣水、地热尾水、太阳能热水、废汽油等）；高温的热能需求（冬季供暖、锅炉补/回水预热、生活热水、工艺热水等需求）。第二类热泵的应用三要素如下：低品位的余热（不低于40摄氏度）作为驱动热源（循环水、乏汽、冲渣水、地热尾水、太阳能热水、废汽油等）；低温冷却水（6～32摄氏度）；高品位的热能需求（80～1 509摄氏度的热水、0.5兆帕表压以下的饱和蒸汽）。

（2）蓄能热泵

1992年，同方节能公司与清华大学空调教研组合作，开展蓄能技术的研究和产品开发，1999年研究项目结束，研发出了蓄能空调系统从设计、控制到产品的成套技术。同方节能公司依靠蓄能空调成套技术优势以及蓄能设备的传热机理研究，掌握了不同类型蓄能设备的蓄能和取能特点，利用系统设计与仿真，开发出了解决实际工程优化设计问题的控制算法与软件，提出了优化控制概念，能够最大限度地节约系统运行费用，进行蓄能产品开发。同方节能公司在国内率先开发出金属盘管和组合式蓄冰槽填补了国内这一领域的空白。

（3）水地源热泵

同方节能公司的水地源热泵技术完全遵照国际标准，结合我国实际国情进行研发。实际研发采用独立的模块化思想，可靠性高；采用"大温差、小流量"的技术思路，为用户最大限度地节省了宝贵的水资源，降低了运行费用；利用计算机辅助最优控制，保证机组在任何工况下均处于最佳运行状态；采用顶级压缩机及制冷部件，保证机组高效、可靠运行。高效换热器是由清华同方与专业配套厂商共同研制开发，专为清华同方水源中央空调机组特殊设计生产。优质进口控制器结合同方自行开发的水源热泵专用控制程序，使主机在智能化和网络化方面优于同类产品。机组可作为城市区域供热的热源使用，既可提供空调冷热水，也可提供生活热水。

（二）应用领域

1. 煤炭业

余热资源有坑道涌水、矿井排放尾气、井口瓦斯、发电机组冷却循环水。为了保障煤矿安全生产，副井口空气入井温度要大于2摄氏度，以防井口结冰，目前主要依靠燃煤锅炉提供热量。井口附近的职工澡堂一年四季、一天24小时为矿工提供洗浴热水，需要的大量热量目前也主要依靠燃煤锅炉提供。

对于降深超过 –800 米的矿井，采掘面的温度将在 30 摄氏度以上，存在"热害"现象。解决之道是利用水源热泵提取冷却循环水及坑道涌水中的低品位热量向井口或澡堂供热；利用空气源热泵系统或喷淋吸收的方式提取矿井排放尾气的低品位热量向井口或澡堂供热；利用双工况水源热泵机组对井下采掘面进行降温。在减排效益面方，降低了运行成本 30% 以上，静态投资回收期 4 ～ 6 年，节能减排率达 40% 以上。

2. 热电业

余热资源有水冷式热电机组冷却循环水、风冷式热电机组高温排放尾气。我国热电厂的平均煤炭燃烧有效转化率不足 50%，大量能量以冷凝热的形式散发到大气当中。热电厂集中供热的供给量与需求量的差距越来越大，同时受煤炭价格逐年提高及国家政策的影响，供热企业亏损逐年加剧。如何提高现有供热企业的供热能力，降低运行成本，已成为当务之急。解决之道是利用水源热泵提取冷却循环水中的低品位热量，制取 50 ～ 80 摄氏度的高温水直接向建筑物供热，这样可提高供热能力 40% 以上。对于锅炉补水量较大的（热）电厂，可利用水源热泵提取冷却循环水中的低品位热量加热锅炉补水，从而减少抽气量，提高发电效率。利用吸收式热泵提取冷却循环水中的低品位热量，可在主管网供气量不变的情况下提高一次热网的换热能力 30% 以上。在减排效益面方，同样的煤炭消耗可提高供热能力 30% ～ 50%，静态投资回收期 3 ～ 6 年，节能减排率达 50% 以上。

3. 钢铁业

余热资源有发电机组及空压机冷却循环水、焦化煤气冷却循环水、产品淬火冷却循环水、高温炉渣冷却水、低温烟气（200 摄氏度以下）。在钢铁冶金企业生产过程中，各种冷却循环水总量较大，而且这些循环水中含有丰富的低品位热量。企业（北方地区）大面积的建筑物采暖及工艺所需的大量低品位热量多由锅炉蒸汽等高品位热量换热后所产生。解决之道是利用热泵技术提取冷却循环水及低温烟气中的低品位热量，这样可替代燃煤锅炉，大面积给建筑物采暖供热及工艺用热。在减排效益面方，初投资按建筑物面积计约 50 ～ 80 元 / 平方米，节能减排率达 50% 以上，静态投资回收期 5 年左右。

4. 石油业

余热资源有采油过程中的回注水、炼化厂的冷却循环水、工业废水。在采油过程中，需要大量的工艺伴热，对采出的油水进行脱水分离，目前主要依靠燃油或燃气锅炉提供热量。建筑物采暖需要的大量热量目前也主要依靠锅炉提供。解决之道是利用热泵技术提取回注水中的低品位热量提供工艺伴热；利用热泵技术提取冷却循环水及工业废水中的低品位热量向建筑物采暖供热。在减排效益面方，降低了运行成本 30% ～ 50%，静态投资回收期 4 ～ 6 年，节能减排率达 40% 以上。

5.工矿企业节能改造

在工矿企业生产中，常存在一方面需要制冷，另一方面又需要供热的情况。传统的锅炉配套制冷机的方式不但能耗巨大，而且能源利用结构很不合理。应用水源热泵技术可以回收利用制冷系统的冷凝热，为供热系统提供 50 ～ 80 摄氏度的热水。单套热泵系统替代了传统锅炉与制冷机两套设备，在优化企业能源配置与节约运行费用的同时，也减少了大量大气污染物的排放。

在工矿企业中，存在大量低温热水，如工艺冷却水、矿井水、工业废水等，温度大多在 10 摄氏度以上。利用水源热泵技术将余热水作为热源，提取低温余热，冬季可以提供 50 摄氏度以上热水，满足采暖、洗浴、工艺用热水等热负荷需求，能效比达 4 以上。

工矿企业在生产过程中有大量低品位热量的空气排放，如矿井下的坑道尾气排放，化工、食品行业的废热烟气排放等。采用综合换热技术及热泵技术后，可以回收废气余热，满足采暖及工艺用热需求，综合利用能源，实现低成本、高效益运行。

6.建筑市场

在建筑市场，同方节能公司为民用住宅、政府楼宇、商业写字楼以及公共建筑提供能源循环利用方案。工程范围涵盖蓄冰空调系统、洁净空调系统、机电自控系统、地源热泵空调系统、弱电控制系统等。主要设备包括水环式地源热泵主机、末端设备、双工况冷机、蓄冰盘管、基载冷机等。

三、同方节能公司的服务化转型

（一）转型动因

1.市场上存在恶性竞争

有些地区的节能项目在市场上公开招标，同时吸引多家单位来竞投，但部分地区的政府决策部门目光短浅，往往选择报价最低的企业。在低报价的情况下，企业就不得不降低工程质量来保证利润。因此，政府部门在节能减排项目的改造中应该转变思路，不能一味地以报价低作为唯一标准，因为这会降低工程的质量，同时影响节能减排行业的良性发展。

2. 融资难

目前，我国节能行业的公司规模普遍不大，基本上都是中小企业，同方节能公司也是如此。虽然国家出台了相关政策鼓励金融业对节能产业进行相关支持，但银行在融资中发挥的作用比较小。由于公司的产品产量小，同时从传统制造业角度看，公司规模较小，也没有大量的产品和设备抵押，因此其申请银行贷款比较困难，在融资租赁及保理等方面也不能得到银行的帮助。

节能服务公司的预期收益与银行贷款债权之间并没有实现有效衔接，因此需要在银行传统信贷担保品种之外，将能源管理项目的预期收益权纳入有效资产范围，通过市场交易和权利质押的方式进行有效融资，确立项目收益权在项目融资中的地位和作用，从而扩大融资范围。

3. 国家相关补贴政策执行缓慢

国家政策对节能减排行业进行鼓励与补贴，但在出台与执行具体政策时进展较慢。例如，国家 2010 年出台的政策承诺对节能减排企业减免企业所得税，实行"三年免税、三年减半"政策，但国家税务总局直到 2013 年年底才公布具体的操作细则。

对于节能减排量，国家规定每吨标准煤可以领取 240 元国家补贴。但是，节能减排量需要经第三方机构进行核实。目前，全国从事节能减排量资格认证的企业较少，而申请补贴的企业数目众多，形成了尖锐的供需矛盾，导致节能减排企业领到补贴资金的速度较慢。并且，必须是节能单位才能提出申请，这在实际操作中就导致了节能企业与节能单位责任划分不清楚的问题。

财政补贴政策落实缓慢在一定程度上影响了企业的现金流及收益，对于纯制造业企业影响更大，原因是若缺少这部分资金，公司或许就无法进行后续的生产与投资活动。

4. 单纯卖产品不能拓展市场

市场上节能减排的意识并不够强。很多行业都会产生工业余热，但是并没想到利用工业余热，更没想到利用工业余热能够节约不少企业成本。一些企业虽然也想回收工业余热，但是缺乏足够资金买入设备。同方节能公司依托清华大学的热能技术，生产吸收式热泵，工艺以"技术 + 资本"的模式发展起来。虽然独特的技术是市场保障，但仅靠销售产品并不能将市场做大。在国内，很多企业并不接受单纯的服务，服务化意识还比较薄弱，对服务收费会比较敏感。

（二）转型步骤

同方节能公司只有基于技术和产品附加服务，才能在市场上打开局面。为此，公司作出了以下决定。

第一，在产品上搭载其他业务，如安装、维修服务等，形成工程总包。

第二，在经营过程中，加强技术研发，实现产品—服务升级。

第三，利用自有资金、技术参与节能改造，借助金融平台实现能源投资，以投资模式拉动业务增长。

同方节能公司的转型方向主要分为两大块：能源环境与信息技术。同时其具体采用了两种先进的商务模式。

同方节能公司在节能减排领域采用 EMC（合同能源管理）的模式进行技术推广。这种模式最大的好处就是客户不用出一分钱就可以解决采用节能减排技术带来的资金、技术等一系列问题，可享受由此带来的节能减排收益，并可完成政府要求的节能减排指标。

BOT 即 build、operate、transfer，中文意思为建设、运营、移交。同方节能公司主要将该模式用于北方市政供暖项目的建设和运营。项目所在地的政府通过契约合同授予同方节能公司一定期限的特许经营权，许可其融资建设和经营供热（或者供冷）业务，并准许其向用户收取费用或出售项目资产以偿贷，回收投资并赚取利润。在特许经营权期满后，该设施无偿移交给当地政府。

（三）转型成效

采用全新的商务模式后，通过多年的技术调研和项目实践，同方节能公司在工业余热利用方面取得了突破性进展，可以在煤炭行业、钢铁冶炼行业、热电行业、电子行业等诸多领域为客户提供冷热平衡解决方案和废热循环利用方案。

同方节能公司的技术专家在行业内多家权威机构担任理事长、副主任委员等领导职务，可以引领行业发展，为客户提供专业的方案咨询服务。同方节能公司具备国家甲级机电设计事务所资质与建筑智能化系统设计专项甲级资质，生产 1～100 兆瓦的全系列热泵产品，保障了良好的技术设计品质；具备国家机电安装工程施工总承包一级资质、机电设备安装工程专业承包二级资质，工程建设质量优异。同方节能公司被国家发展和改革委员会列入了节能服务公司备案名单。同时，同方节能公司还拥有专业的运行监控团队，可以对所有设备进行远程监控、远程预警，上传数据到总部数据中心，同时可以实现远程控制、远程指导，积累了丰富的能源运营经验，促使节能率远超设计预期。此外，同方节能公司还具有国家颁布的制冷空调设备维修安装A类资质，近百家售后服务网点遍布全国。

同方节能公司为绿色可再生能源利用技术和工业余热回收技术的推广和应用做出了突出贡献。目前，公司所实施的民用节能推广项目面积已经超过2.5×10^8平方米，工业余热回收节能项目每年可节约标准煤2×10^5吨，能源投资项目额度超过10亿元人民币。同方节能公司转型后的部分项目如下。

1. 沈煤红阳热电有限公司（EMC模式）

项目概要：辽宁灯塔市红阳热电有限公司供暖面积为2.93×10^6平方米。

余热源：发电机组冷却循环水。

余热用途：城市供热。

节能减排效益：年节省标准煤25 000吨。

2. 唐山钢铁集团有限公司南区（EMC模式）

项目概要：在钢铁生产工艺中，蕴含着丰富的余热资源，本项目回收加热炉、连铸机和烧结余热发电机组循环冷却水中的余热，用于厂区采暖、除氧器软化水的预热以及物料伴热，降低了原来的成本，并实现了节能减排。

余热源：多种冷却循环水。

余热用途：厂区采暖、软化水预热。

节能减排效益：节省蒸汽15.8吨每小时，年节省标准煤6 000吨。

3. 中粮生化（安徽）股份有限公司（EMC模式）

项目概要：在柠檬酸生产过程中，每天需消耗大量蒸汽，采用清华同方余热回收技术，回收循环冷却水中的余热，用于工艺环节中工艺水和物料的加热，替代原来的蒸汽加热工艺，可降低蒸汽消耗。

余热源：自备电厂发电机组冷却循环水、废糖液。

余热用途：工艺用水和物料加热。

经济效益：直接经济效益600万元/年。

节能减排效益：年节省标准煤5 186吨。

4. 同方节能（友谊）热力有限公司（BOT模式）

项目概要：该项目为同方节能公司在东三省地区的第一个BOT类项目。项目采用生物质电厂发电冷却循环水余热供暖，整套供热系统较原有的采暖方式节约一次能源大于35%。公司投入资金建设清洁能源热源厂，在县城区内新建热力管网及城区换热站等。项目一期可满足友谊县未来5年的城镇化建设的发展需求；项目二期预期可满足友谊县未来10～15年城镇化建设的发展需求。

5.同方节能（新乐）热力有限公司（BOT模式）

项目概要：采用BOT项目，一方面在热源侧采用同方工业余热回收技术，回收热电厂循环冷却水余热，为新乐市进行集中供热；另一方面改造并新建新乐市供热管网，预计供热能力达到600～800平方米，项目分三期建设。

四、商业模式理论分析

（一）EMC模式的内涵

自20世纪70年代以来，西方发达国家面临着越来越多的能源价格、安全等问题，而这些问题又逐渐演化形成了世界范围的能源危机，对全世界的能源保障产生了巨大的冲击。部分发达国家为了缓解能源危机给本国带来的危害，加强了对能源的调控。在这种背景下，EMC应运而生。EMC模式被应用之后，其在资金运作、技术协调方面的优势很快就体现了出来，成为了一项新兴产业，并发展成为了世界通用的能源管理模式，在我国近年来发展迅速。

具体来说，EMC是一种以减少能源费用来支付节能项目全部成本的节能投资方式。这种节能投资方式允许用户使用未来的节能收益进行节能改造和设备升级，以降低目前的运行成本。实施节能项目的业主（用户）与专门的节能服务公司签订了节能服务合同，节能服务公司根据用户的需求提供节能方案，包括设计、材料设备采购、节能改造施工和能效运行监测等一系列服务。节能服务公司为用户提供节能改造方案的全过程服务成功后，节能服务公司与用户双方分享节能改造节约的成本或带来的收益。节能服务公司与用户就节能项目实施达成的契约关系称为节能服务合同。

（二）EMC模式的特点

在节能服务合同的约束下，节能服务公司对用户现有的能源系统进行了改造，在一定程度上解决了用户节能意愿不强、节能改造资金投入量不足等问题，推动了我国节能减排改造项目的开展，促进了节能服务市场的发展。EMC模式下的节能改造和传统节能改造的对比情况如表9-2所示。

表9-2　EMC模式下的节能改造项目与传统的节能改造项目对比

EMC模式下的节能改造项目	传统的节能改造项目
节能服务公司筹集改造资金	用户筹集改造资金
合同高度整合	合同较多，涉及多个参与方

EMC 模式下的节能改造项目	传统的节能改造项目
以节能收益偿还项目改造费用	在项目改造完成后就支付改造费用
节能服务公司承担项目主要风险	项目风险由双方承担
节能效率高	节能效率低
节能量有保障	节能量没保障

与传统的节能改造项目相比，EMC 模式下的节能改造项目具有以下特点。

1. 用户项目风险低

在合同能源管理模式下，节能服务公司负责筹集项目改造资金，并为节能改造项目提供技术支持及相关设备。根据 EMC 能源合同规定，对于不能实现预期节能量的改造项目，节能服务公司将承担相应损失。由此可见，在EMC 模式下，节能服务公司承担着主要合同风险，用户的项目风险较低。

2. 高度整合的合同

在 EMC 模式下，节能服务公司为用户提供系统、全面的节能改造服务。节能服务公司利用自身能力融资，获得节能改造资金，解决了节能改造项目的资金问题；同时，节能服务公司通过专业的节能方案设计，为节能改造项目提供了技术支持与专业设备；此外，节能服务公司还负责项目改造的施工和能源系统运行维护，确保项目施工按计划进行。节能服务公司具有高度的整合能力，同时扮演了银行、方案设计者、材料设备供应商、施工方和运营维护方等多种角色。节能服务公司的一条龙服务提高了项目节能改造效率，并降低了成本，推动了节能改造项目的产业化发展。

3. 多方共赢的运作模式

在 EMC 模式下，节能改造涉及节能服务公司、用户、银行、设备和材料供应商等多个参与主体，各参与方都能从节能改造项目中获益。在节能改造项目完成后，用户与节能服务公司按合同约定分享节能改造收益；节能服务公司通过向用户提供节能服务，从节能改造收益中获得企业利润；此外，为节能改造项目贷款的银行、设备和材料供应商也能从节能改造中获取各自利益。各方通过节能改造项目形成了互利合作关系，实现了多方共赢。

4. 节能改造项目的节能效率高

对于采用 EMC 模式进行节能的项目，节能服务公司通常利用新技术或新设备实现节能减排的目的，而且实施节能改造项目的节能服务公司大多都具有节能改造的专业方法和经验。通过 EMC 机制进行的节能改造项目的节能率一般在 10% ～ 40%，也有高达 50% 以上的，比通过一般节能方式达到的节能率高。通过 EMC 模式进行节能改造项目，能提高资源的利用效率，减少能源浪费，节约经济发展成本，提升经济效益。

5. 节能量有保障

节能量是节能服务公司和用能单位签订合同的关键因素。无论是在哪种类型的合同能源管理中，节能量都是节能服务公司获得效益的目标，往往要在合同中进行约定。节能服务公司凭借自身优势进行节能项目改造，比用户依靠自己直接出资购买新设备进行节能改造更有保障，不仅能够规避节能改造投资风险，还可以降低投资成本。特别是在节能量保证型合同中，节能服务公司要保证承诺的节能量。如果没有达到承诺的节能量，用户就可以要求节能服务公司按照合同的约定，给予他们相应的补足或者赔偿。

（三）EMC 模式的类型

EMC 模式主要有以下几种类型。

1. 节能效益分享模式

节能改造工程的全部投入和风险由节能服务公司承担，项目实施完毕，经双方共同确认节能率后，在项目合同期内，双方按比例分享节能效益。项目合同结束后，先进、高效的节能设备无偿移交给企业使用，之后所产生的节能收益全归企业享有。节能服务公司除了提供技术方案和实施节能项目外，还负责项目的融资，承担融资、技术、运营等全部风险。对于用户来说，节能效益分享模式可谓是真正的"零投入""零风险"。节能效益分享模式如图 9-3 所示。

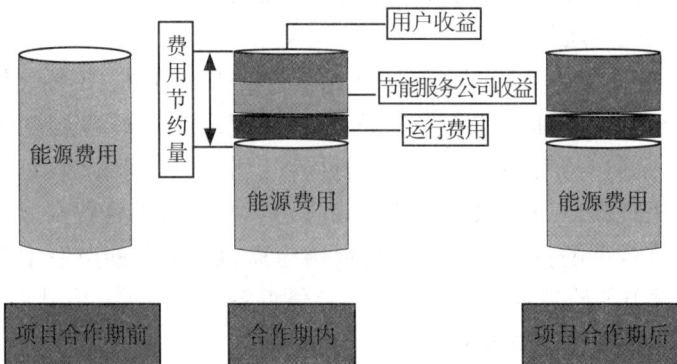

图 9-3　节能效益分享模式

该模式适用于诚信度高、节能意愿强的用户和节能量大的大项目。这类合同较为复杂，对用户和节能服务公司双方的合同管理能力要求较高。节能效益分享模式的主要特点有以下几点。

第一，节能服务企业将风险从用户处转移到自己身上，消除了用户的资金障碍，在一定程度上促进了能源市场的扩大与发展。

第二，很多节能服务公司在开展节能效益分享项目时，首先需要融资。进行融资的资金来源可以有多种，包括企业以往留存的资金、从银行等金融机构获得的商业贷款、从国际金融机构获得的节能专项贷款等。

第三，能源管理项目的相关设计与施工由节能服务公司负责，用户只负责协调相关工作。另外，节能服务公司为用户提供了能源审计、设计、设备采购、施工、人员培训等一体化服务，并保证完成合同规定的节能目标。

第四，节能服务公司的利润取得主要靠与用户分享节能产生的经济效益。节能服务公司由于前期资金投入巨大，因此在经济效益分享约定上，一般都会占较高的比例。

2. 节能量保证模式

节能改造工程的全部投入和风险由节能服务公司承担。在项目合同期内，节能服务公司向用户承诺某一比例的节能量，用于支付工程成本。达不到承诺节能量的部分由节能服务公司负担；超出承诺节能量的部分双方分享。节能服务公司收回全部节能项目投资后，项目合同结束，先进、高效的节能设备无偿移交给用户使用，之后所产生的节能收益全归用户享有。

此模式是最基本也是最常用的一种 EMC 模式，操作相对简单，适用于诚信度较高、节能意愿一般的用户。此外，规模较小、节能潜力有限的项目通常也采用此模式。

3. 改造工程施工模式

企业委托节能服务公司进行能源审计，节能整体方案设计、节能改造工程施工，按普通工程施工的方式，支付工程前的预付款、工程中的进度款和工程后的竣工款。该模式适用于节能意识很强、懂得节能技术与节能效益的企业。基于该模式运作的节能服务公司的效益是最低的，原因是合同规定，节能服务公司不能分享项目节能的巨大效益。

4. 能源管理服务模式

节能服务公司不仅提供节能服务业务，还提供能源管理业务。对许多经营者而言，能源及其管理不是企业核心能力的组成部分，自我管理和自我服务的方式是低效率、高成本的方式。企业通过使用节能服务公司提供的专业服务，实现了能源管理的外包，这有助于企业聚焦核心业务和提升核心竞争能力。能源管理服务模式有两种形态：能源费用比例承包方式和用能设备分类收费方式。

5. 联合投资模式

联合投资模式是由节能服务公司和用户双方共同对节能项目投资、共同分享节能效益的一种模式。

6. "投资 + 买断"型模式

在"投资 + 买断"型模式下，由节能服务公司先对工程进行全额投资，并负责运行一年，一年后达到原先承诺的节能收益后，客户再按照原先谈好的价格一次性买回所有的工程设施。

（四）EMC 模式的执行步骤

EMC 模式执行的一般步骤如图 9-4 所示。

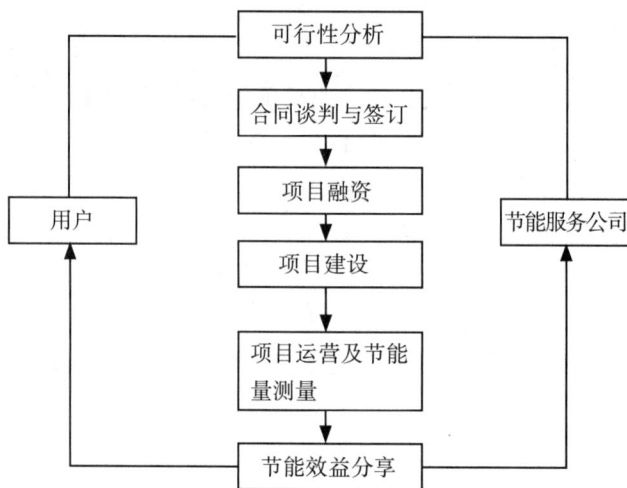

图 9-4　EMC 模式执行步骤示意图

1. 可行性分析

所有项目在正式开始前都要进行可行性分析，合同能源管理项目也不例外。在企业能耗数据基础上，节能服务公司需要对将要开展的项目在内部进行可行性分析，预测项目产生的节能量，评价项目在技术和财务等方面的可行性，以及研究项目风险是否可控等问题。在此基础上，节能服务公司向用户提交了专业的节能项目评估报告，对项目的能耗状况、预计产生的节能量、投资回报等进行了详细分析，并提出了可行的节能改造方案。评估报告必须客观、公正，原因是这直接关系到业主或使用者是否委托其进行节能改造的决定和改造合同的谈判。

2. 合同谈判与签订

若用户决定与节能服务公司合作，利用 EMC 模式进行节能改造，则双方可以进行合同的谈判。合同内容包括以下几方面：第一，项目概况，包括项目名称、地点、节能改造的内容、使用的技术设备等；第二，项目的具体实施方式，采用的是节能量保证型合同还是节能效益分享型合同，或者其他 EMC 模式合同；第三，具体的节能改造设计方案或节能措施；第四，投融资责任的分担，项目资金由谁投入；第五，采购设备，包括设备的品牌、规格、型号等细节；第六，项目安装施工的期限、标准、要求；第七，项目验收的要求及验收后的运营维护责任由谁承担；第八，节能量的计算和确定方法；第九，节能效益的分享比例及期限；等等。由于 EMC 项目蕴含的风险较多，为避免项目执行中出现纠纷等情况，合同应对项目的有关细节进行明确规定，以减少执行过程中出现的问题。

3. 项目融资

EMC 模式的特点之一是节能服务公司需要对项目进行初始投资。但部分节能服务公司由于目前的资金实力较弱，所以大部分项目开始前都要为其进行融资。为项目进行融资的资金的来源可以有多种，包括公司业务发展过程中留存的自有资本、从银行等金融机构获得的商业贷款、从国际金融机构获得的节能专项贷款等。国内的节能服务公司融资渠道比较有限，主要为银行贷款。近年来，政府和金融行业对绿色金融的支持力度逐渐加大，EMC 项目的资金来源逐渐充足，各种新型融资方式逐渐浮现，保证了节能服务行业的快速发展。

4. 项目建设

EMC 项目的设备采购、施工、安装等工作需要由节能服务公司或其委托单位来完成。在完成融资和设计工作的基础上，节能服务公司根据设计方案的要求，提供相关节能设备及相应的售后服务。建设施工和设备安装工作通常由节能服务公司委托管理规范、施工技术满足要求的施工单位来完成。在施工过程中，用户的生产活动通常会同时进行，因此施工单位要把对用户的干扰尽量降到最低，而用户也应为施工和设备安装提供必要的配合和协助。在设备安装完成后，节能服务公司还需要对相关设备进行必要的调试，以验证设备的运行状况和设备与原有系统之间的性能匹配情况。

5.项目运营及节能量测量

项目通过竣工验收后，经过一段时间的试运行，即进入正常运行阶段。在此过程中，节能服务公司需要负责系统的运行管理，并对操作人员进行培训；监测设备的正常运行，并进行必要的保养和维护，否则将会影响设备的运行效果，从而影响实际的节能量。此外，在项目运行过程中，需要对项目实际产生的节能量进行测量，作为节能服务公司和用户结算的依据。目前，我国对节能效果的确定主要有四种方法：直接对比项目实施前后能源账单；利用能耗分析软件模拟计算节能量；通过实际测量计算确定节能量；通过简单的工程计算确定节能量。国际上则通过长期的实践形成了《国际性能测试与验证协议》，并将其作为节能量测量与验证的指导性文件。

6.节能效益分享

项目进入运营阶段后，每个周期内都会产生节能效益。这时节能服务公司就可以根据合同规定与用户共享这一效益。节能服务公司通过测量确定每一周期内产生的实际节能量，以此为依据与用户进行结算，按照合同规定从用户处收取每期的节能效益款，并以此支付项目融资产生的财务费用，偿还贷款，到项目合同期满为止。

在项目投资时，同方节能公司的投资资金一般大于30%，剩余的资金由用户出资或通过银行贷款获得，可以申请银行的绿色贷和节能贷。项目回收周期一般为 8～10 年，最好的为 5 年。对于节能效益分享模式与联合投资模式，同方节能公司的项目提成比例一般为 70%。

（五）BOT 模式的内涵

BOT 模式是由土耳其总理厄扎尔于 1984 年正式提出的。其定义为政府通过特许权协议授予项目发起人一定期限的特许经营权，许可其融资建设和经营特定的城市公用基础设施，并准许其通过向用户收取费用或出售产品以清偿贷款，回收投资并赚取利润，而当特许权期限届满时，该基础设施无偿移交给政府。在我国，BOT 项目又称为特许经营权项目。BOT 项目一般为公共基础项目。例如，我国很多学校的学生宿舍与食堂均被私人承包，私人经营一定期限后将所有权转给学校，这种模式也类似于 BOT 项目。

BOT 是最基本的模式，在相关实际操作中，由于时间、地点、外部条件、政府要求以及有关规定的不同，因此模式派生演变出了一些其他模式。

第一，BOOT，即 build、own、operate、transfer，中文为"建设、拥有、经营、移交"。它与 BOT 的区别如下：BOT 在项目建成后，特许权经营者只拥有项目的经营权而无所有权；而 BOOT 特许权经营者在特许权期内既有所有权又有经营权，因此采用的特许权期一般比 BOT 长。

第二，BOO，即 build、own、operate，中文为"建设、拥有、经营"。特许权经营者建设并经营某基础设施，但特许权期满后无须移交给政府，可以继续经营。

第三，BT，即 build、transfer，中文为"建设、移交"。承建商在项目建成后以一定价格将项目资产转让给政府，由政府负责项目的经营和管理。

第四，BLT，即 build、lease、transfer，中文为"建设、租赁、移交"。承建商在项目建成后不直接经营，而是以一定的租金出租给政府，由政府经营，期满后将项目资产转让给政府。

第五，TOT，即 transfer、operate、transfer，中文为"移交、经营、移交"。政府将项目移交给经营者管理和经营，协议期满后，经营者再把项目资产移交给政府。

在国际融资领域，BOT 不仅是建设经营转移的过程，还是一种项目融资模式。所谓项目融资，从广义上讲是指为了建设一个新项目或者收购一个现有项目，或者对已有项目进行债务重组而进行的一切融资活动；从狭义上讲，项目融资是指以项目的资产、预期收益或权益作为抵押取得的一种无追索权的融资或贷款活动。因此，BOT 模式也是一种融资行为。

按资金的主要来源途径不同进行分类，BOT 模式可以分为以下五类。

第一，投资者投入资金。投资者是指参与项目投资的一切私营企业、外资企业、法人国企、私人投资者、承建商、运营商等。在项目进行过程中，对项目前景感兴趣的机构投资者，如基金会和保险公司等也可以加入其中，来追加资金。

第二，商业银行贷款。商业银行贷款是传统的债务资本来源，但 BOT 基础设施项目一般需要长期借款，而商业银行贷款期一般只有 3～5 年，最长不超过 7 年。因此，BOT 项目发起人一般会寻求其他资金作为项目的长期融资来源，只将商业银行贷款当作流动资金和建设资金来源。

第三，发行债券或股票。BOT 项目发起人可以通过发行债券或股票在资本市场上筹集资金。前者作为负债资本进入项目的资金结构，后者则作为权益资本进入其中。

第四，国际金融机构贷款。国际金融机构包括国际货币基金组织、世界银行、亚洲开发银行等。国际金融机构贷款还存在外汇的优势，可通过货币的升值来降低偿还本息的成本。

第五，政府注资。对于个别项目，政府可以为其提供长期的无息贷款，或者以投资补贴、贷款贴息等方式投入资金，从而促进项目的可持续推进发展。

（六）BOT 模式的执行步骤

1. 项目定夺

项目定夺这个阶段的工作由政府来承担，一是要确定是否有必要建设某项公共基础设施项目，二是要确定是否采用项目融资模式来筹措项目建设资金。一旦确定采用项目融资模式，政府一般要专门成立一个机构（如项目委员会）来负责具体的运作。

2. 项目招投标与审定

项目招投标与审定这个阶段的工作是由政府有关部门对参与项目投标的潜在投资者进行分析与比较，从中选出最合适的投资者作为项目发起人。这个阶段的工作又可以分为投标登记、资格审查、投标、评标与决标四个步骤。

3. 合同谈判与签订

完成招投标与审定工作后，政府将与中标者开展合同谈判。依据项目融资模式的特征，在合同中，政府与项目公司需就权利义务关系进行详尽的区分和界定，明确双方各自承担的风险和获得的利益，且这些都具有严格的法律效力。

4. 成立项目公司

在与政府签订特许权协议后，中标人（项目发起人）成立项目公司。成立项目公司的原因在于必须要有一个责任主体来具体负责项目的建设、运营、维护与移交工作。

5. 项目融资

项目融资是整个项目运作的关键阶段，因为它关系到能否为项目建设筹措到充裕的资金，而一般都是由项目公司通过向商业银行或者国际金融机构贷款来获取项目建设资金。

6. 项目建设

在项目建设阶段，BOT 项目公司负责项目的设计、施工工作。当项目竣工并且通过验收后，项目建设阶段就正式结束了。

7.项目运营

项目运营也是整个 BOT 项目运作的关键阶段，它关系到项目能否顺利为投资者收回投资成本、偿还贷款、分得红利和缴纳税费。项目经营由项目公司全权负责。

8.项目移交

按照政府与项目发起人签订的特许权协议合同规定，特许经营期结束后，项目公司要按照协议中规定的项目质量标准与资产完好程度，把项目的资产与经营管理权移交给政府。项目由项目公司移交给政府就意味着 BOT 项目运作的结束。

五、总结

同方节能公司过去是一家单纯销售节能产品的公司，在新的市场环境下，该运营模式出现了一系列问题，如融资难、市场恶性竞争、市场覆盖面小等。自从服务化转型以来，同方节能公司以节能技术和产品为基础，利用 EMC 与 BOT 模式，与用户从单纯的买卖关系转变为了共同利益关系，分享节能效益。这两种模式有力地缓解了融资难问题，同时减少了市场恶性竞争，促成了双赢。并且，上述模式还得到了国家的政策支持，获得了财政补贴，拓宽了企业的业务与市场。

通过应用上述两种模式进行制造业服务化转型，同方节能公司近年来得到了迅猛发展。同方节能公司坚守"承担、探索、超越、忠诚、责任与价值等同"的企业文化，担当起了企业的社会责任，不断引导能源投资事业向着更节能、更环保、更绿色、更健康的方向发展。相信随着国家相关鼓励政策的陆续出台、落实及完善，以及节能环保意识在社会大众中的普及，同方节能公司的前景将会更加美好。

参考文献

[1] 陈明，冉斌．我国生产性服务业发展的机遇、问题及对策 [J]. 经济纵横，2015（4）：54-56.

[2] 陈晓峰．生产性服务业与制造业协同集聚的机理及效应：理论分析与经验求证 [D]. 苏州：苏州大学，2015.

[3] 程晓，邓顺国，文丹枫．服务经济崛起："互联网+"时代的服务业升级与服务化 [M]. 北京：中国经济出版社，2018.

[4] 戴翔，何启志，吴松强．新国际分工下制造业服务化与价值链攀升——理论、经验及路径 [M]. 北京：经济管理出版社，2019.

[5] 盖新哲．服务业开放与中国全球价值链地位提升 [D]. 北京：对外经济贸易大学，2015.

[6] 甘特·莱．制造服务化手册 [M]. 李靖华，译．杭州：浙江大学出版社，2017.

[7] 高明晶．供应链视角下制造企业服务化的价值创造 [J]. 物流工程与管理，2019，41（9）：110-112.

[8] 韩涛．制造业服务化对中国制造业全球价值链分工的影响——基于投入产出数据的实证分析 [D]. 北京：首都经济贸易大学，2018.

[9] 何宇．GVC下区域装备制造业与生产性服务业互动融合演进规律研究 [D]. 哈尔滨：哈尔滨理工大学，2017.

[10] 简兆权，刘晓彦，李雷．制造业服务化组织设计研究述评与展望 [J]. 经济管理，2017，39（8）：194-208.

[11] 蒋昭侠．服务业理论与实践：产业结构调整、区域性、阶段性 [M]. 北京：中国经济出版社，2015.

[12] 阚锴. 协同视域下区域装备制造业与生产性服务业互动融合政策评估研究 [D]. 哈尔滨：哈尔滨理工大学，2015.

[13] 李婧雯. 中国制造业服务化发展趋势及影响因素研究 [D]. 湘潭：湘潭大学，2016.

[14] 李俊，王拓，杜轶楠. 世界服务业与制造业协调发展的规律与启示 [J]. 国际贸易，2017（9）：4-8.

[15] 李婷婷. 区域装备制造业与生产性服务业互动融合发展动力机制 [D]. 哈尔滨：哈尔滨理工大学，2015.

[16] 李晓庆. 美国生产性服务业与制造业融合及效应分析 [D]. 保定：河北大学，2018.

[17] 李艳丽. 面向产品服务系统的制造业服务化机制研究 [D]. 哈尔滨：哈尔滨工业大学，2016.

[18] 刘洋. 传统制造业从生产型制造向服务型制造转型路径研究——以山东省为例 [D]. 济南：山东财经大学，2016.

[19] 唐国锋，李丹. 工业互联网背景下制造业服务化价值创造体系重构研究 [J]. 经济纵横，2020（8）：61-68.

[20] 汪宇萍. 电力设备制造企业服务创新研究 [D]. 北京：华北电力大学，2014.

[21] 王思语. 制造业服务化对我国制造业产业升级的影响研究 [D]. 北京：对外经济贸易大学，2018.

[22] 王向进. 全球价值链背景下制造业服务化的环境效应研究 [D]. 上海：华东师范大学，2019.

[23] 王小波. 生产性服务业与制造业融合发展研究 [D]. 湘潭：湘潭大学，2016.

[24] 吴茜茜. 珠三角制造业服务化趋势分析与路径研究 [D]. 广州：广东外语外贸大学，2015.

[25] 吴艳，贺正楚，杨岚茜，等. 生产型服务业与战略性新兴产业的二元发展 [J]. 广义虚拟经济研究，2015，6（1）：57-68.

[26] 许晖，张海军. 制造业企业服务创新能力构建机制与演化路径研究 [J]. 科学学研究，2016，34（2）：298-311.

[27] 姚小远.论制造业服务化——制造业与服务业融合发展的新型模式[J].上海师范大学学报（哲学社会科学版），2014，43（6）：60-71.

[28] 张培，张丽平，李楠.制造业服务化演进特征与逻辑框架[J].科技和产业，2019，19（11）：16-21.

[29] 张新爱，张志红，宗成华.服务业与制造业共生演化发展研究[M].石家庄：河北人民出版社，2018.

[30] 张予川，石雨晴，沈轩.长江经济带制造业服务化梯度推进路径研究[J].科技进步与对策，2016，33（18）：51-58.

[31] 赵少华.装备制造业服务化实现路径研究[D].哈尔滨：哈尔滨理工大学，2014.

[32] 周念利，郝治军，吕云龙.制造业中间投入服务化水平与企业全要素生产率——基于中国微观数据的经验研究[J].亚太经济，2017（1）：138-146，176.

[33] 庄志彬.基于创新驱动的我国制造业转型发展研究[D].福州：福建师范大学，2014.

[34] 徐振鑫，莫长炜，陈其林.制造业服务化：我国制造业升级的一个现实性选择[J].经济学家，2016（9）：59-67.

[35] 刘斌，魏倩，吕越，等.制造业服务化与价值链升级[J].经济研究，2016，51（3）：151-162.

[36] 戴翔，李洲，张雨.服务投入来源差异、制造业服务化与价值链攀升[J].财经研究，2019，45（5）：30-43.

[37] 张艳红.数字经济时代服务型制造创新和价值链重构[J].现代商贸工业，2019，40（35）：8-10.

[38] 姜铸，张冬梅，凌旭.服务价值链视角下制造业企业商业模式创新方式[J].现代商贸工业，2017（3）：65-66.

[39] 李美云，利尚仁.基于供给创新的我国生产服务业发展模式和路径研究[J].广东行政学院学报，2017，29（4）：81-87.

[40] 揭筱纹，罗莹.我国新型制造业的特征及其构建路径研究[J].理论与改革，2016（4）：184-188.

[41] 韩江波，吴林，万丽.制造业服务化：制造业高质量发展的路径研究[J].创新科技，2019，19（10）：28-36.

[42] 罗军. 制造业服务化转型如何创造服务业就业 [J]. 山西财经大学学报，2020，42（9）：58–69.

[43] 潘安，郝瑞雪，王迎. 制造业服务化、技术创新与全球价值链分工地位 [J]. 中国科技论坛，2020（10）：104–113.

[44] 孔令夷，邢宁. 生产性服务业与制造业的互动差异——基于区域及行业视角 [J]. 山西财经大学学报，2019，41（4）：46–62.

[45] 沈华夏，殷凤. 制造业与生产性服务业互动不平衡性 [J]. 国际经贸探索，2019，35（3）：54–69.

[46] 邓洲. 制造业与服务业融合发展的历史逻辑、现实意义与路径探索 [J]. 北京工业大学学报（社会科学版），2019，19（4）：61–69.

[47] 董也琳. 制造业服务化对提升我国制造业嵌入全球价值链位置的影响——基于增加值贸易视角 [J]. 中共南京市委党校学报，2019（4）：98–105.

[48] 李晓华. 制造业全球产业格局演变趋势与中国应对策略 [J]. 财经问题研究，2021（1）：31–42.

[49] 袁志刚，高虹. 中国城市制造业就业对服务业就业的乘数效应 [J]. 经济研究，2015，50（7）：30–41.

[50] 吴良勇. 制造业服务化投入与产出：基于我国30个省市区的分析 [J]. 现代企业，2016（11）：23–24.